福祉社会学会

Journal of Welfare Sociology 2020

17

福祉社会学研究

学 文 社

目　次

4

┃書　評┃

┃特集論文┃

「多様な親子関係」への支援を再考する

| 特集論文 |

「『多様な親子関係』への
支援を再考する」に寄せて

米澤　旦

1　本特集の意図——「多様な親子関係」と「近代家族的・通念的な親子関係」

　家族の形が多様化している中で，親子の形も多様化している．この数年間，多様化する親子関係ないしは子どもを養育する場を支えることの認知や受け入れの取り組みは進んでいるように見える．ただし，本特集に収められた論文が示すように，「多様な親子関係」への支援は，「近代家族的・通念的な親子関係」を前提とする側面があり，緊張関係をはらむものである．「多様な親子関係」をめぐる緊張関係の内容を明らかにし，福祉社会学の探求課題を描き出すことが本特集の課題である（本特集は，明治学院大学で開催された第17回福祉社会学会大会でのシンポジウムを土台にしている）．

　ここで多様な親子が指すものは，本特集の野辺論文にならえば「完全な近代家族ではない親子」と規定できるだろう．野辺論文では，多様な親子関係の形として，8つの形態を挙げているが（野辺論文，図1），今回の特集の各論文は，そのなかで，4つの親子・養育関係——施設入所児，里親，特別養子，ステップファミリー——が主題化される．

　福祉社会学では，子育ても含めたケアは重要な主題である[1]．ただし，福祉社会学でも，家族におけるケアを主題化する場合，一種の「典型的」な家族における親子関係が想定されてきたと考えられる．そこでは血縁ではないものを媒介とする養育関係，例えば，本特集のなかで土屋敦氏が扱う施設養護，野辺陽子氏が扱う特別養子縁組，三輪清子氏が扱う里親制度，野沢慎司氏が扱うス

よねざわ あきら｜明治学院大学社会学部・准教授｜ayone@soc.meijigakuin.ac.jp

テップファミリーは福祉社会学研究の研究コミュニティでは残余化されていたと考えられる²⁾.

　親子関係が多様化し，多様な親子関係への支援も整備されつつあるなかで，福祉社会学において，現状をいかに理解し，よりよいケアや生活保障の在り方を模索することは重要な課題である．今回のシンポジウムは「非近代家族的・通念的な親子関係」への支援を問い直すとともに，「近代家族的・通念的な親子関係」に基づく社会学の視点を問い直す研究潮流のなかに位置づけられる．

2　各論文の概要

　本特集は，シンポジウムの報告をもとに執筆された4つの論文から構成される．各論文の内容を簡単に紹介する．

　土屋論文は，「多様な親子関係」のなかでも，施設養護と「問題家庭」のあいだでの「愛着」，「愛着理論」概念に関する歴史的変遷を扱っている．1940年代から現在を辿るなかで，施設養護と「問題家庭」とのあいだでの養育をめぐる綱引きのなかで，愛着概念がさまざまに利用される／されないというプロセスが示されている．土屋論文が強調するのは，「愛着障害」をめぐる議論が一貫して，近代家族規範と強固に結びつきながら発展したことであり，「近代家族の代替環境」のなかで養育しようとする傾向である．併せて，土屋論文では愛着理論自体は「1人以上の特定人物」との適切な関係構築の重要性を説いていることを指摘しており，ここに近代家族的な空間とは異なる方向性を見出そうとする．

　三輪論文は，里親家庭をめぐる支援上の課題を論じている．里親制度をめぐる3つの主体（児相職員・支援機関職員・養育里親）の葛藤を，インタビューデータをもとに明らかにしている．ここで三輪論文が注目するポイントは，子どもの実家庭への復帰，あるいは措置変更に伴う「おわかれ」の局面である．インタビューデータは「おわかれ」の局面における認識の不一致を描き出しているが，特に重要だと考えられる点は「子どもの利益」やあるべき「里親」像について，3つの主体間で異なる理解がなされていることである．三輪論文では当事者である子どもの思いに支援機関が敏感になることが，これからの里親関

係にもとづいた親子関係の支援の場面では重要であることが強調される．

　野辺論文は，「多様な親子関係」への支援に関して特別養子縁組を焦点にして論じている．野辺は，まず多様な親子関係について，「近代家族」の構成要素から整理し，「多様な親子」の支援を社会経済的な支援，家族関係への調整の支援，心理面での支援に分けられると指摘する．そして，特別養子縁組を例にとり，制度面，支援面において，近代家族モデルとのあいだでの葛藤が存在することを論じ，当事者へのインタビューデータの分析から，専門家言説の影響を受けたドミナントストーリーと当事者の語りの一致と緊張関係を描き出す．野辺論文で強調されるのは，近代家族概念に関して，社会的規範と並んで，制度に埋め込まれた規範が存在することであり，それらを分析することの重要性である．

　野沢論文では，社会福祉的な制度や支援とは一定の距離があると考えられるステップファミリーへの検討を通じて「多様な家族」を論じている．野沢論文ではステップファミリーをめぐる論点を，整理したうえで，「スクラップ＆ビルド型（基本型）」，「スクラップ＆ビルド型（日本的修正版）」，「連鎖・拡張するネットワーク型」を区分し，「スクラップ＆ビルド型（日本的修正版）」が日本社会では自明視されていることの問い直しを提案している．そのうえで「連鎖・拡張するネットワーク型」に基づいた，制度設計の必要性を強調する．野沢論文の家族形成モデルにおいて指摘された，5つの前提は，野辺論文における近代家族の構成要素と重なっていることや，野沢論文も三輪論文と同様に「子どもの福祉」（三輪論文では「子どもの利益」）という観点を重視し，家族像を描きなおすことを指摘していることは興味深い点である．

3　論点と研究課題──福祉社会学に対する含意

　家族形態が多様化するなかで，子どもと親との関係性も変化している．今回の特集に収められた論文のあいだで共通していることは，多様な親子関係に関しては，近代家族（野辺論文）ないしは「通念的家族」（野沢論文）が，支援や制度や社会規範の水準で，「鋳型」（土屋論文）のように自明視されていることである．そしてこのことは，当事者や支援者にとって，葛藤の源泉になってい

る場合があることである．これらの議論を前提として，これからの2つの研究上の課題を提示したい．

　第一に，近代家族や通念的家族における親子関係のイメージが，葛藤の源泉になっているとして，それを相対化した後の「家族像」はどう扱われるべきなのかという問題である．近代家族や通念的家族を自明視しない形での政策形成や支援において何をモデルとすればいいのか，あるいはモデル自体を必要としないのかといった，すなわち「近代家族的・通念的」な家族像を相対化した後の方向性は議論が必要である．

　この論点に関しては本特集に収められた論文は焦点となりうるものを提示している．例えば，土屋論文で強調されたような愛着理論が求めるのは，母親や父親に限らず「1人以上の特定人物」であるという視点，三輪論文で指摘された当事者の声を重視する形での「子どもの利益」に基づいた支援，あるいは，野沢論文で提示された，「連鎖・拡張するネットワーク型」のステップファミリーなどの論点は，手がかりになるだろう．しかし，多様な当事者の価値観や規範的意識を視野に入れた際に，制度や支援における「家族像」は論争的になる可能性があり，野辺論文が指摘するように経験的・理論的研究を深める必要がある．

　第二に，「多様な親子関係」が，どの程度のボリュームとなっていくかという問題である．この点は，幅広い領域の研究者にかかわりうる．「非近代的・通念的親子関係」の養育が広がるのであれば，それは子育てだけではなく，その他の通念的家族をモデルとする家族頼みの社会制度にとってもやはり重要な意味を持つ（例えば教育や介護，若者支援など）．このような場合，多様な親子関係をとりまく諸論点は，狭義の児童福祉や子育ての社会学の問題ではなく，ほとんどの（福祉）社会学や社会福祉学の研究者が考慮に入れなくてはならない論点になるだろう．いかに「多様な親子関係」を取り入れた研究を行っていくかは，子育てを専門とする研究者だけの問題ではなくなる．

　これらの論点も含めて，親子関係の多様化は，豊富な論点を含むものである．本特集に収められている諸論文がそのような研究を切り開くきっかけとなることを願う．

注

1) ケアを重視する傾向は投稿論文にも表れている（田渕 2014；藤村 2017）.

2) ただし，近年は関連する業績が蓄積されつつある．この5年間に出版された著作に絞っても，土屋（2014），安藤（2017），藤間（2017），野辺（2018）などがある．特に，本シンポジウムの企画に関して影響を受けたのは，野辺・松木編（2016）の『〈ハイブリッドな親子〉の社会学——血縁・家族へのこだわりを解きほぐす』である.

文　献

安藤藍，2017，『里親であることの葛藤と対処——家族的文脈と福祉的文脈の交錯』ミネルヴァ書房.

藤村正之，2017，「福祉社会学の自己分析」『福祉社会学研究』14: 5-24.

野辺陽子・松木洋人，2016，『〈ハイブリッドな親子〉の社会学——血縁・家族へのこだわりを解きほぐす』青弓社.

野辺陽子，2018，『養子縁組の社会学——〈日本人〉にとって〈血縁〉とはなにか』新曜社.

田渕六郎，2014，「福祉社会学の研究動向——2003〜2012年を振り返る」『福祉社会学研究』11: 95-104.

藤間公太，2017，『代替養育の社会学——施設養護から〈脱家族化〉を問う』晃洋書房.

土屋敦，2014，『はじき出された子供たち——社会的養護児童と「家庭」概念の歴史社会学』勁草書房.

| 特集論文 |

社会的養護における「愛着障害」概念興隆の2つの山
——1940年代後半～2000年代までの日本の施設養護論の系譜を中心に

土屋　敦

　本稿では，戦後日本の児童福祉法下における1940年代後半から2000年代までの社会的養護，中でも施設養護の議論における「愛着障害」概念興隆／盛衰の軌跡を，「子どもの発達」をめぐる歴史社会学の視座から跡付ける．同時期は，社会的養護が戦後直後の戦災孤児の収容の場であった戦後直後期から，児童福祉における家族政策の本格的開始時期である高度経済成長期，「子捨て，子殺し」などが社会問題化し社会的養護のあり方の変革が施設養護の場から提起された1970年代～80年代をはさむかたちで，1990年代以降の児童虐待時代に連なる時期に該当する．

　「愛着障害」概念は，太古の昔からある脱歴史的な概念ではなく，近代的子ども観や近代家族規範の形成や流布などとの交錯関係の中で歴史的に特定の時期に形成された政治的な概念である．また同概念の盛衰過程には，その時代の社会的養護の場における施設観や家族観が色濃く刻印されている．本稿では，戦後日本の「愛着障害」をめぐる議論には，戦後直後と1990年代以降の現在という，議論が特に活発化した2つの時期があることを指摘するとともに，それぞれの時代の社会的養護の場に編み込まれた「子どもの発達」問題の諸相を跡付ける．

　キーワード：愛着障害，児童福祉，施設養護，子どもの発達，歴史社会学

1　問題の所在

　近年，子どもの「愛着障害」をめぐる議論が盛んになされるようになった．「子どもの発達」上，乳幼児期（特に2歳未満）における「特定の大人」との愛着形成の重要性を強調する愛着理論（アタッチメント理論）は，近年特に児童

つちや あつし｜関西大学・准教授｜tsuchiyatky@gmail.com

虐待問題に関連付けられるかたちで，親子関係を論じる中でも，また乳児院や里親などの社会的養護の場でも，必ずといってもよいほど言及される一大主題となっている．

　例えば，2017年8月に厚生労働省「新たな社会的養育の在り方に関する検討会」から公表された「新しい社会的養育ビジョン」では，施設養護に対する里親委託率の大幅な引き上げやパーマネンシー保障（永続的解決）としての特別養子縁組の推進，乳幼児の家庭養育原則の徹底と就学前の子どもの施設への新規措置入所の原則停止など，今後の社会的養護の指針が示されたが，そうした子どもの代替養育の方向性が示される際に言及されるのが子どもの「愛着障害」をめぐる主題である．また，そのようなかたちで「愛着障害」に関する議論が交わされる機会は，特にここ20年余りの間に劇的に増加した．

　本稿の課題は，児童福祉法下の1940年代後半から2000年代までの社会的養護，特に施設養護の場におけるこの「愛着障害」をめぐる議論の盛衰を，「子どもの発達」概念をめぐる歴史社会学（Turmel 2008）の視座から概観するとともに，現在日本の社会的養護をめぐる議論フレーム形成のあり方の特異性を，歴史という軸から浮かび上がらせることを目的とする．いうまでもないことであるが，「子どもの発達」をめぐるこの「愛着障害」概念は，太古の昔からある脱歴史的な概念ではなく，近代的子ども観や近代家族規範の形成や流布などとの交錯関係の中で歴史的に特定の時期に形成された政治的な概念である．特にそれが社会的養護の場で議論形成が行われる場合には，それが実親子関係から切り離された子どもの代替養育の場であるがゆえに，その時代における児童

表1　施設養護における「愛着障害」概念興隆／衰退の見取り図

年代	出来事	用語・標語
第1期：1940年代後半～50年代後半	施設養護の場への応用と施設批判の形成	「ホスピタリズム（施設病）」「母性的養育の剥奪」「最悪な家庭は最良の施設に優る」
第2期：1960年代初頭～60年代後半	一般家庭児童に対する家庭対策，ボウルヴィ革命	「母性的養育の剥奪」「愛着障害」
第3期：1970年代初頭～80年代	家庭の中にみられるホスピタリズム的症状の指摘	「マスクト・デプリベーション」「愛着障害」
第4期：1990年代～現在	児童虐待問題との接近・接続	「ネグレクト」「愛着障害」

福祉行政の方向性や施設養護の動向が直接的に反映されやすいという特徴がある．

　表１は，児童福祉法下（1947 年 12 月公布）における 1940 年代後半から 2000 年代後半現在までの日本の社会的養護の専門家による，「愛着障害」をめぐる議論の興隆／衰退の系譜を示したものである．戦後日本の社会的養護（特に，施設養護）の系譜を「愛着障害」をめぐる議論の盛衰を軸に経時的に整理するならば，そこには第１期（1940 年代後半〜50 年代後半），第２期（1960 年代初頭〜後半），第３期（1970 年代初頭〜80 年代），そして第４期（1990 年代〜現在）の４つの時期に大別できる．なかでも児童福祉法下の日本の施設養護をめぐる議論の中で「愛着障害」に関する議論が特に盛んだったのが，戦後直後の第１期および 1990 年代以降現在の第４期の２つの時期である．一方，表１の第２期と第３期の時期は，施設養護をめぐる議論に限れば「愛着障害」に関する議論は皆無ではないが，相対的に低調な時期であった．その意味で，戦後児童福祉法下における日本の施設養護の歴史には，「愛着障害」概念興隆に際する２つの山がある．

　ではなぜ，この戦後直後と 1990 年代以降の現代という時代的にも離れた２つの時期における施設養護の場において，「愛着障害」概念をめぐる議論が盛んに行われたのか．本稿では検証していきたい．

2　「愛着障害」に関する既存研究と本稿の理論枠組み

2.1　既存研究

　教育心理学者の遠藤利彦によれば，愛着（アタッチメント）とは「危機的な状況に際して，あるいは潜在的な危機に備えて，特定の対象との近接を求め，またこれを維持しようとする個体の本能であり，危機場面で高まるネガティブな情動状態を，他の個体とくっつくことで低減・調整しようとする行動制御システム」（数井・遠藤編 2005：15）とされる．同概念は，ジョン・ボウルビィによる『愛着と喪失』（1962-82）３部作において定式化されたことが通説となっている．この愛着（アタッチメント）は，社会的養護における代替養育の場ではオルタナティヴ・アタッチメントと呼ばれることもある．また同概念が興

隆し人口に膾炙していく歴史的諸相は，教育史の文脈の中では「20世紀後半の家族関係，特に母子関係のあり方を大きく変容させたものだった」（下司2006: 370）と，その影響力の大きさに言及されることも多い．

　この「愛着障害」をめぐっては，特に1980年代後半から90年代にかけて，母性愛批判の文脈の中でジェンダー論の観点から多くの研究がなされた（大日向 1988; 柏木・高橋編 1995 他）．そこではこの「愛着障害」概念を，女性を家庭に縛り付ける理論として批判的に捉え返す作業がなされた．同時期になされた「愛着障害」をめぐるジェンダー研究は，同概念の有する政治性や歴史性を指摘した点においてその重要性は強調してもし過ぎることはないが，他方で，そうした議論が社会的養護の場における主題に及ぶことはなかった．この「愛着障害」をめぐる主題に言及しつつ社会的養護の場のあり方を描き出した社会科学研究は，一部の研究（土屋 2014, 2018, 土屋・野々村編 2019; 吉田 2018他）を除けば，多くなされてきたわけではない．

2.2 「子どもの発達」概念をめぐる歴史社会学

　アンドレ・ターメルは，「子どもの発達」概念の歴史社会学ともいうべき研究視座を組み立てる中で，19世紀後半から20世紀初頭以降の統計学的思考の興隆や子どもをめぐる大規模な経験科学の展開，そして知能検査の開発・応用の進展などの中で，子どもの心身の平均値を軸に「正常な子ども (normal child)」概念が作り上げられたこと，またその「正常な子ども」概念が，「現在われわれが子どもを理解し働きかける際に影響力の強い問題認識枠組みになっている」(Turmel 2008: 15) ことを指摘している．またそうした「子どもの発達」をめぐる問題認識枠組み自体の構築過程を批判的に問い直す作業として，「子ども期」をめぐる歴史社会学の役割を位置づける．

　本稿では，「愛着障害」概念の系譜を，特に施設養護の場などで生活する「親から分離された子ども」をめぐる議論形成の盛衰を読み解く中から論じるが，本稿はこのターメルの「子どもの発達」概念の歴史社会学に連なるものである．他方で，ターメルの研究対象は主に19世紀後半から20世紀初頭の米国，英国などの欧米諸国における知能検査などの発達検査ツールの開発とその実践の拡大などに焦点化されたものであり，施設で生活する子どもに関する議論，特

に第 2 次世界大戦後の展開に議論が及んでいるわけではない．本稿での分析は，そうしたターメルの議論を補うものにもなるはずである．

3　戦後期における「親のない子ども」と施設収容 (1940 年代後半〜50 年代後半)

　欧米圏において「愛着障害」に関する児童精神医学者や発達心理学者による研究が盛んになされ始めるのは，1930 年代後半に遡るが，同主題に関する研究が本格的に大きく動き出すのは 1940 年代に入ってからである．なかでも，ジグムント・フロイトの娘でありその後児童精神医学界の一大権威となっていくアンナ・フロイトが同僚のドロシー・バーリンガムとともに，第 2 次世界大戦戦時下のロンドンのハムステッドにおける戦時保育所で行った研究結果 (Burlingham and Freud 1944 他) や，その後同研究分野の世界的権威となっていくジョン・ボウルビィが第 2 次世界大戦後の戦災孤児対策に際して WHO の委託下に出された報告書『乳幼児の精神衛生』(Bowlby 1952＝1962) は，その後の同分野の方向性を大きく規定していくことになる，極めて影響力の強い研究となった．フロイトやボウルビィの議論形成の経緯にもみられるように，のちに「愛着障害」と呼称されていく子どもの病理概念は，戦時期および戦後期に生じた「親のない子ども」「親から分離された子ども」を研究対象群として措定するかたちで，また第 2 次世界大戦後におけるそのような子どもたちの処遇のあり方を模索する中で，児童精神医学における一大分野として確立されていくことになる．またそこでは，親子分離・母子分離が「子どもの発達」の観点から注視されるとともに，「愛情飢餓」「分離に対する不安」「母性的養育の剥奪」「ホスピタリズム (施設病)」といった専門用語が生み出されることになった．

　日本の施設養護の文脈の中に，こうした子どもの「愛着障害」に関連する欧米圏の議論が移入されるのは，戦後の占領期に GHQ/PHW (連合国軍最高司令官総司令部／公衆衛生福祉局) の福祉課長の職にあった A. マカーソンが，戦後日本における戦災孤児などの「親のない子ども」「親から分離された子ども」の施設措置や里親委託などに際する指針として 1949 年に公表した小冊子『児童養育上考慮されるべき諸問題』が，日本の児童福祉の専門家たちに広く配布

されたことに端を発する．同小冊子の中では，米国の児童精神医学者であるロレッタ・ベンダーがニューヨークのベルビュー病院で約 6,000 人の「親から分離された子ども」を対象に行った調査研究結果の紹介に多くの紙幅が費やされるとともに，施設児にみられる「発達の遅れ」の特徴が列挙される形で，幼少期の子どもの施設養護の弊害が「子どもの発達」の観点から指摘された．

　1944 年末から 1945 年にかけて各地で空襲被害が激しくなる中で，日本社会の中でも戦災孤児など多くの「親から分離された子ども」が生み出された．その数は，『全国孤児一斉調査』（1948 年 2 月）で確認されているだけで，13 万 6 千人余りにのぼる．戦後日本では，「すべて児童は，ひとしくその生活を保障され，愛護されなければならない」（第 1 条）という文言を冒頭に掲げながら児童福祉法が公布され（1947 年 12 月），その後全面施行に移されるが（1948 年 3 月），日本の戦後初期の児童福祉行政は上野駅などの大都市乗換駅の駅頭や地下道などをたむろする戦災浮浪児などの施設収容に終始したといっても過言ではない．日本の施設養護の規模が劇的な形で増加するのは戦後直後から 1950 年代にかけての時期であるが，その背景には空襲被害などで親を亡くした戦災孤児や，戦後の食糧難などの中で親が養育困難な子どもなどが多く施設に措置されたことがあった．

　また日本の施設養護の場において，欧米圏で当時盛んに交わされていた「愛情飢餓」「母性的養育の剥奪」「ホスピタリズム（施設病）」といった「愛着障害」概念に連なる議論が交わされ始めるのは，戦後約 5 年を経た 1950 年であり，当時児童養護施設石神井学園の園長職にあった堀文次が『社会事業』に寄稿した「養護理論確立への試み：ホスピタリズムの解明と対策」と題された論文が導火線となり，多くの議論が戦わされた．そこでは，施設で「親から分離されて」養育を受ける子どもに，社会性や創造性，言語習得やその他パーソナリティ形成などにおける「発達の遅れ」が多く見出されること，そうした「発達の遅れ」は乳幼児期に親（特に母親）との関係形成を剥奪されたことに起因すること，また場合によってはそうした施設児の「発達の遅れ」は事後的には取り返しがつかないことが強調されるかたちで議論がなされた．こうした「ホスピタリズム（施設病）」に関しては，例えば当時ホスピタリズム研究の主導者であった谷川貞夫は，施設児の多くにみられる特徴として，「1．施設の子

供には創造性がない，2．彼等には自主性がない，3．施設の子供はものを大切にしない，4．彼等には自己中心的なものが多い，5．施設の子供には社会性がない，6．彼等には劣等感（インフェリオリティ・コンプレックス）があり過ぎる，7．施設の子供には感謝の念がない，8．彼等には忍耐力がない，9．施設の子供は意思表示が下手だ，10．施設の子供は「ずんぐりむつくり」型が多い」（谷川 1953：10）などの特徴を挙げながら，社会的養護における里親委託や施設の小規模化などの「家庭化」（藤間 2017）（土屋 2014）ともいうべき変革を推奨する形で論を組み立てた．

　またこの時期の「愛着障害」をめぐる施設養護論争の中で，「最悪の家庭は最良の施設に優る」「最悪の母は最良の乳児院に優る」といった標語が立ち上げられたことも同時期の特徴として挙げられる．1940 年代後半から 1950 年代日本の施設養護の場で開始された「愛着障害」概念興隆をめぐる「1 つ目の山」は，どんなに劣悪な環境の家庭や酷い母親であったとしても，子どもが施設で親から切り離されながら育つよりはましである，とする理念を伴いながら形成された．こうした認識枠組み自体は，児童虐待時代の家族と社会的養護の関係性——虐待リスクのある子どもを，場合によっては親子分離を伴ってでも公的に保護する——とは大きく異なるものであった．近年みられるかたちで家族と社会的養護の関係性が大きく変容していくためには，もう数十年の時間を経なければならなかった．

4　高度経済成長期における「家族政策」への転用（1960年代初頭〜60年代後半）

　高度経済成長期における日本の施設養護は，この時期入所児童が大きく減少していくという意味でも，また政府の児童福祉政策の力点が要保護児童の施設収容から一般家庭の子どもの福祉へと移動していくという意味でも，「施設冬の時代」ともいうべき時期に突入する．戦災孤児など「親のない子ども」の多くが施設から退所していく中で，同時期「施設不要論」が声高に叫ばれ始めるとともに，児童養護施設に対する行政からの「施設転換指示」「定員開差是正措置」といった施設の撤廃論，縮小論が打ち出されていくことになる．また同時期，1950 年代に大きな議論を呼び起こした「ホスピタリズム（施設病）」な

どの「愛着障害」をめぐる議論も大きく退潮し，代わって「子どもの発達」における集団教育，集団生活の必要性を説く集団養護論（積 1956 他）が興隆するとともに，「施設冬の時代」における施設の積極的再評価をめぐる運動が進められるようになる．

　施設養護の場から，「愛着障害」をめぐる議論が急激に退潮する高度経済成長期日本社会にあって，この「愛着障害」概念が盛んに議論され政策的支柱に据えられることになったのが，この時期の児童福祉の中心的課題として位置づけられた，「一般家庭」の子どもをめぐる福祉の場であった．この時期以降「愛着障害」概念は，戦後直後の戦災孤児などの「親のない子ども」の存在をネガとして描き出しながら，子どもの「親子分離」を極力回避するための家族政策／児童福祉政策の枠組みの中に「転用」されていくことになる．

　同時期，国連総会において「児童権利宣言」が採択されるが（1959 年 11 月），1960 年代初頭以降の日本の児童福祉行政は，そうした国際的動向の影響下に，また「高い経済成長率を示しつつある国々の児童は，いまや危機的状況にある」という「新しい認識」（厚生省児童局 1963：10）の下に子ども問題に対する認識を刷新することを企図して多くの施策が打ち出されることになった．同潮流の中で，中央児童福祉審議会から 1960 年 8 月には「児童福祉の刷新強化に関する意見」が，1962 年 7 月には「児童の健全育成と能力開発によってその資質向上をはかる積極的対策に関する意見書」が，また 1963 年 8 月には「家庭対策に関する中間報告」が出されるとともに，高度経済成長期日本における家族政策／児童福祉政策の骨格が「愛着障害」概念との関連下に練り上げられていった．

　当時，厚生省児童局の局長職にあり，この 1960 年代初頭から半ばにおける児童福祉改革を主導した黒木利克は，それまでの戦後の児童福祉行政のあり方を「ややもすると事後の救済措置にのみとらわれてきたのは遺憾」（黒木 1964：251）との評価を下すとともに，それまで専ら戦災孤児に代表される要保護児童の施設収容に終始してきた日本の児童福祉政策のあり方を批判的に捉え返しつつ，「児童福祉の問題は，治療から予防へ，そして家庭と両親の問題へ――これがいわば今日児童福祉の世界的すう勢ともいえる」（黒木 1964：251）として，「母性的愛情というものはあたかもビタミンや蛋白質と同様に乳幼児の人格形成に

は不可欠なもので，家庭での養育が非常に重要である」（黒木 1964: 47）とい
う愛着理論提唱者のボウルヴィの議論を引用しながら，「親子分離の回避」を
基軸とする家族政策／児童福祉政策を実行に移していくことになった．

5　「崩壊家庭」の糾弾と「子どもの人権を守る砦」としての 施設養護の強調（1970 年代初頭～80 年代）

「愛着障害」をめぐる家族と社会的養護の関係，とりわけ施設養護との関係
の構図は 1970 年代に入ると大きく変容する．戦後期の施設養護におけるホス
ピタリズム（施設病）論争においても，また 1960 年代高度経済成長期におけ
る「親子分離の回避」を軸とする家族政策／児童福祉政策にあっても，そこで
強調されたのは幼少期の「子どもの発達」に際して親（特に母親）がいること
の重要性であり，そこでは，現在であれば児童虐待概念内に包摂されるような，
家庭内における愛着形成の不全が問題にされることは極めてまれであった．他
方で，1970 年代初頭以降，親がいるにもかかわらず子どもが適切な養育を受
けていない「問題家庭」を糾弾する論調が劇的に増大するとともに，そうした
「問題家庭」をめぐって大きな社会問題が形成されるようになる．

田間泰子は「子捨て，子殺し」の新聞記事を分析する中で，同時期同問題の
多くが「母性愛の欠如」など実母を糾弾するかたちで「事件」として表象され
始めたことを指摘しているが（田間 2001），こうした「問題家庭」の糾弾に関
する社会問題の形成は，「愛着障害」をめぐる議論に対しても，また社会的養
護の中に「保護されるべき子ども」の問題認識枠組みに関する議論に対しても，
大きな議論を呼び起こすこととなった．

この 1970 年代から 80 年代に至る時期は，施設養護史の系譜上は，高度経
済成長期における「施設冬の時代」の継続時期として捉えることも出来る．
1960 年代初頭に問題化された乳児院や児童養護施設などの定員割れ問題はこ
の時期も引き続き問題となっており，施設は慢性的な「入所児童不足」に悩ま
されていた．他方で，このような状況下にあって，同時期の施設養護の動向に
おける画期は，施設側の運動として社会的養護の中に包摂されるべき「保護さ
れるべき子ども」の問題認識の刷新が，先述の「子捨て，子殺し」や「問題家

庭」の社会問題化への処方箋として，「子どもの人権」概念に言及がなされながら開始された点にある．

　同時期「子どもの人権を守るために集会」と題された集会が，全国社会福祉協議会養護施設協議会（以下，全養協）主催で朝日新聞厚生文化事業団と NHK 厚生文化事業団といった大手メディアの事業団を巻きこみながら，1968 年から 1977 年の 10 年間にわたってなされる．同集会では，新聞などで報道される子捨て，子殺しなどの「犠牲者としての子ども」への人々の注意喚起を盛んに促すとともに，乳児院や児童養護施設には保護されていないものの，本来であれば施設などの社会的養護の場に保護されるべき「放置されたままの子ども」（全養協 1968: 2）が「問題家庭」の中には沢山いることに警鐘を鳴らす形で運動が展開された．その後全養協は，1980 年に 10 年間行われた「子どもの人権を守るために集会」を総括する形で『親権と子どもの人権』と題された報告書をまとめるとともに，必要な場合には親の反対を振り払ってでも，子どもを「問題家庭」から引き離しながら保護することの必要性を前面に押し出しながら運動を展開していく．またそうした動向と随伴するかたちで，施設養護は「子どもの人権を守る砦」としての位置付けを前面に押し出していくこととなる．子どもの親からの引き剥がしや積極的ソーシャルワークなどの，「問題家庭」への介入に基づく子どもの保護論が組み立てられていくのも同時期の特徴である．

　また，こうした「問題家庭」の可視化と，劣悪な養育環境で生活する「子どもの発達」を危惧する問題認識枠組みの形成は，「愛着障害」を巡る議論フレームの変容を一部でもたらすことになった．この時期以前の 60 年代に，例えば「母性的養育の剥奪（マターナル・デプリベーション）」という用語に関連付けられながら論じられたのは，「親の不在」（特に「母親の不在」）が「子どもの発達」にもたらす悪影響についてであり，1960 年代以降は「親子分離」を回避するための家族政策／児童福祉政策の枠組みが組み立てられる際の鍵概念となった．他方で，1970〜80 年代には「隠された養育の剥奪（マスクト・デプリベーション）」という用語が一部の児童精神医学者の中で用いられ始めるとともに，それまで多くの場合乳児院などの施設養護の場において生じていた子どもの養育剥奪をめぐる問題が，近年では家庭の中でも生じるようになってきて

いること，またそうした「適切な養育」を剥奪された子どもを，「子どもの発達」という観点から可視化する必要性があることが説かれるようになる．

　他方で，「子捨て，子殺し」や「隠された養育の剥奪」など，この時期を特徴づける主題が，児童虐待問題のフレームに包摂されながら語られることは極めてまれであったことも同時期の特徴として挙げられる．例えば，先述の「子どもの人権を守るために集会」の総括として出された報告書『親権と子どもの人権』の中では，「子捨て，子殺し」など現在であれば児童虐待の問題枠組みの中で語られるはずの諸問題も，それを「児童虐待」という概念と結びつけられながら問題化する視角は極めて限定的であった．

　また，施設養護の場における「愛着障害」をめぐる議論が低調であったこと，また同概念に言及しながら施設の小規模化やユニット化などの施設の家庭化に結びつけようとする議論がなされなかったことも同時期の特徴として挙げられる．特に 1970 年代における施設養護論を主導したのは，積惟勝らによる集団養護論であり，同養護論をめぐる議論の中では「愛着障害」の予防などの議論がなされることはまれであった．

6　「児童虐待時代」における「愛着障害」概念の再強調（1990 年代〜現在）

　「児童虐待」概念が米国では 1960 年代初めに，日本では 1990 年代に，組織的な対応が求められる重要な社会問題として構築されたことが上野加代子によって最初に指摘されたのは 1996 年のことである（上野 1996）．日本の社会的養護の場は，この 1990 年代以降「児童虐待」という概念形成の影響下に大きく改変されていくこととなる．また，この「児童虐待」概念が人口に膾炙していく中で，「愛着障害」概念が社会的養護の場で再興隆していくとともに，それまで一定の影響力があった「集団養護論」が大きく後景化していくのも 1990 年代の特徴である．また 1970〜80 年代に一定の議論の蓄積があった「問題家庭」の可視化と，親権制限や子どもの親からの引き剥がしなどの家族に対する積極的介入が，「児童虐待」概念との関連下に，「子どもの人権」や「子どもの発達」をめぐる議論に引き付けられながら具現化していくのもこの時期の特徴である．

　また1990年代後半以降，政策指針形成の場において子どもの「愛着障害」をめぐる主題が議論の俎上にのせられるとともに，社会的養護の場の小規模化やユニット化，家庭的養護（里親委託）の優位性の強調などが「子どもの発達」をめぐる問題に関連付けられながら論じられるようになる．それはいわば，社会的養護の場に「児童虐待」という専門概念が入ることで，社会的養護の場が子どもの「治療の空間」として作り直されていく軌跡でもあった．またそのようなかたちで，児童福祉法下の社会的養護の場における「愛着障害」概念興隆をめぐる系譜は，「２つ目の山」を形成していくことになる．

　また1999年には，定員20名以上の乳児院に家庭支援専門相談員が，児童養護施設には個別相談職員が配置可能になるとともに，心理療法の専門家が施設に配置されることが可能になった．また2002年９月には，「里親の認定等に関する省令」および「里親の養育に関する最低基準」が定められ，日本の社会的養護の場は里親委託重視の方針をその後強く打ち出していくことになる．そこでは「乳児院や児童養護施設などの施設での処遇が大きな割合を占めており，里親に委託されている要保護児童は，全体の約6％にすぎない」（第1　制定の趣旨）ことが問題視されるかたちで里親委託率の上昇に向けた施策の必要性が提示されるとともに，「児童の発達においては，乳幼児期の愛着関係の形成が極めて重要」（同）という文言を伴いながら施設養護に対する家庭的養護の優位性が「子どもの発達」概念との関連下に強調されるに至る．また2003年には社会保障審議会児童部会に「社会的養護のあり方に関する専門委員会」が，社会的養護に関する国政レベルにおける初の専門委員会として設置されるとともに，社会的養護をめぐる政策が大きく動いていくことになった．また，そうした2000年代の政策形成の中で盛んになされていったのがこの「愛着障害」をめぐる議論であり，この時期以降同概念はその後現在に至るまで大きく展開していく日本の社会的養護の議論の中で，常に言及がなされる一大主題としての位置付けを獲得していくこととなる．

7　総　括

　以上，本稿では児童福祉法下の1940年代後半から2000年代までの日本の

施設養護の場における「愛着障害」概念興隆／衰退の系譜を「子どもの発達」概念の歴史社会学の視座から検討してきた.

　「愛着障害」概念興隆の「1つ目の山」は第1期（1940年代後半から1950年代後半）にみられたが, そこで同概念は戦後の戦災孤児などの「親のない子ども」の施設収容と養護理論の確立が模索される中で立ち上げられるとともに,「最悪の家庭は最良の施設に優る」という標語が, 子どもの施設養護に批判的に言及するかたちで, 児童福祉専門家内で共有されることとなった. その意味で, 同時期の「愛着障害」概念の興隆は, 家庭の外側にはじき出された「親のない子ども」を専ら対象化しながら, 施設養護の自己否定的な論理を伴う形で展開されたともいえる. またこうした「愛着障害」概念の構築は, 第2期以降の同概念が, 家庭内で生活する子どもを対象化していく軌跡とは対照的であった.

　その後, 日本の高度経済成長期に当たる第2期（1960年代初頭〜後半）において施設養護は停滞期に入るとともに, 施設養護の場における「愛着障害」をめぐる議論も大きく退潮する. 他方で, この時期の児童福祉改革の中で同概念は「経済成長の中の子どもの危機」という問題認識とともに形成された「一般家庭」の子どもを対象とした家族政策／児童福祉政策の枠組みの中に,「親子分離の予防」を企図するかたちで「転用」されていく. このように同時期の「愛着障害」をめぐる議論は対象を大きく変容させることになるが, 第1期における「最悪の家庭は最良の施設に優る」という標語に象徴的に表れている「愛着障害」概念の理念自体は, この時期も児童福祉領域においては継続的に維持されたとみることも出来る. この第2期における家族政策／児童福祉政策の中で求められたのはあくまで「親子分離の予防」であり,「問題家庭」の可視化や家庭内における子どもの養育の剥奪などが「愛着障害」概念との関連下に主題化されることはなかった.「愛着障害」予防の論理形成において, それがたとえどのような酷い親であったとしても, 親（特に母親）が幼少期の子どもとの関係構築をなしていることの重要性が唱えられた点において, 第1期と第2期の「愛着障害」概念の論理は少なくとも児童福祉分野に限れば通底する部分が多かったということが出来る.

　そうした家庭の中の子どもの「養育の剥奪」を可視化することの要請が施設

養護の場で議論され始めるのは，第3期（1970年代初頭〜80年代）を待たなければならない．この時期，施設養護をめぐる議論の中では「子捨て，子殺し」問題などの「犠牲者としての子ども」への言及を強めつつ，「問題家庭」への介入を伴ってでも子どもを保護することの必要性が唱えられながら，施設養護こそが「子どもの人権を守る砦」であるとする主張が展開されていく．また「問題家庭」内における「子どもの発達」をめぐって「隠された養育の剥奪（マスクト・デプリベーション）」という専門概念の形成がなされたのもこの特徴である．その限りで，この第3期はその後1990年代以降形成される「児童虐待時代」を準備した胎動期であると位置づけることも可能だろう．他方で，この時期「児童虐待」概念は人口に膾炙していたわけではなく，毎日のように新聞などのメディアで報道される「子捨て，子殺し」問題を「児童虐待」概念と結びつける視角は極めて限定的であった．また同時期の特に前半に影響力があった施設養護論は「集団養護論」であり，施設の場を「愛着障害」概念との関連下に変革する動きもほとんどみられなかった．

　こうした状況は，第4期（1990年代〜現在）において「児童虐待」概念が大きな影響力を有していく中で大きな変容を遂げる．また「児童虐待」という専門概念が市民権を得る中で，施設養護の場における「愛着障害」をめぐる議論が再興隆するとともに，社会的養護の場は子どもの「治療の空間」として作り直されていくことになった．この「愛着障害」概念が社会的養護のあり方と結び付けられながら政策指針として本格的に展開されるのは1990年代後半以降である．そこでは虐待リスクが高く，子どもとの愛着形成に問題がある「問題家庭」の把握と，そこからの子どもの引き剥がしを軸とする「子どもの保護」体制の形成が急がれるとともに，子どもの代替養育の場における里親委託重視，施設の小規模化やユニット化，幼少期の子どもの施設入所の回避などの社会的養護の「家庭化」（藤間 2017）が，「愛着障害」概念を軸に急速に進められるようになった．そうした過程の中で，子どもの「愛着障害」をめぐる議論は，社会的養護のあり方，特に幼少期の子どもの代替養育のあり方を考察するうえで欠くことのできない基礎理論としての地位を確立していくことになった．

　以上，約70年余りの児童保護法下の施設養護の場の系譜を概観する中で見えてくるのは，「愛着障害」をめぐる議論が一貫して近代家族規範と強固に結

びつきながら展開されてきたことである．その意味で，社会的養護下で議論される「愛着障害」概念とそれへの対処策の模索には，「逸脱視」された子どもを里親委託や施設の小規模化，ユニット化という近代家族の代替環境の下で養育するという「鋳型」に嵌めようとする強い傾向がある．他方で，愛着理論は「子どもの発達」における幼少期の子どもの1人以上の「特定の人物」との適切な関係構築の重要性を説くが，その1人以上の「特定の人物」が父親，祖父母や兄姉であっても，また保育士，セラピストや専門教師その他の「家庭外のケア提供者」(Howes 2008) であってもその役割を果たしうることは，数多くの研究から明らかにされている．その意味で，この愛着理論は代替養育の場を近代家族的な空間とは異なる形に開いていく可能性を理論上は含意しているともいえるかもしれない．にもかかわらず，同理論をめぐる議論の先に提示される社会的養護の場のあり方が，近代家族的な空間に近似してしまう点に現代日本社会における社会的養護をめぐる議論の隘路があるだろう．

文 献

Bowlby, J., 1952, *Maternal Care and Mental Health*, World Health Organization. (＝黒田実郎訳，1962，『乳幼児の精神衛生』岩崎書店．)

Burlingham, D., and A. Freud ,1944, *Infants without families*, Oxford, England: Allen & Unwin.

Howes, C,, 2008, "Attachment relationships in the context of multiple caregivers," J. Cassidy and Shaver, P. R. eds., *Handbook of Attachment: Theory, Research, and Clinical Applications 2nd edition*, Guilford Press, 671–87.

柏木惠子・高橋惠子編，1995，『発達心理学とフェミニズム』ミネルヴァ書房．

数井みゆき・遠藤利彦編，2005，『アタッチメント——生涯にわたる絆』ミネルヴァ書房．

厚生省児童局，1948，『全国孤児一斉調査』厚生省児童局．

―――，1963，『児童福祉白書』厚生省児童局．

黒木利克，1964，『日本の児童福祉』良書普及会．

大日向雅美，1988，『母性の研究』川島書店．

下司晶，2006，『〈精神分析的子ども〉の誕生——フロイト主義と教育言説』東京大学出版会．

積惟勝，1956，『集団に育つ子ら』教育新書．

田間泰子，2001，『母性愛という制度』勁草書房．

谷川貞夫，1953，「ホスピタリスムスの研究1」『社会事業』36(9)，全国社会福祉協議会：45-52．

藤間公太, 2017, 『代替養育の社会学——施設養護から〈脱家族化〉を問う』晃洋書房.

土屋敦, 2014, 『はじき出された子どもたち——社会的養護と「家庭」概念の歴史社会学』勁草書房.

————, 2018, 「里親委託の再編と『子どものニード』の前景化——一九六〇年代初頭の家庭養護促進協会発足と『愛の手運動』の軌跡から」(比較家族史学会監修, 小山静子・小玉亮子編『家族研究の最前線③ 子どもと教育——近代家族というアリーナ』日本経済評論社, 251-71.

————・野々村淑子編, 2019, 『孤児と救済のエポック——16〜20 世紀における子ども・家族規範の多層性』勁草書房.

Turmel, A., 2008, *A Historical Sociology of Childhood: Developmental Thinking, Categorization and Graphic Visualization*, Cambridge University Press.

上野加代子, 1996, 『児童虐待の社会学』勁草書房.

全国社会福祉協議会養護施設協議会, 1968, 「子どもの人権を守るために第 1 集」全養協資料作成委員会.

————, 1980, 『親権と子どもの人権』全社協養護施設協議会.

吉田幸恵, 2018, 『社会的養護の歴史的変遷——制度・政策・展望』ミネルヴァ書房.

abstract

Two Peak Periods in the Debate about "Attachment Disorder" in Foster Care The History of Foster Homes in Japan from the late 1940s to 2000s

TSUCHIYA, Atsushi

Kansai University

The purpose of this paper is to explore the history of the debate about "attachment disorder" in foster care, especially in foster homes, from the late 1940s to 2000s in Japan. This corresponds to the time from the early post-war period, in which most children in foster homes were war orphans; the period of high economic growth, during which family policy had begun to be shaped; the period of stable economic growth (from the 1970s to '80s), when child abandonment and infanticide were serious social problems and the necessity of foster home reformation had been advocated; to the era of child abuse (from the 1990s to present).

Attachment disorder is a political concept constructed in the modern era, referring to the modern concepts of child and family. The history of debates about attachment disorder tracks the views of foster homes and family in each period. This paper describes two peak periods in the debate about attachment disorder and the concept of child development in foster homes in each period.

Keywords : Attachment disorder, Child welfare, Foster home, Historical sociology of childhood

| 特集論文 |

里親家庭の「おわかれ」に かかわる 3 つの視角
——子どもの利益をめぐって

　社会的養護を受ける子どもたちの措置先の一つである里親家庭は，子どもたちの一時的な養育を行う．里親家庭に委託された子どもは，実家庭への復帰，あるいはその見込みがない場合は，18 歳での自立を目指すことになる．里親家庭の養育期間は，子どもの実親の状況と児童相談所の決定に依る．児童相談所の決定によって，里親家庭から施設あるいは実親の家庭に復帰することを措置変更というが，本稿では，インタビュー調査によって得られた，ある措置変更事例を検討する．

　対象にするのは，里親子関係が良好である中で，実親との交流のために，突然，子どもが児童養護施設に措置変更された事例である．本稿の目的は，この同一の措置変更事例をめぐる，児童相談所職員，里親支援機関職員，養育里親の三者の視点を捉えることにある．そのうえで，児童相談所から措置以外の里親業務全般を受託している民間里親支援機関の介入が里親に与える影響を考察する．併せて，措置変更の際に生じた児童相談所と里親の立場の違いに着目する．

キーワード：養育里親，里親支援機関，児童相談所，措置変更，里親家庭支援

1　はじめに

　さまざまな事情で親と暮らせない子どもたちを養育することを社会的養護という．社会的養護は，公的な養育であり，子どもの福祉のための制度であることが前提にある．わが国における社会的養護を受ける子どもたちの措置先は，乳児院・児童養護施設等の施設養護，もしくは，里親委託等の家庭養護に二分される．

みわ きよこ｜明治学院大学・専任講師｜miwa@soc.meijigakuin.ac.jp

　家庭養護は，里親委託，特別養子縁組などがある．特別養子縁組は，子の福祉を積極的に確保する観点から，戸籍の記載が実親子とほぼ同様の縁組形式をとる（厚生労働省HP）．すなわち，法的に親子であると認められるものであり，それは，養親が恒久的・全面的に子の親となることを意味する．

　一方で，里親家庭は，多くの場合，実親が存在する子どもを養育する．里親家庭に委託された子どもは，実家庭への復帰，あるいはその見込みがない場合は18歳での自立を目指すことになる．すなわち，里親家庭は，一時的な養育を行う家庭である．状況によっては，長期的な養育となることもあるが，短期的な養育を担うこともある．

　里親委託には，里親家庭への支援が重要であるということは，従来から指摘されてきた（たとえば，山口 2007）．国は，2008年に，里親家庭への支援を行う里親支援事業 [1] を創設し（2009年施行），民間事業者に児童相談所（以下，「児相」と略記する）の里親支援業務を一部あるいは措置権以外の全部を委託できることになった．里親支援事業の一部を民間に委託することに関しては徐々に進みつつあるものの（開原編 2013；伊藤編 2017a），里親支援業務の措置権以外の全部委託はごく一部の自治体でしか例を見ない．児相の業務の軽減のためにも，また里親家庭への支援を充実させるためにも，民間の里親支援機関（以下，支援機関と略記する）を活用することが望ましいことは，複数の研究者が指摘している（たとえば，和泉 2008；林 2012）．

　こうした潮流の中，2016年の児童福祉法改正において，里親委託優先が明記され，翌2017年には「新しい社会的養育ビジョン」（新たな社会的養育の在り方に関する検討委員会 2017）が，発表された．「新しい社会的養育ビジョン」においては，里親養育を推進するための包括的な支援機関（フォスタリング機関）を2020年度までにすべての都道府県で整備することが目標とされており，今後，民間で里親支援を担う機関の増加が期待されている．

　ところで，里親家庭の養育期間は，子どもの実親の状況と，児相の決定に依存する．児相は，子どもの実家庭の状況を注視する中で，子どもの家庭復帰の時期を見定め，里親家庭に対して，家庭復帰の見込み時期などを伝える．しかしながら，時には児相の見込み通りには進まず，最初の見立てよりも長期になることもあれば，はるかに早い時期に家庭復帰が行われることもある．子ども

の実家庭への復帰は，多くの場合，里親家庭との「おわかれ」を意味する．このように，急な措置変更となり，子どもが家庭復帰を果たす場合，里親と子どもは，突然分離され，再び関係性を継続することはあまりない．

こうした経験は，いわゆる通常の親子関係では経験しえないことであり，そうであるならば，里親家庭特有の経験ということが出来るだろう．この経験は，里親から見れば，子どもとの「おわかれ」を意味し，辛いものとして体験されることがある．そして，子どもにとっても同様に戸惑いと疑問の残る体験となることもあるだろう．子どもの利益のために遂行される分離が，なぜ里親と子どもの両者にとって，負の経験としてとらえられてしまうのか．また，従来の児相と里親の 2 者関係に支援機関が加えられたとき，どのような影響があるのだろうか．

以上のことから，本稿の目的は，同一の措置変更事例をめぐる，児相職員，支援機関職員，里親の 3 者の視角を捉えることにある．そのうえで，児相から措置権以外の里親業務全般を受託している支援機関の介入が里親に与える影響を考察する．併せて，子どもが「おわかれ」を経験する際にどのようなことが必要なのかを論じる．

2　子どもの家庭復帰による措置変更・措置解除

里親委託の措置変更・措置解除には，子どもの家庭復帰，満年齢での自立，養子縁組の成立，里親子関係の不調による措置変更などがある（全国児童相談所長会 2011: 63-4）．里親子の関係性の不調によって措置変更・措置解除になった場合，子どもは実親の家庭から引き離されたうえ，里親の家庭からも離れなくてはならず，二重の意味で喪失感と傷つきを負うことになる（森 2011）．また，里親自身も大きな喪失感と傷つきを負うことになることも知られており（森 2011），関係者にとっても苦い経験となってしまう（宮島 2002）．そのような意味で，里親子の関係性の不調は，関係者から「できるだけ避けたいもの」として，扱われている（伊藤編 2017b: 176）．そのため，里親委託の措置変更・措置解除については，とくに里親子関係の不調による措置変更・措置解除に焦点をあてられることが多い．

　しかしながら，里親子関係の不調による措置変更・措置解除以外の措置変更，とくに家庭復帰による措置変更・措置解除については，これまでほとんど焦点があてられてこなかった．ただし，将来的に実家庭に戻ることが前提となっている子どもを養育する里親については，少数ではあるが，質的研究において検討されている．安藤藍（2017）は，インタビュー調査から「将来的な時間共有の曖昧さゆえの『時間的限定性』から葛藤が生じたケースを紹介」（安藤 2017: 127-137）している．安藤（2017）によれば，里親は，将来的な実家庭への復帰を見据えて，実家庭に戻った際に子どもが困らないための訓練ともいえるような準備を養育の中で意識することが語られている．また，伊藤嘉余子ほか（2019）も，実親と交流のある子どもを養育する里親へのインタビュー調査を行い，里親が里子の葛藤に寄り添ったり，実親と里子の交流の関係調整を行うなどのプロセスを分析している．

　また，安藤（2017）では，想定外の措置委託解除のケースについても紹介されている．中学進学の際に児童養護施設へ措置変更になってしまったこの事例では，里親が「何年も悲しみをひきずった」（安藤 2017: 130）とあり，里親が長期間，喪失感を抱え続けねばならなかったことが語られている．ただし，安藤（2017）で取り上げられているのは，一時的ではあったが，里親と子どもの不調関係が発端となっていた事例である．

　本稿で，着目する事例は，里親と子どもの関係性は良好だったが，実親との交流のために，突然施設に措置変更された事例である．こうした事例については，これまで注目されてこなかった．それは，里親委託の目標の一つが，子どもの実家庭への復帰にあり，そのために，子どもの家庭復帰，あるいは家庭復帰に向けた措置変更は，成功事例であるとみなされるからにほかならない．しかし，子どもが家庭復帰を果たしたとしても，里親は子どもとの「おわかれ」に喪失感を経験するのではないだろうか．また，子ども自身にとっても里親との突然の「おわかれ」は，必ずしも良い結果ばかりをもたらさないように思われる．本稿では，そうした局面において，子どもにとってどのようなことが必要かを論じる．

3　インタビュー調査の概要

3.1　調査方法と調査対象

　2017 年度,「里親の登録・研修・支援に関する調査」を量・質の両面から実施した（三輪・大日 2018）. 量的側面については, 養育里親の登録・研修・支援に関してその効果的な実施についての知見を提供することを目的とし, 調査の趣旨を説明したうえで協力を得られた自治体において, 養育里親を対象とした質問紙調査を行った. 質的側面においては, 量的調査と同様の目的から, 3 つの地域を選定し, 同一地域内の里親委託に関わる児相職員, 支援機関職員, 養育里親にインタビュー調査を行った. 本調査のメンバーは, 三輪清子（明治学院大学）, 大日義晴（日本女子大学）, 山口そな恵（日本女子大学大学院）である. なお調査の実施にあたり, Key Assets International の助成・後援をうけた. なお, 里親には 4 種類[2] あるが, 養育里親（以下, 里親と略記する）とは, さまざまな事情により家族と暮らせない子どもを一定期間, 自分の家庭で養育する最も一般的な里親の形態である.

　本稿では,「里親の登録・研修・支援に関する調査」のうち, インタビュー調査を行った一地域で得られた, ある措置変更事例に焦点を当てる. 調査時期は 2017 年 11 月で, 調査対象は, 支援機関を有する同一地域内の児相職員（里親担当児童福祉司 1 名, 課長 1 名, 所長 1 名), 支援機関職員（2 名）, 里親（2 名・夫婦）である. 具体的には, 当該地域の支援機関職員に調査への協力を依頼し, その職員から, 児相職員と里親に依頼してもらった. 里親の選定は最初に協力依頼をした職員が行った. 本稿において対象とした調査地域は, 措置を除く里親関連業務のほぼすべてを民間の支援機関が受託している地域である.

　同一地域内の児相, 支援機関, 里親を調査対象とした理由は, 同一地域内の里親養育に関わる 3 者に別々にインタビューすることによって, 三者三様の立場からその視点, 考え, 気持ちを聞くことになり, 一方向的ではなく, より中立的に検討することができると考えたためである. なお, 日本国内で実施された里親に関するインタビュー調査でこのような視点から実施している調査は, 管見の限り例を見ない.

　調査は，調査者の質問に自由に回答してもらう半構造化面接を採用した．分析にあたっては，面接中，メモを取りフィールドノートを作成した．また録音データを文字おこしした逐語録のうち，対象者の許可を得られた部分について，項目ごとにカテゴリに分類し分析を行った．

3.2　倫理的配慮

　倫理的配慮として，事前に明治学院大学の研究倫理審査委員会に研究倫理審査を申請し許可を得た（承認番号：SW17-03）．また，実査においては，事前にメールや電話で調査の趣旨を説明し，さらに調査対象者に，調査への「参加説明書」を用いて調査についての説明を十分に行い，「同意書」への署名をもって許可を得た．さらに，録音データを文字おこしした逐語録を送付し，対象者が非公表を希望する箇所については，非公表とした．加えて「データの引用と公表に関する意思確認書」への署名をもってデータの引用と公表に関する許可を得た．本稿においても，個人が特定できるような情報を提示しないよう十分な倫理的配慮を行っている．

4　インタビュー調査の結果と分析

4.1　事例の概要

　男児がＦ夫妻の家庭への委託措置が決定し，委託となった．Ｆ夫妻には，実子がいるが，本児よりもかなり年齢の高い子どもであり，本児が来ることを喜び，Ｆ夫妻を手伝って本児の世話を行っていた．委託直後には，Ｆ夫妻は，本児の養育に非常に苦労したが，徐々に本児との信頼関係が構築されていった．本児との関係性も安定してきた３か月後，実親との交流のためという理由により，本児はＦ夫妻の家庭から，児童養護施設に措置変更となった．措置変更時には，実家庭への復帰を見据えた実親との交流を行うにあたり，児童養護施設への措置変更が必要であるとのことだったが，インタビューの調査時期にも，本児は未だ家庭に復帰しておらず，児童養護施設に在所していた．

　以下，インタビュー調査の結果と分析を進める．インタビュー対象者の仮名と属性は表１のとおりである．インタビュアーの質問は──と表記した．また，

表 1　インタビュー対象者の仮名と属性

仮名	属性
A 児相職員	児相　里親担当児童福祉司
B 児相職員	児相　課長
C 児相職員	児相　所長
D 支援機関職員	民間支援機関職員（F 夫妻担当）
E 支援機関職員	民間支援機関職員
F 夫	夫（F 夫妻）
F 妻	妻（F 夫妻）

個人が特定されることを避けるためにいくつかの重要でない表現を抽象化した．発言の内容については，紙幅の関係上，内容の変更を伴わない範囲で一部を簡略化して表現した．なお，（　　）で表記されている部分は内容の理解のために筆者が補ったものである．

4.2　3 者の「おわかれ」に関する視角

　今回のインタビューの対象者の回答から，事例を追っていこう．事例の子どもは，F 夫妻に委託された時点で，実家庭への復帰が見込まれていた．そのため，F 夫妻は，子どもの家庭復帰を見据えて子どもを養育していた．

　F 妻：この子（事例の子ども）は，預かっている子という感じはすごくありました．
　───やっぱり受託時の年齢が結構大きい？
　F 妻：年齢じゃなくて，やっぱり○歳となると自分の親がしっかり入っているんです．
　───そういう意味で．
　F 妻：だから「おばちゃん」とはっきり言うてくる．
　D 支援機関職員：この時，もう方針が家に帰るということがあったので，それに向けての養育をずっとしてもらったから．
　F 妻：「家に帰ったらこうするねんで」と．
　D 支援機関職員：家に帰るためにこうしていった方がいいなとか（中略）し

ていたのがやっぱり急に方針が変わって.

F妻：家でご飯を食べられないから，もう飲み込んでたんですって.「家に
　　帰ったらちゃんと妹の分はこうしてあげてな」「おにぎりはこうやで」
　　とか，そういう訓練というかな.家に帰っても困らんように，最低限
　　の生活レベルをちょっとつけてあげようと思って頑張っていたんで.
　　やっぱり預かっている子というのがずっとありました.

　F夫妻は，最初の方針に従って，子どものこれまでの家庭環境を鑑みたうえ
で，子どもが実家庭に帰ったときに困ることがないよう日々の生活の中で努力
していたそうである.
　支援機関の職員への個別インタビューでは，F夫妻と委託された子どもへの
かかわり方について，以下のように語られた.

　D支援機関職員：（里親の子どもへの）かかわりは，この子の成長というか，
　　　　変化を促せるというのが，すごくよくわかったし，私も，実際，私が
　　　　養育しているわけじゃないけれども，一緒に養育しているような感覚
　　　　がすごいあります.

　D支援機関職員：（里親さん）この先に何があるのかなと考えた養育をされ
　　　　ていますね.

　支援機関の職員は，F夫妻の子どもとの関わりが適切であると考えており，
子どもの将来的な動向も考慮した養育を行っていることを肯定的に評価してい
た.職員自身も里親と同じ目線で子どもとかかわっていることが語られた.
　しかし，急に児相の方針が変わり，実親との交流のために，施設に措置変更
になった.それについて，支援機関職員は，児相が予定していた通りには，子
どもの家庭復帰が進まなかった場合の里親の思いを語った.

　D支援機関職員：実際，里親さんのところで見ていた（住んでいた）けれど
　　　　も，親が面会するとなったときに，施設への措置変更というのがある
　　　　んですよね.（実）親とのやりとりとか，やっぱりちょっとややこし

いかもしれないということで．それが，その後本当にきっちり，そうやって親が言っているけれども来ているのかな，というのは知るところじゃない．教えてももらえないし，そこはすごく残念だし，どうなっているのかな，というのは実際（にある）．

E 支援機関職員：本当は施設で交流しながら，例えばおうちに帰る予定だったのが，全然施設に会いにも来ず，結局ずっと長いこと施設にいるとかいう情報を聞いちゃうと余計「だったら，うちで，ずっと生活していたらいいのに」とかいう思いとかも持たれるかなとは思うんですが，そのときは，おうちに帰るという判断で，交流が必要なので施設に戻って，施設から外泊をしながらという…，予定どおりにいかなかったときは，やっぱりはがゆい思いをされるかとは思います．

　里親家庭から施設へ措置変更した後について，里親には知る権限がない．そのうえ，結果的に，いまだに子どもが施設にいることを聞けば，子どもと一緒に暮らしていた里親にとって，なぜ，あのまま里親家庭で暮らし続けることができなかったのかという思いを募らせることになる．

　一方，児相職員へのインタビューでは，以下のように語られた．

C 児相職員：ソーシャルワークの中で「今，返さなあかん」とか，そういうタイミングをこちらで測ります．けれども，里親さんにとってはそんな背景が全然わからないので「なんで，このタイミングで」．

B 児相職員：うち的な立場でいうと，うちのソーシャルワーク展開がありますよね．それに合わせて，うちはどこかで委託する，対象者は委託解除するみたいなのがあるんです．

　当該家庭への児相のかかわりを図にすると図 1 のようになる．児相では，子どもの実家庭が要支援家庭と判断されたときから，子どもと実親にかかわることになる．そして，子どもが保護されると，里親委託（あるいは施設入所）措置を決定する．その後も，実親の状況を注視しながら，子どもの交流の時期や家庭復帰の時期を見定める．児相は，適切な時期に子どもの実家庭への復帰

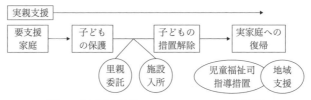

図1　児童相談所のソーシャルワーク展開

を果たしたとしても，その後も見守りを続け，当該地域でその家庭を支援して
いけるよう引き継いでいく.

　児相から見て，里親は子どもが保護されたとき一時的に子どもの養育に携わ
るが，子どもの実親とのかかわりはなく，子どもが実家庭に復帰した後にはか
かわりを持たない．つまり，一時的な子どもの養育に携わっている里親には,
その全体像が見通せない，と児相職員は考えている.

> **C 児相職員：極端な話をすれば，一般の方やったら，子どもさんのために里
> 親をしてあげる．子どもさんのために何かをしてあげたいとなると,
> 価値基準がすべて「子どもにとって」という風になるんです．われわ
> れは，「子どもにとって」ですけれども，その背景には親御さん，家
> 庭をサポートしていく必要があると．そこらへんがなかなか理解しに
> くい部分があります.**

　既述のように，里親家庭に委託された子どもは可能であれば，実家庭への復
帰が目指される．様々な事情により，子どもを一時的にでも養育できなくなっ
た実親は，多くの場合，子どもを養育していけなくなるほど追い詰められてい
る．その際には，一般の家庭である里親には，理解しがたいような子育ての状
況になっていることがある．実親とかかわり，面会等を重ねている児相職員は,
ケースの全体像を把握するとともに，子どもが実家庭に復帰するために，実親
を支援していく必要がある.

4.3　措置変更による里親の喪失感

　子どもが措置変更・措置解除になった事例については，支援機関職員から,

今回の事例には限らず同様のことが起こると語られた.

> **E 支援機関職員**：里親さんのところから, 毎回実親さんのところにハッピー
> エンドで帰るかというとそうでもなくて, 施設に行くようになって.
> (中略) でも, やっぱり聞かれますね. 一時保護の子だったとしても,
> 「なんとかちゃん, どうしている？」と. そこはやっぱり気にかけて
> くださっているんで.

　支援機関職員からは, 措置変更になった後々までも, 里親からは子どもについての問い合わせがあることが語られた.
　里親自身からは, 子どもが措置変更・措置解除になった時のことが以下のように語られた.

> **F 夫**：これだけ講習（里親希望者の研修）受けて, 一生懸命資格を取って,
> やろうとしている人に対して. 実際にやっていて「明日でおわかれね」
> という電話一本で言って, 車来てビューと持っていくみたいな. 涙ぽ
> ろぽろになるわけじゃないですか. 三日三晩寝込むとか. そりゃ寝込
> むわと.
> **F 妻**：そう. 縁を切られる. せっかくつながったのに, やっぱり切られてし
> まう.

　里親からは, 措置変更・措置解除によって, つながりが切断されることにより, 大きな喪失感を抱えることが語られた. 同時に,「ではどんなことがあれば安心か」という問いに対しては, 以下のように語られた.

> **F 妻**：私らは「元気にしていますよ」という一言でほっと安心するし, もう
> 喜んで, 写真一枚でも親子の写真見せてもらったらすごいうれしいや
> ろうし. うそをつかんと, 正直に伝えてくれたら安心かな.

　里親からは, 喪失感は消えないかもしれないが, 子どもが幸せに暮らしてい

ることがわかれば，安心すると語られた．自分の家庭から子どもが離れなければならなくなったにもかかわらず，戻った先の実家庭で困難を抱えていると知れば，やるせない気持ちになるのは想像に難くない．

　一方，児相職員からは，措置変更・措置解除によって，里親が抱えることになる喪失感については，以下のように語られた．

　A 児相職員：ベテラン（里親）さんになると，そこ（子どもの可愛さと実親の理解）を両立，そこの相反する気持ちがあって「葛藤を自分は持っているよね」ということを結構自覚してやってくださっている方がいらっしゃいますけれども，登録してすぐに受託をされた方というのは，そこに至るのにたくさんの「おわかれ」を経験して，そこを上手に支援機関とか児相と整理していい形での「おわかれ」を積んでいかないと，なかなか継続して子どもを受け続けるということが難しいので．

　多くの里親が，実親への理解しがたい感情を抱え，措置変更・措置解除を経験することで喪失感を抱えるが，その葛藤に折り合いをつけるために，支援機関や児相は支援していかなくてはならないという．

4.4　子どもの権利という視点から

　今回の事例において，当事者である子どもが，里親家庭から施設へ措置変更になったことをどのように経験しているのかを知ることはできなかった．ここでは，子どもの権利という視点で語られた児相・里親双方の語りを見てみよう．

　B 児相職員：私たちはとりあえず，子どもの権利を守らなければいけませんので，里親さんに預けるにしても（施設に）入所するにしても，子どもたちの権利が守られているかどうかというのを絶対に見ていかなければいけないのは，私たちの機関やと思うんです．里親さんに預けたとしても，子どもがちゃんと養育されているか，子どもの権利が守られているか，子どもが安全に暮らせているかというところを，うちが見なければならないと思っています．

　公の機関である児相は，子どもの権利が守られているかどうかのモニタリングが必要になることが語られた．そのため，子どもが安全に暮らせているか否かという点が，児相が重視する点であるようだ．また子どもの権利を守るのは児相であると考えており，その子どもの権利の意味するところは安全な暮らし，養育であると考えている．

　一方で，里親からは，子どもの権利のなかでも，子どもの意見表明という点が語られている．

> F妻：私らは，子どものことだけを考えて動くけれども，あの人ら（児相）は親と子どもの道を決めはる．ほんで，その上には親権の強さがあるというと，里親の声はいらないんです．
> ──意外と子どもの声も反映されないというか．
> F妻：意外どころじゃない．全くじゃない？
> F夫：全くないですよね．ゼロでしょう．ゼロに近いでしょう．
> F妻：親権に基づいて，行政，子どもの意見は？
> F夫：物心ついていない子どものほうが多いわけじゃないですか．だから，自分の意見はなかなか．
> F妻：そうです．だから，日ごろのこの子のことがわかるのは里親ですから．
> D支援機関職員：一番よくわかっているもんね．
> F妻：「ちょっと体調悪いな」とか，「テンション高いな，低いな」いうのもわかるのも親です，里親ですから．

　里親から見ると，子どもの意見は，児相から全く顧みられていないように思える．とくに，幼児など年齢的な問題で，自分の考えを意見として表明しにくい場合には，ほとんど意見は聞かれないという．子どもが言語化して自分の思いを語れないとしても，日常の子どもの様子を見ていて，子どもの思いを把握できるのは，里親であることが語られた．

4.5　3者の「里親」の認識
　加えて，3者それぞれの語りからは，「里親」の認識が一様ではないことが

わかった．まず，児相職員は，「里親」をどう認識しているのか．

> **B 児相職員**：保護者対応は全部，こちらでもちろんやります．ソーシャルワークはこっちで動いていて，その一部分を（中略），里親さんに預けているわけで，その間は里親さんが養育してくれてはるという感じですので．

児相は，里親の養育は「児相のソーシャルワーク展開」の「一部」であるとする．すなわち，児相と共にチームとして連携・協働する一機関であるとみている．

また，里親は支援をする対象であることが語られた．

> **B 児相職員**：でもいろいろ大変なんです．里親さんのところがうまく回るには，何がいるんかなと思うけれども，やっぱり施設の場合は，ある程度施設さんが全部やりはるじゃないですか．それになれていると，どうしても里親さんのところに行ったときにいっぱい支援しなあかんというのが抜けていってしまう児相側の問題もあって，（中略）無理があるから支援機関さんにお願いしたいという感じですね．

では，里親自身は，児相と里親の関係をどう捉えているのか．

> **F 妻**：「私ら将棋の駒と一緒やな」と思うことがしょっちゅうあって．利用されているという言い方もおかしいねんけれども，あの人らと喋るとそういう風な感じに捉えてしまう．

里親自身は，自分を将棋の駒にたとえ，児相から都合の良いときだけ利用されているように感じている．また，支援機関職員からは，里親と児相職員の違いについて，以下のように語られた．

> **E 支援機関職員**：里親さんの，そういう活動をして下さいというレベルとし

て捉えているのではなくて，そういう生き方を選んでもらったという
人生の選択肢の一つ．すごく大きく生活スタイルとかも変わるし，そ
ういう生き方を選んでもらうということ（中略）．

D 支援機関職員：里親さんとワーカーさんとは生活のスタイルは全く違い
ますね．（児相職員は）実際，子育てもされているんだけれども，あん
な遅い時間まで働かれている．仕事をすごく重視されて，生きがいを
もってやっていらっしゃる．里親さんは，子育てを生き方として選ん
でやってはるという．

D 支援機関職員：里親さんとチームと．もちろん関係機関ともチームだけ
れども，里親さんは支援機関の一員ということ，形なので，そこのス
タンスの違いはあります．

　支援機関職員は，里親について「子育てを生き方として選択」していると表
現し，さらに里親は「支援機関の一員」だと語る．そして，児相職員と里親に
ついては，全く異なるスタンスに立っていることを強調した．

5　おわりに

　おわりに，子どもが「おわかれ」を経験する際に必要なことと，児相から措
置以外の里親業務全般を受託している支援機関が介入することで里親に与える
影響について論じ，まとめとしたい．

5.1　子どもの視点

　本稿で紹介した事例は，里親と子どもの関係性が良好であるにもかかわらず，
実親との交流の目的のため，子どもが突然，施設に措置変更された事例である．
当該の子どもは，里親家庭へ委託された当初から，家庭復帰が目標とされてい
たため，里親家庭でも，安藤（2017）や伊藤（2019）で述べられていたよう
な，復帰のために子どもへの訓練を養育の中に取り入れていた．それにもかか
わらず，突然の措置変更が里親に多大な喪失感をもたらした．児相職員からは，
そうした措置変更に対して，児相や支援機関が支援をしていく必要性や里親自

身が耐性を付けることへの期待が語られた．また，児相は子どものために，子どもの実家庭への支援を行っていく必要があり，突然の措置変更が生じるのは，一番良い時期を逃さないためであることが看取できた．

　しかし，里親は，児相が子どもの実家庭の状況を注視するあまり，当事者である子ども自身の意見をあまり重視していないと捉えていた．今回の事例の子どもは，年齢が幼いために自分の思いを言語化することが難しいかもしれないが，毎日子どもを養育している里親には，子どもがどう思っているかを知ることができると主張された．

　児相職員も里親も，「子どもの利益のため」という目的は同様であるが，視角が異なるために，子どもの利益のための選択もまた異なっているように思われる．里親は，（実家庭の事情が児相ほどには把握できないこともあり）子どもだけを注視しているが，児相は，子どもの未来を見据えて実家庭も含めて支援する．そのため，児相は，子どもの視点からみた子ども自身の「現在」の思いをくみ取ることが里親よりも希薄になっている可能性がある．

　子どもの権利条約が児童福祉関係者らに浸透していく過程において，子どもの知る権利，子どもの意見を述べる権利，子どもの自分にかかわることを決定する場に参画する権利などが尊重されるべきである，という考えも浸透してきた．そのための取り組みの一つとして，例えばライフストーリーワークの取り組みなどがある．ライフストーリーワークでは，社会的養護を受ける子どもたちにとって，自分がなぜ，社会的養護を受けることになったのか，自分の生まれた時のことや幼少期はどのようであったのかという自分の過去について知ることで，現在と未来を前向きに生きていくことができるようになることが，指摘されている（山本ほか編 2015）．また，本事例とは異なり施設からの措置変更ではあるが，伊藤（2017b）は，施設から施設へ，あるいは施設から里親へ措置変更した事例のインタビュー調査をもとに，「子ども自身がなぜ養育の場を移らなくてはいけないのかという理由の説明や，これまで大切にしてきた人間関係や環境とのつながりの継続性を保障するための支援をだれがどのように担っていくべきなのか」（伊藤 2017b: 179）を検討する必要があるとしている．

　本稿が着目した事例においては，児相が子どものために奔走したにもかかわらず，子どもから見れば里親家庭でのケアの連続性が分断されたように捉えら

れるかもしれない．そしてそれは，子どもにとって負の経験として捉えられる可能性が考えられる．そうであるならば，実家庭への復帰が行われる際にも，子どもは，なぜ自分が社会的養護を受け，さらに里親のもとから施設に措置変更になったのか，また，なぜ里親のもとにはこれ以上いることはできないのかを，子ども自身に理解可能な形で伝えることは必要なのではないだろうか．幼い子どもであればあるほど，子どもに理解できる形での説明は，時間をかけて丁寧に行う必要がある．

　また，里親家庭から実家庭へ復帰できても，現在の日本のシステムでは，里親と子どものつながりは突然分断され，その後ケアが継続されることはあまりない．しかし，子どもの過去の人生から現在・未来への継続性を保障していくには，里親を含めて，一度一緒に住んだ人，家族みたいな人，おじさん・おばさんのように子どもの人生の一部にかかわった人，という認識をもっと大切にしてもよいのではないか．子どもにとっての「家族」あるいは「家族のようなもの」は同時に複数存在してもよいのではないだろうか．

5.2　「里親」というものの認識

　今回のインタビュー調査からは，「里親」というものの認識について，児相と支援機関では相違があるように思われた．児相から見れば，里親は連携・協働する一機関であり，支援する対象である．一方，支援機関から見て，児相は，やりがいを持って仕事に取り組んでいるが，あくまで仕事として，一連のソーシャルワークに携わっており，児相の活動は自分自身の家庭からは切り離されたところで行われている．里親は養育の場で生活をしており，里親にとって「里親をする」ということは生活の営みであり，生き方であるという．今回，紹介はしなかったが，インタビュー中で里親たちは，子どもとは「家族である」という認識を持っており，里親自身も支援機関と類似の見解を持っていることが示された．里親や支援機関は，里親家庭を施設とは質の異なる養育の場として認識していると考えられる．そうであるならば，従来は存在しなかった支援機関が，「里親側に立つ機関」として存在していることの意義は大きい．

　また，児相は支援者であり，里親は被支援者であるという関係にある．そのように考えると，児相とは必ずしも力関係が同一ではない里親にとって，支援

機関が児相と里親の間に介入することで，児相への発言権が強まることが考えられる．今回の事例のような，里親自身の喪失感に寄り添うことのできる立場の支援機関の存在，また，子どもの処遇をめぐる児相と里親の見解の相違があったときに，ソーシャルワークについて，素人と思われる里親の意見を里親側から発言することができる機関が存在しているということにもなる．

5.3 まとめにかえて

　以上のように考えると，支援機関に求められる質は非常に高い．既述のように，伊藤ほか（2019）は，子どもが実家庭との交流を続ける里親にインタビュー調査を行っているが，こうした研究はまだあまりなされていない．さらに，従来，あまり目を向けられてこなかった，今回のような事例にも注目する必要が出てくるだろう．今後，フォスタリング機関が増加する過程で，本来であれば，すでに対策が検討されているべき課題が発見されていく可能性があり，それに伴い里親家庭支援の課題も増加していくことが予想される．

　里親に委託される個々のケースはさまざまであり，一概に決まった対応をすることは難しい．そして，児童福祉の対象者である子どもの視点に立った時，子どもの思いや考えは，決して一様ではないだろう．ソーシャルワークはそうしたさまざまな状況，さまざまな人々の視点に立って，行われる必要がある．支援機関に対しても，誰にでもできるソーシャルワークではなく，より質の高いものを求めることで，さらなる人材不足を生み出す可能性もある．

　しかし，支援機関が里親側にある機関として存在することで，養育の場にいない，すなわち，普段，子どもと直接的に接しているわけではない児相に，これまで以上に，子どもの思いを伝えやすくなるのではないか．そうであれば，当事者である子どもと子どもの支援者である児相との齟齬が，従来よりも埋めやすくなるのではないか．当事者不在のままではなく，当事者の声を反映していく取り組みが各地で進められつつある現在，措置の現場においても，子どもの思いが反映されるようなシステムづくりがなされるべきだろう．

謝　辞
　本研究の調査にご協力いただきました児相の職員，支援機関の職員，里親の皆

さまに深く感謝申し上げます.

注

1) 2009 年当時の名称は, 支援機関事業である.
2) 里親には, 養育里親・養子縁組里親・親族里親・専門里親の 4 種類がある.

文　献

新たな社会的養育の在り方に関する検討委員会, 2017, 「新しい社会的養育ビジョン」, 厚生労働省ホームページ, (2019 年 10 月 30 日取得, file:///C:/Users/kiyoko/AppData/Local/Microsoft/Windows/INetCache/IE/HRWNXMTH/0000173888.pdf).

安藤藍, 2017, 『里親であることの葛藤と対処——家族的文脈と福祉的文脈の交錯』ミネルヴァ書房.

伊藤嘉余子, 2017a, 「里親支援にかかる効果的な実践に関する調査研究事業」『平成 28 年度厚生労働省　子ども・子育て支援推進調査研究事業報告書』大阪府立大学.

————編著, 2017b, 『社会的養護の子どもと措置変更——養育の質とパーマネンシー保障から考える——』明石書店.

伊藤嘉余子・小池由佳・福田公教・千賀則史・野口啓示, 2019, 「実親と交流のある里子を養育する里親の体験プロセスに関する質的研究」『社会福祉学』60 (2): 14-24.

和泉広恵, 2008, 「里親家族支援は進むのか——児童福祉法改正と里親支援事業の未来」『子どもと福祉』2: 38-43.

林浩康, 2012, 「社会的養護改革と里親委託推進のあり方」『里親と子ども』7: 9-18.

開原久代編, 2013, 「社会的養護における児童の特性別標準的ケアパッケージ——被虐待児を養育する里親家庭の民間の治療支援機関の研究」『平成 24 年度厚生労働科学研究費補助金研究事業総括分担研究報告書』東京成徳大学.

厚生労働省「特別養子縁組制度について」(2019 年 10 月 16 日 取 得, https://www.mhlw.go.jp/file/06-SeisFkujouhou-11900000-KoyoukintoujidoukFteikyoku/0000169448_1.pdf).

宮島清, 2002, 「児童虐待防止法施行後の児童相談所と里親制度の今後について」『新しい家族』40: 25-45.

三輪清子・大日義晴編, 2018, 『「養育里親の登録・研修・支援に関する調査」報告書』.

森和子, 2011, 「養育の不調をどう捉えるか——研究者／支援者の立場から」『里親と子ども』6: 9-16.

山口敬子, 2007, 「要保護児童のアタッチメント形成と里親委託制度」『福祉社会研究』8: 65-79.

山本智佳央・楢原真也・徳永祥子・平田修三編, 2015, 『ライフストーリーワーク入門』明石書店.

全国児童相談所長会（全国里親会複製）, 2011, 『児相における里親委託及び遺棄児童に関する報告書』全国里親会.

abstract

Three perspectives on foster home separation: Considering the interests of the child

MIWA, Kiyoko

Meijigakuin University, Department of Social Work

Foster homes, one of the spaces that implement social care measures for children, are sites of temporary child-rearing. Children in these homes work towards either returning to their biological families or, when this is not possible, towards independence when they turn 18. The duration of care provided by a foster home depends on the situation with the child's biological parents and the decision of the relevant Child Guidance Centre. When a child moves to a facility or returns to their biological parents, the Child Guidance Centre refers to it as a 'change of placement'. This article uses interview data to examine a 'change of placement' case study.

In the target case, although the relationship between the child and their foster parents was positive, the child was abruptly moved to a child protection facility in order to facilitate interaction with the biological parents. This article aimed to understand this change of placement from the perspectives of three actors involved: the Child Guidance Centre, the foster parents support organisation, and the foster parents themselves. It discusses how the intervention of the foster parents support organisation, a civil society organisation that the child Guidance Centre contracted to deal with a range of foster care elements beyond child protection measures, affected the foster parents. At the same time, I focus on the discord that arose between the Child Guidance Centre and the foster parents as a result of the change of placement.

Keywords : Foster parenting, Foster parent Support organisations, Child Guidance Centres, Change of placement, Support for foster parents

| 特集論文 |

特別養子縁組から見えてきた
「多様な親子」と支援の課題

野辺　陽子

　本稿では，筆者が特別養子縁組の子ども当事者９名へのインタビュー調査をしながら感じたことを起点に，「多様な親子」に対する支援を考える際の論点を提示するものである．

　まず，近代家族との関係で「多様な親子」の定義をしたのち，「多様な親子」についてどのような支援が必要だと考えられているのか，また，そもそも制度がどのように構築されているのかを確認する．次に，特別養子制度において議論されている支援について確認し，本稿では特別養子制度の当事者の支援の中でも子ども当事者の支援に議論を絞り，特に子どもの「アイデンティティ」に関する支援について取り上げる．次に，筆者が当事者へのインタビュー調査を通じて，現在の支援に対して感じた違和感や疑問について，ナラティヴ・アプローチを用いた社会学的研究の知見を参照しながら，言語化していく．具体的には，①「回復の脚本」を書くのは誰か？，②支援の前提図式を問い直す，③支援におけるドミナント・ストーリーとオルタナティヴ・ストーリーの循環・併存・錯綜，④多様な当事者に対する多様な支援という論点を議論する．最後に，福祉社会学が今後取り組むべき課題として，「多様な親子」の支援とナラティヴ・アプローチの知見を架橋し，多様な当事者の存在を視野に入れた支援の経験的研究と理論的研究を深めていくことを指摘する．

キーワード：養子縁組，ナラティヴ・アプローチ，回復の脚本，ドミナント・ストーリー，オルタナティヴ・ストーリー

1　はじめに

　本稿では，筆者が養子縁組の子ども当事者（以下，当事者）へのインタビュー調査をしながら感じたことを起点に，「多様な親子」に対する支援を考える際の論点を提示するものである．まず，「多様な親子」の定義をしたのち，「多様な親子」についてどのような支援が必要だと考えられているのか，また，そ

のべ ようこ｜大妻女子大学人間関係学部・准教授｜nobe@otsuma.ac.jp

もそも制度がどのように構築されているのかを確認する．次に，特別養子制度で議論されている支援について確認し，筆者が当事者へのインタビュー調査を通じて，現在の支援に対して感じた違和感や疑問について，ナラティヴ・アプローチの研究の知見を参照しながら言語化していく．具体的には，①「回復の脚本」を書くのは誰か，②支援の前提図式を問い直す，③支援におけるドミナント・ストーリーとオルタナティヴ・ストーリーの循環・併存・錯綜，④多様な当事者に対する多様な支援という論点を議論し，最後に，福祉社会学が取り組むべき課題について提示したい．

2 「多様な親子」とは？

本稿では，「多様な親子」を「近代家族の構成要素のいずれか，もしくは複数が欠けている親子」すなわち「完全な近代家族ではない親子」と定義する．

近代家族の親子とは「夫婦の間に生まれた子どもを育てている」親子のことであり，近代家族の構成要素といえば，通常は親子については血縁・同居・法律くらいが思い浮かぶかもしれない．しかし，養子縁組，里親，第三者が関わる生殖補助医療で子どもを持った家族，ステップファミリー，一人親などの「多様な親子」の当事者に対する研究やルポルタージュからは，他にも様々な近代家族の構成要素があることが浮かび上がってくる．近代家族の構成要素のうち，欠けている構成要素が当事者たちの葛藤のもとになっており，そこから何が近代家族の構成要素だったのかを事後的・帰納的に知ることができるのである．例えば，ステップファミリーでは「親は初婚の夫婦であること」，ひとり親では「父・母の二人親であること」，第三者が関わる生殖補助医療による親子では「子どもは父と母の間から自然出産で生まれてくること」，養子縁組家族や里親家庭では「子どもは要保護児童ではないこと」や「中途養育（子どもを生まれた時からではなく，途中から育てること）ではないこと」などである（もちろん他にもある）．さらに，「多様な家族」の当事者に性的マイノリティや外国人が含まれていた場合，さらに他の様々な近代家族の構成要素が浮かび上がってくると思われる．

なお，「多様な親子」のなかには，障害者（児），引きこもり，不登校などを

抱える家族も含まれるのではないかという意見もあるかもしれないが，本稿では議論の拡散を防ぐために，家族形態が「完全な近代家族」ではない親子関係に焦点を絞って議論していく．

3 「多様な親子」の支援とは？

近代家族を標準として制度が成り立っている社会では，近代家族以外の生き方をすると，社会保障や税に関して不利益を負ったり，民法上の権利を得られなかったり，規範から逸脱しているとみなされ葛藤する場合がある（野辺2020a 近刊）．では，完全な近代家族ではない「多様な親子」に必要な支援とは何だろうか．

現在，「多様な親子」に必要だと考えられている支援は，大きく次の３つにまとめられる．第一に，社会経済的な不利益や貧困に対する支援である．家族社会学の研究においては，近代家族ではない家族形態と，低い経済的地位や貧困，子どもの教育・職業達成の低さの間には関連があると指摘されている（Acock 1994；余田 2012, 2014）[1]．そのため，「多様な親子」に経済的支援や，子どもに対して教育・職業達成の支援をする必要がある．

第二に，家族関係の調整に対する支援である．父親・母親の片方もしくは両方と子どもが別居している場合，別居親との面会交流，家族再統合などに対する支援が必要になる．また，生みの親や配偶子ドナーと育ての親が異なる場合は，生みの親や配偶子ドナーと子どもとの関係に関する整理や調整が支援の対象となるだろう．

第三に，心理面での支援である．近代家族以外の家族で生きる当事者は「ふつうでない」という思いから葛藤を抱えることが，様々な研究やルポルタージュから明らかになっている．そして，「ふつうではない」という葛藤から生じる自己肯定感の低下や，それに起因する（とされる）様々な問題行動（不登校，引きこもり，家庭内暴力，非行，リストカットなど）が介入と支援の対象となる．

本稿では，「多様な親子」に関する支援において，特に，子ども（養子）の心理面の支援に焦点を当てる．その理由は，本稿が念頭におく特別養子縁組は，子どもの支援・保護を主目的とした制度であること，子どもに支援が必要であ

る（と認識されている）問題は，心理面の課題に関心が集中しているからだ．養子の場合，里子や施設入所児とは異なり，法制度上の不利益を負うことはない（里子や施設入所児の場合，養育者とは別に親権者がいることで，日常生活上・行政手続上での困難がある）．また，特に特別養子縁組の育ての親となる者は，基本的に経済的な問題がない者が選ばれるため，特別養子縁組家庭の貧困や，子どもの教育・職業達成に対する支援に焦点があてられることはほとんどない．特別養子縁組で，子どもに対する支援として焦点があてられるのは，親子関係（養親子関係・実親子関係）の調整や子どもの「アイデンティティ」に関する支援である．そのため，本稿では子どもの支援に議論を絞り，特に子どもの「アイデンティティ」に関する支援について取り上げ検討していく．

4　「多様な親子」の制度とは？——近代家族規範と子どもに関する専門家言説の影響

　筆者の研究（野辺 2018）では，養子縁組の当事者が抱く葛藤には，図1の①のように，社会の近代家族規範や子どもに関する専門家言説（以下，専門家言説）が関わっていた．しかし，それだけではなく，②のように，構築されたケアの制度を通じて接触する近代家族規範と専門家言説も当事者に影響を与えていた．そのため，支援について検討する前に，そもそも制度が近代家族規範と専門家言説との関わりで，どのように構築されているのかを，確認しておきたい．

　ここでは，特別養子制度について取り上げる．養子制度においても，生みの親による養育が一義的に優先されるため，生みの親が養育しないことを制度的に認める養子制度には，両義的な態度（承認と拒否）があると指摘される（Kirk

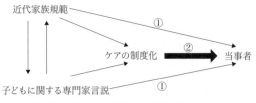

図1　近代家族規範と子どもに関する専門家言説の当事者への影響

1964)[2]．特別養子制度では，近代家族の構成要素のうち，a）再強化される規範，b）相対化される規範，c）新たに創出される規範，が混在している．具体的には，a）再強化される規範＝子どもは生みの親（≒産んだ母）が育てるべきという規範，親子は一組であるべきという規範，b）相対化される規範＝排他的・永続的で親密な親子関係は血縁関係から生じるべきという規範，c）新たに創出される規範＝出自・血縁は子どもの「アイデンティティ」の確立・安定にとって不可欠であるという規範となるだろう．そして，b）については，排他的な一組の親子を形成することが，子どもの心理的安定につながるという専門家言説によって，c）については，出自を隠すと子どもの「アイデンティティ」が混乱するという専門家言説によって，根拠づけられてきた（野辺 2018 の 4 章）．

　このように，特別養子制度の立法化の過程で，近代家族の構成要素の一部は否定されるが，一方で他の構成要素が強化されたりする．そのため，特別養子制度を「近代家族を超える／超えない」「近代家族の否定／肯定」というような二分法で分析することはできない．このような特別養子縁組の特徴は，支援の言説や当事者の葛藤にも影響を与えている．

5　特別養子縁組の子どもに対する支援

　ここまで，制度が構築される際に，近代家族の構成要素や専門家言説が取捨選択されながら再編成されること，それが当事者に影響を与えることを指摘した．ここからは，運用の場面でどのような支援が行われているのかを検討する．特に支援の中にある近代家族の構成要素や専門家言説に着目しながら，支援の①目的，②手段，③その背後にある図式について確認していきたい．

　養親子に対する支援としては，研修，相談，家庭訪問，マニュアルの作成などがある．マニュアルでは，育ての親や児童福祉関係者に向けて，①良好な養親子関係の形成，②子どもの「アイデンティティ」の確立を目的に，告知・ルーツ探しなどに関する望ましい対応を具体的に解説している[3]（厚生労働省雇用均等・児童家庭局家庭福祉課 2003）．そして，支援の背後には 2 つの図式があるようだ．一つは「出自や生い立ちを知る→一貫した自己意識を形成する→"か

けがえのない私”という自己肯定感が得られる」という「予定調和」的な図式（これを〈成長のストーリー〉と呼ぶことにする）であり（野辺 2015, 2018），もう一つは「子どもは育ての親から愛されているだけではなく，生みの親からも愛されていた」という図式（これを〈愛情のストーリー〉と呼ぶことにする）である．

　例えば，厚生労働省が監修しているマニュアルは，「子どもはできるだけ一貫した家庭で，愛されているという実感をもって成長することが必要です．そして，自分の出生の家族のことを知り，過去と現在の人間関係をうまく調整して，自分のアイデンティティを築き，一人の大人として成長するといわれています」（厚生労働省雇用均等・児童家庭局家庭福祉課 2003: 137）と解説している．

　告知については，育ての親が子どもに養子であることを「どんな状況でいつごろから話すか」「どんなことをどのように話すのか」という点が解説されている．そこでは「事実をしっかり伝えていくには，子どもが安心でき，愛情をもって育てられ，自分を必要とされているという思いが持てるような状況のもとでなされる必要があります」（厚生労働省雇用均等・児童家庭局家庭福祉課 2003: 134）と告知の際に，子どもが育ての親に愛されて育てられていることも伝えることが指示されている．

　生みの親に関しては，子どもが「なぜ，育てられなかったのか」ということを知ろうとする場合には，生みの親は養育困難であったことを「年齢やその子どもの理解力を考慮しながら，子どもにあまり負担にならないように話していくことが大切」（厚生労働省雇用均等・児童家庭局家庭福祉課 2003: 135）であり，その過程で，育ての親には，子どもは生みの親にも愛されている（いた）という意味の構築が指示されている．例としてマニュアルの以下の文章が挙げられるだろう．「生まれたばかりの乳児が，バスタオル一枚にくるまれて棄てられていたとしましょう．（中略）育て親は，『たしかに，あなたは棄てられていたけれど，あなたの親はあなたに晴れ着を着せて，哺乳瓶を添えて，一刻も早くあなたが保護され，無事に育てられることを望んでおられたようよ』と子どもに伝えるのです」（家庭養護促進協会大阪事務所 1991: 59-60）．

　このように，特別養子縁組の支援においては，生みの親と育ての親が異なるとはいえ，子どもは誕生してから一貫して愛されているという〈愛情のストー

リー〉と，エリクソン的なアイデンティティ論をベースにした〈成長のストーリー〉が背後にあり，それにそった告知やルーツ探しに対する対応が指示されているといえる．

6　支援の社会学的分析

筆者は 2017 年〜2019 年の 2 年間に，特別養子 9 名にインタビュー調査を行った．以下では，その調査を通じて従来の支援に対して抱いた違和感や疑問について，社会学の視点から言語化してみたい．なお，言語化にあたっては，「ナラティヴ・アプローチ」と呼ばれる研究群の知見から多くの気づきを得た．

6.1　「回復の脚本」を書くのは誰か？

先に，支援の前提に〈成長のストーリー〉と〈愛情のストーリー〉という 2 つのストーリーがあることを指摘した．今度は研究者の議論とメディアの言説をみてみよう．

研究者の議論では，例えば，当事者の「2 組の親をもつことにより発生する特有の課題」を検討するため，「エリクソンの個体発達漸成理論」を踏まえた「養子の心理社会的適応モデル」に依拠して，子どもや育ての親の体験談を分析した研究がある（森 2010）．その研究では，子どもは最終的に（＝老年期には），育ての親も生みの親も大切な存在として受容するという（森 2010）．この「養子の心理社会的適応モデル」に依拠した研究では，当事者について「成長発達段階の課題を順調に獲得することができる人ばかりではない」（森 2010: 207）と述べ，当事者が「養子の心理社会的適応モデル」に沿っていない場合は，発達成長段階の「失敗」と位置付けているようだ．

一方，メディアでは，〈愛情のストーリー〉を裏返したような当事者の〈感謝のストーリー〉が紹介される[4]．すなわち，「悩み苦しんだこともあったが，今は育ての親にも生みの親にも感謝している」というストーリーである．

しかし，このようなストーリーを前提とした研究者の議論やメディアの言説に対して，「キラキラ系」「きれいなところばかり取り上げないでほしい」と違和感を持ったり，怒りを感じたりする当事者もいる．しかし，そのような，既

存のストーリーから逸脱するような当事者の声が，育ての親・支援者向けマニュアルで取り上げられたり，メディアで取り上げられたりすることはほとんどない．

　なぜなら，当事者について語る者は，専門家，親，メディアなどの権力をもつ者に偏っているからであり，専門家の枠組で，特定の語りだけを選択的に聴き，それ以外の語りを無視してしまうからである（野口 2009a: 17）．こうして，「語られているのに聴かれない物語」や「聴いてもらえないので語られない物語」，さらには「語らせてもらえない物語」が生まれる（野口 2009b: 265）．

　依存症の研究をしている社会学者の平井秀幸は，支援には「回復の脚本」があることを指摘する．「回復の脚本」とは，「処遇や支援上活用される回復の規範的モデル」のことである．そして，望ましい処遇・支援とは，より多くのクライアントが回復の脚本に沿った語りをできるように処遇・支援することである（平井 2014: 154）．また，回復の脚本は依存者自らが動機づけられて語るものであると同時に，外部から語りを要請され，評価される，つまり依存者以外によって書かれるものだと指摘する（平井 2014: 155）．ゆえに，回復の脚本は，回復者が語るストーリーの特徴であると同時に，「どのような語りであれば社会が受け入れるのか（社会がどのようなあり方を「回復」と認め，それ以外は認めないのか）」という社会の欲望を映す鏡でもある（平井 2014: 156）．

　支援のストーリーやメディアの言説からは，何を社会が望んでいるのかが浮かび上がってくる．子どもを愛していながら手放す生みの親，子どもを引き取り愛し育てる育ての親，育ての親に感謝する子ども，そして最終的には生みの親を許し，感謝する子ども．このような〈愛情のストーリー〉〈感謝のストーリー〉〈成長のストーリー〉は，人びとが求める「社会の欲望」であり[5]，そこには子どもに「こう乗り越えてほしい」という親や支援者の期待が多分に込められているようだ．しかし，私がインタビューをした当事者のなかには，親や支援者や研究者が語る「当事者とは〜である」「当事者には〜が必要だ」というストーリーに完全に当てはまるような語りをする者はいなかった．

　そのため，筆者は「（養子であることを）どう乗り越えるべきか」というような「回復の脚本」にそって当事者の声を聴くのではなく，当事者たちは（「回復」でも「乗り越える」でもなく）「葛藤があった時，どのように〈落としどころ〉

を見つけているのか／いないのか」という問いを立てて当事者の語りを聴き続けている.

6.2　支援の前提図式を問い直す——認知的意味と規範的意味の分節化

　そもそも支援の〈成長のストーリー〉〈愛情のストーリー〉に当てはまらない当事者がいるのは，これらのストーリーが，規範的・演繹的であるのみならず，概念的に，異なる位相を整理していないからだ．

　ルーツ探しや出自を知る権利に関する支援では，出自や生い立ちを知るために必要な情報の収集・保存の方法や，子どもへの情報の伝え方に議論が集中しがちである．例えば，記録・保存すべき記録の内容や保存期間についての議論（徳永 2017），や「ライフストーリーブック」を作る「ライフストーリーワーク」の紹介など（厚生労働省雇用均等・児童家庭局家庭福祉課 2003: 137）である.

　しかし，当事者が出自や生い立ちに関して抱く葛藤は，マニュアルで解説されるような，出自や生い立ち関する過去の事実がわからないことに対する苦しみだけではなく，社会的に望ましいとされている規範から自己が逸脱している可能性に対する苦しみでもあり，むしろ後者の方が当事者の葛藤のなかで大きいように筆者の調査からは感じられた．なぜなら，規範から逸脱している自己を発見しないよう，過去の事実（因果関係）の特定はあきらめて，出自や生い立ちに関して曖昧なままの理解でよいと語る当事者もいたからだ（野辺 2018 の 8 章）.

　意味には，密接不可分ではあるが，分析的には区別すべき 2 つのレベルがある．ものごとの「つじつまの合った」因果関係に関わる認知的意味と，善悪や望ましさに関わる規範的意味である．従来のエリクソンのアイデンティティ理論に依拠した養子研究は，この 2 つのレベルを分析的に区別してこなかったようだ．情報を得ることと，望ましい自己を構築することは，必ずしもイコールではない[6]．さらに言えば，情報を得ることと，過去に関する因果関係が特定できることさえも，必ずしもイコールではない[7]．望ましい自己の構築には，解釈図式としての近代家族規範が深く関わっている．それゆえ，当事者の葛藤を軽減する支援をしようとするなら，近代家族規範の考察が不可欠である．しかし，特別養子縁組の事例を検討してみると，近代家族規範を相対化するだ

けでは解消しない困難も浮かび上がってくる．次に，その困難を「ドミナント／オルタナティヴの不明瞭さ」「当事者の多様性」という 2 つの側面から検討していく．

6.3　支援におけるドミナント／オルタナティヴ・ストーリーの循環・併存・錯綜

　望ましい自己の構築には，解釈図式としての近代家族規範が深く関わっていると指摘した．社会学的なアプローチが支援に貢献するためには，「支配的な家族モデルの相対化とオルタナティヴの可視化」（松木 2017: 79）が重要だと指摘される．しかし，特別養子縁組の支援をめぐっては，「支配的な家族モデル vs オルタナティヴ」＝「近代家族規範 vs オルタナティヴ（特別養子縁組）」という論点だけではなく，むしろ近代家族規範に対する「オルタナティヴ vs オルタナティヴ」が論点となっているように思われる．

　この点について論じるために，現在の特別養子縁組の支援の前提と，過去の前提が何であったのかを，議論のために単純化して表にしたのが表 1 である（実際には併存・錯綜している）．

　過去のドミナント・ストーリーは「生みの親・ルーツについて知る必要はない」であった（厚生労働省雇用均等・児童家庭局家庭福祉課 2003: 134）．それに対するオルタナティヴ・ストーリーとして，「ルーツを探すのは正常である」「生みの親，出自について知ることはアイデンティティにとって必要だ」というストーリーが出てきた．しかし，今ではそのオルタナティヴ・ストーリーが「常識」化し，少なくとも支援の場ではドミナント・ストーリーになっている．そもそもすべての当事者に当てはまるストーリーの構築は不可能であるため，現在のドミナント（＝過去のオルタナティヴ）に不満を持つ当事者の声が大きくなり，福祉のパラダイムが変われば，現在のドミナントも，新しいオルタナティ

表 1　過去のドミナント・ストーリーと現在のドミナント・ストーリー

	過去のドミナント	オルタナティヴ／現在のドミナント
制度・支援の言説	ルーツは知らなくてよい 生みの親は重要ではない	ルーツは知った方が良い（〈成長のストーリー〉） 生みの親は重要である（〈愛情のストーリー〉）
近代家族規範	血縁の軽視 排他性の重視	血縁の重視 排他性の軽視

ヴ（それは過去のドミナントのこともあるかもしれない）に取ってかわられる可能性がある．このようにドミナント・ストーリーとオルタナティヴ・ストーリーは循環するが，過渡期には両者が拮抗し膠着する場合もあり，併存していることもある（野口 2009a: 13）．

　表 1 の過去のドミナント・ストーリーとオルタナティヴ・ストーリー（＝現在のドミナント・ストーリー）を比較した場合，どちらがより近代家族規範に沿っているのか判断することは難しい．過去のドミナント・ストーリーは近代家族の構成要素である血縁は軽視するが，排他性は重視する．一方，オルタナティヴ・ストーリー（＝現在のドミナント・ストーリー）は近代家族の構成要素である排他性は軽視するが，血縁は重視する（野辺 2015）．そのため，ドミナント・ストーリー＝近代家族規範に合致，オルタナティヴ・ストーリー＝近代家族規範に対抗という図式には回収できない．社会のなかで最上位にある「支配的な家族モデル」は依然として近代家族だと考えられるが，それに対するオルタナティヴは複数あり，その複数のオルタナティヴが（ドミナント／オルタナティヴとして）競合している．このような状況があるため，特別養子縁組の支援においては「支配的な家族モデルの相対化とオルタナティヴの可視化」（松木 2017: 79）という図式に加えて複数のオルタナティヴに留意する必要がある．

6.4　多様な当事者に対する多様な支援

　特別養子縁組の場合は，縁組するための条件が法律上・運用上ともに厳しいため，例えば，里子と比較した場合，親と子どもの年齢や家庭の経済状況等について比較的類似した親子関係が形成されると推測される（野辺 2018 の 5 章）．しかし，当事者の告知，ルーツ探し，生みの親に対する認識，養子縁組などに対する意見は多様であった（野辺 2020b）．意見が多様であるのは，告知を受けた年齢やタイミング，育ての親との関係，生みの親に関する情報量，生みの親との接触・再会・交流の有無などの経験が多様であるためだと考えられた．

　当事者の経験と意見は多様であり，現在のドミナント・ストーリー（＝過去のオルタナティヴ・ストーリー）に共感する当事者もいれば，反発する当事者もいた．現在のルーツ探しや生みの親を重視するドミナント・ストーリーは，生みの親・ルーツを探したい当事者にとってはエンパワーメントになる．一方で，

ルーツ探しや生みの親を相対化したり，距離を取りたい当事者にとっては，抑圧ともなる（Wegar 1997）．筆者がインタビューをした当事者のなかには，「生みの親に関心がない自分は異常かな？」と語る当事者がいたり（野辺 2018 の8章），メディアの取材で記者から「出自を知る権利を認めるべきである」という語りを執拗に求められることに辟易としている当事者もいた．

　「回復の脚本」について指摘した平井は，今後は（ある時点で有力な）「回復の脚本」など，特定の回復に限定されない多様な回復のあり方を承認する場を作りだす重要性を指摘している（平井 2014: 158）．特別養子縁組の支援においては，支援の前提にあるストーリーも，技法も多様性があまりないように思われる．今後は多様な当事者に応えられる多様な支援のストーリーと多様な技法が必要になるのではないだろうか．

7　今後の課題

　ここまで，特別養子縁組の支援について，筆者の感じてきた違和感や疑問をナラティヴ・アプローチの社会学的研究に触発されながら論じてきた．ナラティヴ・アプローチを用いた社会学的研究にはすでに様々な知見があった．本稿で指摘した「回復の脚本」やオルタナティヴ・ストーリーとドミナント・ストーリーの錯綜だけではなく，「回復」という支援目標の設定はかえってクライアントを「回復」に拘泥させること，クライアントによっては，「回復」という物語そのものが困難の源泉であること（荒井 2010: 21; 伊藤 2010: 63; 中村 2011），特定のコミュニティの物語は，個人の自己理解にとって重要な意味をもつが，同時にそれは，個人の物語の展開を抑圧する危険性があること（野口 2009b: 272），特定のコミュニティの「公的」な物語とは異なる物語を語る個人の実践があること（櫻井 2016: 91-92）などである．

　しかし，これらの重要な知見が「多様な親子」という対象で検証されることは少なかった．これまで「多様な親子」の葛藤の背景にある規範については，社会規範（近代家族規範や異性愛規範など）に関心が集中し，制度や支援に（再編成されて）埋め込まれている規範や，社会規範と再編成された制度や支援の規範の双方が当事者に与える影響についてはあまり研究が行われてこなかった

ようだ.

　「多様な親子」の制度・支援において，近代家族規範の構成要素のうち，相対化されるもの，相対化されないもの，新しく創出されるものが混在していると指摘した.　さらに，「多様な親子」のタイプ（養子か里子か第三者が関わる生殖補助医療で生まれた子どもか，etc.）によって，相対化される構成要素，相対化されない構成要素，新たに創出されるものがそれぞれ異なる.　子どもに関する専門家言説も，様々なものがあるが，それらが常に整合的だとは限らない.このような特徴をもつ，「多様な親子」という対象について，ナラティヴ・アプローチの知見なども参照しながら，多様な当事者の存在を視野に入れた支援の経験的研究と理論的研究を深めていくことが，今後，福祉社会学が取り組むべき課題のひとつではないだろうか.

注

1) ただし，低い経済的地位や貧困問題は家族のタイプの違いよりも，家族タイプ内の多様性のほうが影響が大きいと指摘されている（Acock 1994）.　例えば，ひとり親であるから貧困であるというよりは，ひとり親の特定のタイプに貧困問題が存在するということである.　また，計量的に分析を行った余田（2012, 2014）の研究によれば，ひとり親世帯出身者は二人親世帯出身者よりも教育達成について不利な立場にあり，ひとり親世帯と教育達成との関連は経済的要因以外の媒介要因を解明する必要性があると指摘している（余田 2012）.　さらに，初婚継続世帯の子どもと比較して，非初婚継続世帯の子どもは総じて教育期待が低いこと，子ども期に定位家族が安定的であることが教育達成にとって重要であると示唆している（余田 2014）.

2) 当事者は，養子縁組に対する承認と拒否との間で認知的不協和を感じると指摘されている.　例えば，目の前にいる育ての親から他に親がいると言われること，他者から生みの親は自分を愛しているから手放したと言われるが，人は愛している人からは離れないと感じること，他者から選ばれた子と言われるが，同時に養子であることは実子であることよりよくないと言われることなどである（Brodzinsky et al. 1992: 145-6）.

3) 養子縁組の当事者には生みの親もおり，生みの親に対する支援も近年では注目が集まっているが，育ての親向けの養育マニュアルのなかに生みの親への支援が記述・解説されることはほとんどない.

4) 例えば，「生みの親にも育ての親にも『ありがとう』と伝えたい.　特別養子縁組を結んだ家族と暮らしてきた近藤愛さん」（2019 年 10 月 1 日取得, https://soar-world.com/2018/06/07/akikondo/）など.

5) このような「回復の脚本」や「社会の欲望」は社会的養護の子どもの支援についても指摘されている.　例えば，精神科医の松本俊彦は「『いのちの大切さ』を説くだけ

では子どもは救えない」というインタビュー記事で，次のように語っている．「最近では学校だけでなく，児童養護施設や児童自立支援施設，少年院などでも「いのちの大切さ」を訴えるような講演を行うことがあるようですが，虐待を受けて保護されている子がたくさん集まっているような場でそんな話を聞かされて，子どもたちは余計に死にたくなると思います．ただ，大人受けはすごく良くて，施設に勤務している人たちの心にすっと入り込むわけです．それはちょっと子ども目線を忘れているんじゃないかなと思います」．松本のインタビュー記事は，支援のなかに「社会の欲望」があることと，それが孕む危険性を指摘しているといえる．(2019年6月16日取得，https://synodos.jp/society/19993)．

6）もっとも，マニュアル等でも，生みの親や親子分離の経緯については，肯定的な言葉で伝えるように指示されているため，支援の現場では，認知的意味と規範的意味の違いについて，（自覚されていなくても）区別されていると思われる．しかし，規範的意味の解釈資源としての近代家族規範にまで踏み込んで支援を考察した研究・実践は管見の限りほとんどない．

7）様々な書類から過去の事実の断片を集めても，それらをつなげてどう解釈するのかが難しいと語った当事者がいたからだ．

文　献

Acock, Alan and Demo, David, 1994, *Family Diversity and Well-Being*, Sage.

Brodzinsky David, Schechter Marshall and Henig Robin, 1992, *Being Adopted: The Lifelong Search for Self*, Anchor.

荒井浩道，2010，「ナラティヴ・ソーシャルワークにおける『回復』のポリティクス——認知症介護家族への支援を中心に」『駒沢社会学研究：文学部社会学科研究報告』(42)：13-30.

平井秀幸，2014，「『回復の脚本』を書くのは誰か？」『支援 Vol.4——特集：支援で食べていく』生活書院，153-58.

伊藤智樹，2010，「英雄になりきれぬままに——パーキンソン病を生きる物語と，いまだそこにある苦しみについて」『社会学評論』61(1)：52-68.

家庭養護促進協会，1991，『真実告知事例集　うちあける（改訂版）』家庭養護促進協会大阪事務所．

Kirk, David, 1964, *Shared Fate: A Theory Of Adoption And Mental Health*, The Free Press of Glencoe.

厚生労働省雇用均等・児童家庭局家庭福祉課，2003，『子どもを健やかに養育するために——里親として子どもと生活をするあなたへ』日本児童福祉協会．

松木洋人，2017，「家族介入にとっての家族社会学／家族社会学にとっての家族介入」『家族社会学研究』29(1)：77-81.

森和子，2010，「養子の成長発達のプロセスに関する一考察——生みの親と育ての親との関係性の変化に注目して」『文京学院大学人間学部研究紀要』12：189-209,

中村英代，2011，『摂食障害の語り——〈回復〉の臨床社会学』新曜社．

野辺陽子，2015，「非血縁親子における『親の複数性・多元性』の課題——養子縁組

における生みの親を事例に」『比較家族史研究』29：129–145.

─────，2018,『養子縁組の社会学──〈日本人〉にとって〈血縁〉とはなにか』新曜社.

─────，2020a,「多様な親密圏──自由と平等のジレンマを超えて」落合恵美子編『どうする日本の家族政策』ミネルヴァ書房（近刊）.

─────，2020b,「特別養子・普通養子・元里子の『出自を知る権利』に関する実態と支援ニーズ」調査報告書.

野口裕二，2009a,「ナラティヴ・アプローチの展開」野口裕二編『ナラティヴ・アプローチ』勁草書房，1–25.

─────，2009b,「ナラティヴ・アプローチの展望」野口裕二編『ナラティヴ・アプローチ』勁草書房，257–79.

櫻井龍彦，2016,「自己探究・物語実践・回復──『生活の発見会』会員へのインタビュー調査から」『三田社会学』(21)：80–93,

Wegar, Katarina, 1997, *Adoption, Identity, and Kinship: The Debate over Sealed Birth Records*, Yale University Press.

余田翔平，2012,「子ども期の家族構造と教育達成格差──二人親世帯／母子世帯／父子世帯の比較」『家族社会学研究』24(1)：60–71.

─────，2014,「家族構造と中学生の教育期待」『社会学年報』43：131–142.

徳永祥子ほか，2017,「養子縁組の記録とアクセス支援に関する報告書」日本財団（2019 年 6 月 26 日取得，https://happy-yurikago.net/wpcore/wp-content/uploads/2017/06/merged-1.compressed.pdf）

abstract

Issues on Supports for "Diverse Parenthoods": Implications from the Special Adoption Cases

NOBE, Yoko

Otsuma University

This paper considers issues about supporting "diverse parenthoods" on the basis of the findings from a survey interview conducted by the author. Nine children adopted through the special adoption system were surveyed.

First, I define "diverse parenthoods" compared to the modern family and verify necessary supports for such parenthoods and the formation process of the system. Second, I identify and explain supports discussed in the special adoption system. Among the supports provided to the parties involved in the special adoption system, this paper focuses on the supports provided to adopted children, particularly related to their "identity." Third, I discuss the sense of discomfort I felt during the survey interview and the questions about supports currently provided by referring to the findings from sociological studies, which use a narrative approach. Specifically, I discuss (1) authors of "redemption script," (2) the implicit framework for supports, (3) the circulation, coexistence, and confluence of the dominant story and the alternative story in supports, and (4) diverse supports provided to the parties involved. Lastly, I indicate that connecting the support for "diverse parenthood" with the findings from the narrative approach and broadening the scope of the experience-based studies and theoretical studies were challenges to be addressed in welfare sociology in the future.

Keywords：Adoption, Narrative approach, Redemption script, Dominant story, Alternative story

| 特集論文 |

ステップファミリーにおける親子
関係・継親子関係と子どもの福祉
——子どもにとって「親」とは誰か

野沢　慎司

　ステップファミリーは独自の構造をもつ家族であるにもかかわらず，「通念的家族」（初婚核家族）を擬装せざるをえないほどの社会的圧力に曝されてきた．誰が「親」かの規定に関わる社会制度（離婚後の単独親権，継親子養子縁組，戸籍などに関する法律）や通念的家族観が，大人たちの行動を水路づけ，子どもたちの福祉に影響を及ぼす．しかし，この点に研究者の関心が十分向けられてきたとは言えない．そのような多数派／従来型のステップファミリー（「スクラップ＆ビルド型／代替モデル」）では，①親子関係の前提として婚姻関係の存在が優先されること，②離婚後に両親の一方の存在と価値が無視（軽視）されること，③継親がその親を代替すること，④親権親と継親が対等に共同して子どもの養育にあたること，⑤ステップファミリーは共通の利益を有するメンバーで構成される世帯集団とみなされること，などが自明視されてきた．新たに登場した「連鎖・拡張するネットワーク型／継続モデル」の理念と対比させて，これらの前提を批判的に検討する．そして，子どもの福祉を重視した社会制度に向けての課題，およびステップファミリーの新しい支援の方向性を提示したい．ステップファミリーの子どもたちの福祉を向上させる社会的条件を探るさらなる研究が求められている．

　キーワード：ステップファミリー，親子関係，継親子関係，子どもの福祉，通念的家族

1　問題提起——ステップファミリーへの曖昧な視線

　ステップファミリーは，社会的に可視化されにくい存在であると指摘されてきた（野沢 2006；Nozawa 2008）．しかしその一方で，近年「ステップファミリー」への社会的な関心が高まっている[1]．2018 年 3 月に東京都目黒区で継

のざわ しんじ｜明治学院大学社会学部・教授｜nozawa@soc.meijigakuin.ac.jp

父による虐待で継子が死亡したとされる事件に続き，2019 年 9 月に埼玉県さいたま市で継父が継子を殺害したとされる事件が起きた．どちらもステップファミリーにおける事件であり，各種メディアで大きく報道されたこともその一因である．

　しかし，こうした事件報道がステップファミリーの現実を可視化させているとは言いがたい．そこには重要な問いが欠落している．ステップファミリーを，初婚の夫婦とその子どもから成る「通念的家族」（野沢 2008）と同様の家族とみなすべきか否か，という問いである（野沢 2016）．社会には，子どもとその親の新たなパートナー（継親）との関係，すなわち「継親子関係」を「親子関係」と同一視する傾向が存在する．こうした傾向を反映しているのが，上記の事件報道における「継父」の呼称である．新聞では，「継父」は単に「父親」と表記されたり（朝日新聞，毎日新聞，日本経済新聞），実父でないことを示唆するが曖昧さを残す「養父」と表現されたりしている（読売新聞）[2]．子どもの（血縁の）父との関係が記事内で触れられることはほとんどない．あたかも子どもには「継父」以外に「父親」は存在しないかのように語られる[3]．したがって，ステップファミリーで起きた事件に社会の注目が集まっても，ステップファミリーという家族の独自性には関心が向かわない．私たちの多くが，ステップファミリーの（潜在的に）複雑な家族構造を，多数派である「通念的家族」という認識枠組を使って理解しているからである．

　本稿の目的は，「通念的家族」とは異なる構造をもつステップファミリーの現実がいかにして不可視化されているのかを批判的に検討し，「子どもの福祉」の視点からその支援や社会制度に関わる課題を提示することである．日本では，「子どもの福祉」を中心に据えて，離婚・再婚に関わる社会制度を検討する社会学的研究が未発達だが，その要因の一つとみられる強固な暗黙の前提に批判の眼を向けることが急務である．それは，子どもにとって「親」とは誰なのかを改めて問うことと深く関わっている．

2　ステップファミリーの定義をめぐる論点——血縁か構造か

　子どもにとって「親」とは誰かという問いは，例えば本特集のテーマである

「多様な親子関係」という概念に「継親子関係」が含まれるのかという問いに接続している．ステップファミリーの子どもには，二人の親が（現実にあるいは記憶の中に）存在し，かつ単数あるいは複数の継親子関係が存在している．子どもにとって誰が「父親／母親」なのかをめぐって対立，葛藤，競合，代替が生じやすい．その一方で，ステップファミリーに含まれる（血縁の）親子関係を，「多様な親子関係」に含める必要はないのかという問いも浮上する．離婚後の家族やステップファミリーでは，従前からの「親」に期待される役割も変化し，「通念的家族」の親役割とは異なる点が多々あるからである（Papernow 2013＝2015；野沢 2015）．

　こうした論点と深く関連しているのが，ステップファミリーの定義である．英語の "stepfamily" に由来するこのカタカナ語を早い時期に採用した『大辞林』（第3版，三省堂，2006 年刊）は，「血縁でない親子関係を含んだ家族」と定義づけている．この定義は，血縁がない継親子関係のみに注目し，血縁の親子関係が世帯内外に存在することには触れない点で家族構造的特徴を無視している．また，暗黙の内に「継親子関係」を「親子関係」とみなしている点で，「血縁はないけれども親子である」という社会通念を反映している．

　一方，アメリカの代表的な研究者は，「成人の少なくとも一人が以前の［別の相手との］関係による子どもをもっている」家族（［　］内は筆者の補足）と定義づけている（Ganong and Coleman 2017: 2）．この定義は「血縁」の有無に言及しない．養子を育てる両親（養親）カップルが離別した後に新たなパートナーをもった場合にも，継親子関係が生まれると見なす．継親子関係を含む家族がステップファミリーである．つまり，ステップファミリーの独自性の中核を成す特性を，血縁の有無ではなく，家族関係構造のパターン（継親子関係の存在）に求める．さらに，この定義は，同一世帯に属する継親子関係に限定せず，別居の継親子関係の存在も含めてステップファミリーを同定する．ステップファミリーとは，親が新たなパートナーシップを形成した結果として，子どもが世帯内外に継親をもっている家族だと捉える [4]．

　そのような家族構造への移行が，子どもにとって，親や継親にとって，どのような経験であるかが研究上の重要な問いとなる [5]．さらに，例えば，継親子関係はどのように多様（あるいは画一的）であり，どのような条件が子どもた

ちの適応に肯定的な（あるいは否定的な）結果をもたらすのかという問いが追究されてきた（野沢・菊地 2014; 野沢 2015）．その際，ステップファミリーの継親子関係や同居・別居の親子関係を「通念的家族」における親子の等価物とする前提に立つと，問いへの回答に限界や歪みが生じる．それを避け，暗黙の前提の相対化への通路を拓くために，定義を広く設定することは重要である．

　家族研究において，養子縁組家族や里親子家族などとともにステップファミリーを「血縁のない家族」というカテゴリーに含めて議論されることがある．しかし，「血縁」のみに焦点化すると，ステップファミリーの構造的特性が社会制度によって矯正されている側面が背景に退く．例えば，「血縁」によらない親子関係を幅広く取り上げた編著書の中で松木（2016）と野辺（2016）は，社会に親子関係の序列化が存在し，その最上位に婚姻関係にある夫婦とその血縁の子どものみによって構成される家族（本稿でいう「通念的家族」）が想定されていると論じる．血縁の親子を模倣し，擬装することが社会的に強いられている点では，ステップファミリーも養子縁組家族や里親子家族と同様であるように見える．しかし，継親が親の一人に容易に代替できる継親子養子縁組の制度のように，むしろ血縁へのこだわりが薄い制度的側面も日本には存在する（早野 2006）．この点を含めて，離婚・再婚後の家族のあり方を規定している「通念」の中核的な要素を再検討したい．

3 ステップファミリーと離婚・再婚制度の「常識」を問う

　ステップファミリーの構造的特性の理解のために，野沢（2011, 2016）は一対の家族形成モデルを提唱している．一つは，核家族の消滅と再生をめざす従来型のステップファミリーであり，「スクラップ＆ビルド型」と名づけられた．それに対抗する新しいタイプのステップファミリーを「連鎖・拡張するネットワーク型」と呼んでいる．菊地（2009）は，これに照応するもう一組の対概念として，親役割に着目して「代替モデル」と「継続モデル」を提案している．ただし，どちらも多様なステップファミリーを理解するための理念型であり，現実の個々の家族は様々な程度において両方の要素を備えており，両極の間のどこかに位置づけられる．あるいは，別次元に基づく理念型を設定する余地を

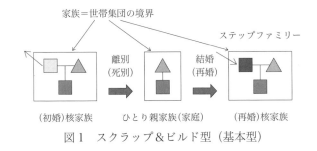

図 1　スクラップ＆ビルド型（基本型）

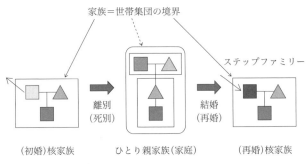

図 2　スクラップ＆ビルド型（日本的修正版）

出所：野沢（2016: 74）

残している．

3.1　「スクラップ＆ビルド型／代替モデル」に含まれる通念的前提

　「スクラップ＆ビルド型／代替モデル」は，日本で支配的だった離婚・再婚後の家族形成モデルである．この従来型の家族モデルに基づいて，親の離婚・再婚という出来事による家族変化を図示したものが図 1 である．そこに前提とされているのは，離別（あるいは死別）によって親の一方が不在となることでそれまでの「通念的家族」が消滅し，親権・監護権をもつ親と子から成る「ひとり親家族（家庭）」が作られる．さらに親の「再婚」によって，「通念的家族」に近似的な家族が再構成されるパターンである．日本では，アメリカなどに比して，離婚後に親権をもつ親がその親（子どもの祖父母）の世帯に同居して支援を受けるというパターンがよくみられる（野沢 2019b）．図 2 は「ひとり親

家族」が同居／近居によって祖父母を含むかたちへと境界線が曖昧化した日本的なパターンを示している．いずれにせよ，子どもを「連れて」家族を再構成し，やり直す主体は親権をもつ親である．

　この家族形成モデルには，少なくとも以下の5つの暗黙の前提が含まれる．

【前提1】子どもの両親は必ず婚姻関係にある．子どもの両親が婚姻関係にない場合は，子どもの「親」はどちらか一人に限られるべきである．

【前提2】親が離婚した両親の一方は子どもにとって必要ではない．子どもがもう一人の「親」を失うことと子どもの福祉の関連は無視される（研究／支援対象にならない）．

【前提3】「ひとり親」として子どもを育てている親の新しいパートナー(継親)は，その子どもの「新しい父親／母親」である．子どもに「新しい父親／母親」（継親）ができれば，それ以外に「親」は存在しない．

【前提4】「ひとり親」と「新しい父親／母親」（継親）のカップルは，対等な「両親」として共同で子どもの養育にあたるのがよい．

【前提5】「ひとり親」，「新しい父親／母親（継親)」，および子どもの三者が集団としての家族を成し，各自の利害は一致している．そのため「ひとり親」（および「新しい父親／母親」とのカップル）が望む家族生活への支援があれば子どもの福祉も確保される．

　これらは暗黙の家族観であると同時に，社会制度と一体となって具体的な家族生活を強力に規定してきた．法律などの制度や慣習にその独自性が組み込まれていない点においてステップファミリーは「不完全な制度」だと言われる(Cherlin 1978)．換言すれば，通念的家族だけが制度的な「正しさ」の衣をまとい，非通念的家族の関係形成は苦痛を伴いながらその方向へと水路づけられる（野沢 2019a)．前提1は，端的には日本の民法819条に既定されている．婚姻中の父母は共同で未成年の子どもの親権を行使するが，離婚後に親の一方は必ず親権を喪失する（犬伏 2019；菊地 2018)．その意味で，この前提は暗黙ではなく，公的に制度化されている．

　しかし，この現行制度が導く現実は，少なくとも社会学的な家族研究や福祉

政策研究においては，近年までほとんど主題化されることがなく，所与の前提として扱われてきた．その意味では，暗黙の通念が存在するとも言える．研究上も，親の離婚後に非親権親／非監護親は子どもの家族生活の外側へと消える存在と想定されてきた（前提 2）[6]．上述のように継親子の養子縁組は容易であり，家庭裁判所も非親権親も関与せずに法的親子関係が成立可能である（早野 2006）．そのため前提 3，さらにその延長上で前提 4 や前提 5 が，研究者や支援専門家・実務家の間で当然視されてきたと推測される（菊地 2017）．

　図 1 と図 2 は，離別前および再婚後の家族について，世帯内の婚姻関係を示す水平な線からぶら下がる垂直な親子関係を描く．「箱」の中にまず婚姻関係があり，それに付随するものとしてしか親子関係を認めない（前提 1〜3）．その婚姻関係と親子関係が一つの「世帯」に包摂され，唯一の「家族」集団を成している．そして，親の離婚・再婚は，世帯という「箱」に所属するメンバーの入れ替えをもたらすが，家族構造は初婚核家族と同様である．誰が子どもの「親」かは，血縁よりも同一世帯内の親の婚姻関係を優先して決定される原理を表現している．

　明治以来，親族単位で編製されてきた形式を継承し，戦後も「夫婦と未婚の子」を編製単位として定着してきた日本の戸籍制度は，こうした家族観に基盤を与えている可能性がある．戦後の戸籍制度の成立過程を吟味した上で，『読売新聞』掲載の「人生相談」の内容を分析した下夷（2019）は，日本の家族単位の戸籍編製が人々の家族意識や行動を強く規定していると論じる．身の上相談に寄せられた戸籍にまつわる悩み相談事例にはステップファミリー事例が多く含まれており，戸籍制度が「婚姻家族」を規範化し [7]，同一戸籍に含まれる個人を家族メンバーと同一視する「戸籍＝家族」観念が家族意識や行動に影響を与えることを例証している．「世帯」という「箱」だけでなく，「戸籍」という別の「箱」が，おそらくは互いに作用しつつ，「スクラップ＆ビルド型／代替モデル」の家族形成を水路づけていることを明らかにした．下夷（2019）は，日本の戸籍制度が，境界の明確な単一小集団という家族観を固定化し，柔軟な家族形成に向けた制度改革を抑止する結果をもたらすことを強く示唆している [8]．

　『人口動態統計』によれば，日本における離婚後の家族は，戦後すぐには父

親が親権を行使するケースが過半数を占めたが，1960 年代に逆転し，2017年には母親が親権を得るケースが 84.6％に上る．子どもを連れて「箱」を再構成する主体は交替したが，基本的な原理は維持されている．母子世帯のうち別居父の面会交流や養育費の支払が継続しているのは，それぞれ 27.7％と24.3％にすぎない（厚生労働省 2017）．親の離婚を経験した大多数の子どもの人生から父親（母親）が退場している．

3.2 「連鎖・拡張するネットワーク型／継続モデル」が依拠する理念と知見

　しかし，「連鎖・拡張するネットワーク型／継続モデル」の原理に基づく制度改革の進行とともに，親の離婚・再婚を経験した子どもにとって誰が「親」なのかが世界的に再定義されつつある．そこでは，子どもの福祉や利益が第一に重視され，子どもが親との関係をもつ権利主体であることが強調される．親子関係を婚姻関係に従属させるのではなく，婚姻関係の有無とは独立に，子どもの権利として維持されるものとする見解の台頭である．

　こうした価値の転換を象徴的に示すのが，日本も 1994 年に批准した国連の「子どもの権利条約」（1990 年発効）である．そこでは，子どもの養育と発達について父母が共同の責任を負っていること（18 条 1 項），子どもがその父母の意思に反してその父母から分離されないよう国が保障すること（9 条 1 項），父母の一方あるいは双方から分離されている子どもが定期的に父母のいずれとも人的な関係と直接の接触を維持する権利を尊重すること（9 条 3 項）などが規定されている（岩志 2019 参照）．

　このような理念に基づき，欧米諸国では離婚・再婚後の親子関係に関わる係争への裁判所の対応に変化が生じ，両親との関係の維持を原則とした法改正が行われてきた．こうした変化の研究例として，善積（2013）のスウェーデンの裁判記録分析とローツ（2016, 2017, 2018）のドイツの裁判例分析を挙げることができる．いずれも，対象とした社会における長期的な離婚後あるいは再婚後の親子関係に関わる法制度の変化およびその背後にある理念の変遷を現実の法廷での判断の変化から読み解く労作である．どちらの研究も，その長期的な価値判断の変化を日本の状況と比較することで，日本では国家が子どもの福祉や利益を保障する制度が脆弱であることを浮き彫りにしている．

　オーストラリアの家族法学者 Parkinson（2011）は，膨大な文献を渉猟して，こうした西洋世界における制度的な変革の背後で「親子関係の解消不能性」の理念が浸透したことを論証している．婚姻関係が解消不能だった近代以前のキリスト教国では，近代以降の宗教の世俗化に伴って離婚が可能となり，増加した．同時に，離婚・再婚など親の事情によって「親」であることから降り（させ）ることが制度的に不可能になったと論じている．日本を含む東アジア諸国でも近年離婚率が上昇したが，親子関係の解消に関する制度が西洋世界のパターンに近づくのかどうかが問われ始めている（Nozawa 2015, 2019; 菊地 2018）．

　このように，子どもの権利や福祉を優先する新たな理念に基づいて制度改革が進む世界において典型的に現れるパターンが「連鎖・拡張するネットワーク型／継続モデル」である．これを図示したのが図3である．

　図1や2とは異なり，図3では家族の範囲を世帯（あるいは戸籍）の境界線で明示していない．そもそも，離婚前の（初婚）核家族の状態においても，親子関係は父母の婚姻関係にぶら下がるのではなく，父母それぞれと子どもの関係として二本の実線で示している．離婚した父母は，別世帯に暮らすことになるが，父母両方とつながっている子どものケアや教育，養育費の分担などの面で一定の連携関係を維持する（婚姻時のそれとは質的に異なるので破線で示した）．つまり，離婚後の「家族」は一つの「箱」ではなく，二つの「箱」の壁を超え

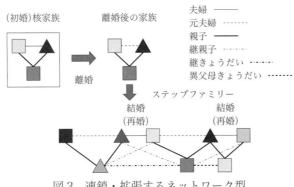

図3　連鎖・拡張するネットワーク型
出所：野沢（2016: 74）

てつながるネットワークとして存続する．親の再婚を契機に，継親や継きょうだいとの関係が生じ，子どものネットワークは連鎖的に拡張する．このネットワークの結節点は子どもであり，子どもがもつ家族・親族関係は親の離婚によって切断されず，再婚によってむしろ追加される．ここでは，集団ではなく関係ネットワークとしての家族という視点が有用である（野沢 2009）[9]．

　アメリカの臨床家・家族研究者のアーロンズは，両親の離婚によって「（核）家族」が崩壊したとはみなさず，「核」が二世帯に分離した後も子どもを介してつながる両親とその子どもから成る「双核家族（binuclear family）」という概念を早くから提唱している（Ahrons and Rogers 1989）．アーロンズは，このタイプの離婚家族が一般化した時期に親の離婚（再婚）を経験した子どもたち173人（代表性のあるサンプル）に対して20年後に再インタビュー調査を実施した．成人した子どもたちの大半は，親の離婚や再婚を肯定的に受容し，家族変化に適応していることを明らかにした（Ahrons 2004＝2006）．「連鎖・拡張するネットワーク型／継続モデル」は，この「双核家族」概念の視点を継承し，再婚後の過程にまで視野を拡張して再構成した家族形成モデルである．

　この新たなステップファミリー形成モデルに基づく家族支援は，上述の「スクラップ＆ビルド型／代替モデル」に含まれる前提1と2に対抗する理念，すなわち，子どもの両親が婚姻関係にあるかどうか，離婚・再婚したかどうかにかかわらず，子どもには両方の親から養育される権利があるという理念に立脚する．その上で，研究知見に基づく，一群の新たな指針が提示されるに至っている．①継親は継子の「（新しい）親」とならず，しつけを担当しない．また，別居親を排除せず，親とは別の存在（友だちなど）として子どもとの関係構築を試みることを促す（Ganong et al., 1999 など）．②同居親とそのパートナー（継親）は，初婚核家族の夫婦のような共同チームとして子育てするのではなく，子どもの同居親と別居親が継続して共同で子どもの養育に当たる努力をする．継親はそこに補助的に加わって，より大きな共同チーム編成を目指す（Papernow 2013＝2015 など）．③同居親が，子どもとの親密な関係を継続し，別居親子関係を維持し，継親子関係の適切な発達の調整役となることを支援する（Cartwright 2008 など）．④ステップファミリーでは，同居親，別居親，継親および子どもそれぞれの期待や利益が対立・競合しやすいため，同居親（お

よび継親）のみ，あるいは子どものみへの支援には限界があり，家族構造の独自性理解とメンバー間の調整が不可欠である（SAJ・野沢 2018；Papernow 2013＝2015）．

4　結語にかえて——ステップファミリーの支援と制度改革につながる研究課題

　冒頭で紹介した目黒の虐待死事件の裁判では被告の継父が「親になろうとしてごめんなさい」と泣きながら謝罪したと報道された（『朝日新聞』2019 年 10 月 5 日朝刊）．また，さいたま市で継父が継子を殺害したとされる事件では，「（継子が）帽子をなくしたことを注意したら『本当の親じゃないくせに』と言われた．カッとなった」と継父が捜査関係者に話したという（『朝日新聞』2019 年 9 月 21 日朝刊）．いずれも発言の真意はわからないが，継父が「スクラップ＆ビルド型／代替モデル」に基づく役割行動を当然視していたために，子どもの福祉が永遠に失われた可能性が高い．通念的家族へと向かわせる規範的圧力を相対化し，子どもの重要な資源である親および背後に連なる祖父母など一群の親族を切断せず（野沢 2019b），子どもに代替「親」の受容を強要しない「連鎖・拡張するネットワーク型／継続モデル」のノーマライゼーションが社会的課題である[10]．

　日本での調査研究は，親や継親が「連鎖・拡張するネットワーク型／継続モデル」に沿った行動を取る場合，離婚・再婚への子どもの適応が容易になり，親子関係や継親子関係を肯定的に受け入れる傾向を見出している（野沢・菊地 2014；野沢 2015；Nozawa 2015）．裏を返せば，通念的家族を強制する場合，継子の適応に困難が生じ，親子関係の維持と継親子関係の発達が損なわれるケースが目立つ（菊地 2005 も参照）．

　こうした日本での知見は，欧米における研究知見や臨床家の提言と基本的に整合している（Ganong and Coleman 2017；Papernow 2013＝2015 など）．例えば，アメリカの大規模縦断調査データの分析からは，同居継父と別居父の両方と親密な関係にある子どもたちは学業成績や適応状態が相対的に優るという結果が導かれている（King 2006）．子どもの福祉の観点から，「連鎖・拡張するネットワーク型／継続モデル」を支持する知見である．しかし，従来の制度を

反映して，日本では別居親子関係がしっかり維持されたケース自体が希少であったために同様の分析が難しい（菊地 2018）．こうした研究上の困難を超えて，別居親（族）を視野に含めた関係ネットワークの効果を検証する研究が求められている[11]．

　一方，日本においても，「連鎖・拡張するネットワーク型／継続モデル」に向かう制度的な変化が徐々に生じている．2011 年に民法 766 条の改正が行われ，協議離婚をする両親は面会交流と養育費の分担について子どもの利益を最も優先して考慮しなければならない旨が初めて明記された．しかし，既述のように日本では，離婚後に父母の一方は親権の喪失を強制されるだけでなく，裁判所を経由せずに簡単に離婚が成立する協議離婚が圧倒的多数である．面会交流と養育費の取り決めを担保することも，父母に離婚後の共同養育について学ぶ機会を義務づけることもできない．親の責務を保証しにくいこうした現行法の改正を提言する家族法学者も少なくない（犬伏 2019；岩志 2019 など）．また，離婚・再婚後の家族関係に緊張をもたらす戸籍制度についても家族単位から個人単位への変更が提案されている（下夷 2019；二宮 2016）．ステップファミリーの子どもの福祉に関わる懸念から，夫婦・親子同氏同戸籍に基づく戸籍制度を根本的に見直すべきとの提言もある（古賀 2018）．継親が親を代替する前提に立つ容易な継親子養子縁組制度についても，子どもの福祉の観点から見直しが必要だろう（菊地 2017）．

　親の離婚・再婚後の家族は，置かれた社会や時代の制度からの介入／非介入によって作られる（野沢 2019a；菊地 2018）．離婚・再婚後の「親」のあり方に関わる制度を所与の前提とせず，批判的な検討の対象に含める社会学的研究が求められている．

注

1) 家庭裁判所における調停の現場などでも，離婚・再婚の増加を受け，ステップファミリーの面会交流のあり方などへの関心が高まっている（神戸調停協会　2018 参照）．
2) 東京新聞のように，より明確な関係呼称である「継父」を採用する新聞もある．
3) 目黒区の事件に関する香川県（2018），東京都（2018），厚生労働省（2018）の事後検証報告書のいずれも，このケースの経緯説明において，被害に遭った子どもの（血縁の）父親の存在や子どもとその父親との関係，母親と父親の関係（婚姻・同居・

別居・離婚などの事実やその経緯）についての情報が欠落している．経過の記述は，この子どもの出生の時期と場所を除けば，「内夫（後に婚姻して養父となる），実母，本児での同居開始」以降の出来事のみが記述されている．それ以前の家族史を視野から排除している点で 3 報告書は一致している．後述の「スクラップ＆ビルド型／代替モデル」に依拠した検証委員会によって，離婚・再婚前の家族に関わる事実がスクラップ（粉砕）されたような印象を受ける．

4) 新しいパートナー関係には非法律婚も含む．Ganong and Coleman（2017）の定義に対して，子ども中心の定義として「親の新しいパートナーとの関係を持つ子どものいる家族」も提案されている（野沢 2016）．因みに，英語では否定的な印象を与える "stepfamily" の語の代わりに "blended family"（「混合家族」などと訳される）という用語が日常語として使われる傾向がある．しかし，この呼称は強い「通念的家族」指向が含意されている点で研究上の用語としては避けられる（Ganong and Coleman, 2017: 282，アドラー＝ベーダー・ガーノー 2015: 71-2）．なお，日本語ではステップファミリーを「子連れ再婚家族／家庭」と言い換えることが多いが，一方の親への子どもの単独所属を前提としている点で，後述の「スクラップ＆ビルド型／代替モデル」に依拠した呼称と言えるだろう．

5) ここでの「家族構造」概念は，世帯内のメンバーに限らず，世帯の境界を超えた「家族」メンバーも含む．この「家族」に誰が含まれるかは，メンバー間にズレが存在することが少なくない（野沢 2009）．

6) 例えば，子どもの貧困研究（阿部 2014 など）において，両親の離婚を経験した子どもを含む「ひとり親世帯」における貧困率が高い事実には関心が集まるが，世帯の外のもう一人の親から子どもへの経済的・情緒的な支援の重要性についてはほとんど議論されない．

7) 下夷（2019）は，「婚姻届を出した夫婦とその間に生まれた子のみからなる家族」を「婚姻家族」と呼び，それこそが正当な家族であるとみなす考え方を「婚姻家族」規範と呼ぶ（下夷 2019: 18）．下夷の「婚姻家族」概念は本稿の「通念的家族」概念とほぼ重なる．一方，アメリカ社会についても，「核家族イデオロギー」の根強さが指摘されている（Ganong and Coleman 2017: 252-3）．

8) 古賀（2018）は，「夫婦別姓訴訟」の判決をめぐる論争の文脈から，独自の調査データに依拠して，日本の現行の夫婦同氏制がステップファミリーの子どもが不本意な改姓を迫られるなどの点で不利益をもたらす可能性を論じている．戸籍制度だけでなく，夫婦別姓の選択が不可能な制度がステップファミリーを「スクラップ＆ビルド型／代替モデル」へと水路づけている側面がある．

9) このネットワークは必ずしも親密な関係だけを含むわけではなく，また全体として連帯しているわけでもない．ネットワークの中には疎遠な関係（弱い紐帯）や対立・競合関係が含まれることも多いと想定されている（野沢 2009 参照）．

10) 神戸調停協会（2018）によれば，家庭裁判所の調停現場で「スクラップ＆ビルド型／代替モデル」と「連鎖・拡張するネットワーク型／継続モデル」が並存・競合する状況にあることが推察される．

11) ステップファミリーの面会交流に関わるドイツの裁判例を時代別に比較分析したローツ（2017）は，かつては「スクラップ＆ビルド型／代替モデル」的な判断が支

配的であったが，家族社会学的研究成果などの影響から 1990 年代後半以降は「連鎖・拡張するネットワーク型／継続モデル」に変化したことを論証している．従来の制度的前提に批判的に挑戦する社会学研究の余地と意義が大きいことを示唆している．

文　献

阿部彩，2014，『子どもの貧困 II——解決策を考える』岩波書店．

アドラー＝ベーダー，フランチェスカ・ガーノー，チェルシー，2015，「アメリカのステップファミリー向け心理・教育プログラム」SAJ・野沢慎司編・監訳『家族支援家のためのステップファミリー国際セミナー 2014 報告書』SAJ・明治学院大学社会学部付属研究所，65-106.（2019 年 9 月 10 日取得，http://www.saj-stepfamily.org/data/2011conference_17dec.pdf）

Ahrons, Constance, 2004, *We're Still Family*, Harper Collins.（＝2006，アーロンズ，C., 寺西のぶ子監訳『離婚は家族を壊すか——20 年後の子どもたちの証言』バベル・プレス．）

Ahrons, Constance and Rogers, Roy, 1989, *Divorced Families: Meeting the Challenge of Divorce and Remarriage*, W. W. Norton.

Cartwright, Claire, 2008, "Resident parent-child relationships in stepfamilies," Jan Pryor ed., *The International Handbook of Stepfamilies: Policy and Practice in Legal, Research, and Clinical Environments*, Hoboken, New Jersey: John Wiley & Sons, 208-230.

Cherlin, Andrew, 1978, "Remarriage as an Incomplete Institution," *American Journal of Sociology*, 84(3): 634-650.

Ganong, Lawrence and Coleman, Marilyn, 2017, *Stepfamily Relationships: Development, Dynamics, and Interventions*, 2nd ed., Springer.

Ganong, Lawrence, Coleman, Marilyn, Fine, Mark and Martin, Patricia, 1999, "Stepparents' affinity-seeking and affinity-maintaining strategies with stepchildren," *Journal of Family Issues*, 20(3): 299-327.

早野俊明，2006，「ステップファミリーと法制度」野沢慎司・茨木尚子・早野俊明・SAJ 編『Q&A ステップファミリーの基礎知識』明石書店，39-53.

犬伏由子，2019，「離婚紛争における子の利益と実体法—未成年子がいる離婚紛争の実情を通して」若林昌子・犬伏由子・長谷部由起子編『家事事件リカレント講座——離婚と子の監護紛争の実務』日本加除出版，75-104.

岩志和一郎，2019，「親の離婚と児童の権利条約」若林昌子・犬伏由子・長谷部由起子編『家事事件リカレント講座——離婚と子の監護紛争の実務』日本加除出版，181-200.

香川県，2018，『香川県児童虐待死亡事例等検証委員会検証報告書』（2019 年 9 月 10 日取得，https://www.pref.kagawa.lg.jp/content/dir1/dir1_1/dir1_1_5/wx1dpp181115183354.shtml）

菊地真理，2005，「継母になるという経験——結婚への期待と現実のギャップ」『家族研究年報』(30): 49-63.

―――, 2009, 「再婚後の家族関係」野々山久也編『論点ハンドブック　家族社会学』世界思想社, 277-280.

―――, 2017, 「ステップファミリーにおける継親子間の養子縁組と別居親子関係――インタビュー事例にみる離婚・再婚後の家族形成と法制度」松岡悦子編『子どもを産む・家族をつくる人類学――オールターナティブへの誘い』勉誠出版, 128-148.

―――, 2018, 「ステップファミリー経験と日本の家族制度の課題」北野雄士編『変化を生きながら変化を創る――新しい社会変動論への試み』法律文化社, 57-70.

King, Valarie, 2006, "The Antecedents and Consequences of Adolescents' Relationships with Stepfathers and Nonresident Fathers," *Journal of Marriage and Family*, 68(4): 910-928.

神戸調停協会, 2018, 「監護親の再婚により面会交流が中断した事例――面会交流の調停条項の決め直しをどう考えるか」『ケース研究』331: 127-189.

厚生労働省, 2017, 『平成 28 年度全国ひとり親世帯等調査結果報告』 (2019 年 9 月 10 日取得, https://www.mhlw.go.jp/stf/seisakunitsuite/bunya/0000188147.html).

―――, 2018, 「子ども虐待による死亡事例等の検証結果等について（平成 30 年 10 月）」 (2019 年 9 月 10 日取得, https://www.mhlw.go.jp/stf/seisakunitsuite/bunya/0000173329_00002.html)

古賀絢子, 2018, 「夫婦同氏制による『子の利益』――平成二七年最高裁判決への反論を契機に」『法學研究』（慶應義塾大学法学研究会）91(2): 309-346.

松木洋人, 2016, 「『育児の社会化』を再構想する――実子主義とハイブリッドな親子関係」野辺陽子・松木洋人・日比野由利・和泉広恵・土屋敦『〈ハイブリッドな親子〉の社会学――血縁・家族へのこだわりを解きほぐす』青弓社, 15-41.

二宮周平, 2016, 「戸籍制度について」『月報 司法書士』534: 4-14.

野辺陽子, 2016, 「〈ハイブリッド〉性からみる『ハイブリッドな親子』のゆくえ―融合・反転・競合」野辺陽子・松木洋人・日比野由利・和泉広恵・土屋敦『〈ハイブリッドな親子〉の社会学――血縁・家族へのこだわりを解きほぐす』青弓社, 174-198.

野沢慎司, 2006, 「ステップファミリーをめぐる社会状況」野沢慎司・茨木尚子・早野俊明・SAJ 編『Q&A ステップファミリーの基礎知識――子連れ再婚家族と支援者のために』明石書店, 17-38.

―――, 2008, 「選択的ネットワーク形成と家族変動」『家族社会学研究』20(1): 38-44.

―――, 2009, 『ネットワーク論に何ができるか――「家族・コミュニティ問題」を解く』勁草書房.

―――, 2011, 「ステップファミリーをめぐる葛藤――潜在する 2 つの家族モデル」『家族〈社会と法〉』27: 89-94.

―――, 2015, 「ステップファミリーの若年成人子が語る同居親との関係――親の再婚への適応における重要性」『社会イノベーション研究』10(2): 59-83.

（2019 年 9 月 10 日取得，file:///C:/Users/shinji%20nozawa/Downloads/010-02-005.pdf）

─────，2016，「ステップファミリーは『家族』なのか」『家族療法研究』33(2)：178-183.

─────，2019a，「ステップファミリーが直面する困難の社会的源泉──制度と現実の狭間にある家族支援」『ケース研究』334：33-53.

─────，2019b，「ステップファミリーにおける祖父母の役割──親の再婚を経験した子どもたちの重要な資源」『家族療法研究』36(2)：150-156.

Nozawa, Shinji, 2008, "The social context of emerging stepfamilies in Japan: Stress and support for parents and stepparents," Jan Pryor ed., *The International Handbook of Stepfamilies: Policy and Practice in Legal, Research, and Clinical Environments*, Hoboken, New Jersey: John Wiley & Sons: 79-99.

─────，2015, "Remarriage and stepfamilies," Stella R. Quah ed., *The Routledge Handbook of Families in Asia*, London: Routledge, 345-358.

─────，2019, "East Asian stepfamilies," Stewart, S. and Limb, G. eds., *Multicultural Stepfamilies*, San Diego, CA: Cognella Academic Publishing, 149-178.

野沢慎司・菊地真理，2014，「若年成人継子が語る継親子関係の多様性──ステップファミリーにおける継親の役割と継子の適応」『研究所年報』（明治学院大学社会学部付属研究所）44：69-87.（2019 年 9 月 10 日取得，http://repository.meijigakuin.ac.jp/dspace/handle/10723/1910L）

Papernow, Patricia, 2013, *Surviving and Thriving in Stepfamily Relationships: What Works and What Doesn't*, Routledge.（＝2015，ペーパーナウ，P.，中村伸一・大西真美監訳『ステップファミリーをいかに生き，育むか──うまくいくこと，いかないこと』金剛出版.）

Parkinson, Patrick, 2011, *Family Law and the Indissolubility of Parenthood*, New York: Cambridge University Press.

ローツ・マイア，2016，「父母の別居・離婚後の親子関係──面会交流における『子の利益』を中心に(1)」『法学』（東北大学法学会）80(5)，554-530.

─────，2017，「父母の別居・離婚後の親子関係──面会交流における『子の利益』を中心に(2)」『法学』（東北大学法学会）81(3)，208-257.

─────，2018，「父母の別居・離婚後の親子関係──面会交流における『子の利益』を中心に（3・完）」『法学』（東北大学法学会）82(4)，45-97.

SAJ・野沢慎司編，2018，『ステップファミリーのきほんをまなぶ──離婚・再婚と子どもたち』金剛出版.

下夷美幸，2019，『日本の家族と戸籍──なぜ「夫婦と未婚の子」単位なのか』東京大学出版会.

東京都，2018，『平成 30 年度東京都児童福祉審議会児童虐待死亡事例等検証部会報告書（平成 30 年 3 月発生事例）』（2019 年 9 月 10 日取得，http://www.metro.tokyo.jp/tosei/hodohappyo/press/2018/11/15/01.html）

善積京子，2013，『離別と共同養育──スウェーデンの養育訴訟にみる「子どもの最善」』世界思想社.

abstract

Parent-child and Stepparent-Stepchild Relationships in Stepfamilies: Critical Reconsideration from the Child's Well-Being Perspective

NOZAWA, Shinji

Meiji Gakuin University

There has been social pressure upon stepfamily members into behaving as if they belonged to a conventional nuclear family, in spite of the fact that stepfamilies tend to have uniquely complex family structures. Who should be parents of children in stepfamilies is defined by social institutions such as family laws regarding custody arrangement after parental divorce, adoption of stepchildren, and family register system, and by underlying family values. The definition, in turn, leads adult members in stepfamilies to such behaviors. These behaviors then affect children's well-being negatively. Researchers in Japan are not duly interested in this process. These conventional stepfamilies of *the scrap and build household or substituting parent* model are based upon the assumptions; (1) parent-child relations presuppose parental marital relations, (2) the existence of one of the parents and its values are disregarded or underestimated, (3) a stepparent is expected to substitute the vacant parent's position, (4) a custodial parent and his/her new partner (stepparent) tend to form a parenting team just like a first married family, and (5) a stepfamily is a household unit whose members share the same interests. These assumptions are critically examined in contrast to the ideas guiding emerging stepfamilies in *the expanded and interconnected network* or *continuing parent* model. Challenges for more child-centered policies and new directions in supporting stepfamilies are also discussed.

Keywords : Stepfamily, Parent-child relationship, Stepparent-stepchild relationship, Child's well-being, Conventional family

｜特別寄稿｜

社会学領域の組織理論　　　　　　ジョセフ・ガラスキウィクズ

訳：須田木綿子，米澤旦，門美由紀

| 特別寄稿 |

社会学領域の組織理論

ジョセフ・ガラスキウィクズ

訳：須田木綿子，米澤旦，門美由紀

　社会学領域の組織理論の特徴として，以下の４点を示す．第一に，社会学領域の組織理論は比較的新しく，学際的である．第二に，たとえばマルクス理論など，社会学領域の多くの理論が労働者への関心にもとづいているが，組織理論は組織への関心から出発している．組織理論の源流は，ウエーバーの官僚制に関する研究に遡る．ウエーバーは，組織のフォームは多様であり，どのフォームが有効であるかは，組織を取りまく諸条件によって異なることを示した．第三に，組織理論では，そういった立場にある人々の判断は必ずしも論理的ではなく，自分たちの利益を守るための判断に偏りがちであり，日常の活動で対応をせまられる課題からは目を背ける傾向があると想定する．第四に，組織の戦略的対応について，environment や institutional context との関わりを重視する．とりわけエコロジー・セオリーと新制度学派の諸理論は，組織理論の体系化に多大の貢献をなしたが，それぞれのパースペクティブは大きく異なっている．本稿の後半では，組織理論の新しい展開として，エコロジー・セオリーから派生した種別分類論と，新制度学派内で展開されている inhabited institutionalism を紹介する．これらの動向は，組織理論が未だに発展途上にあり，新しい視点を開拓し続けていることを示す．

〈解題〉

　本稿は，「社会学領域の組織論：福祉社会学研究への適用可能性」と題して，2019 年 3 月 9 日に福祉社会学研究会として開催された講演の録音記録をもとにしている．

　社会学領域の組織理論は，1900 年代後半に米国を中心に体系化が進んだ．中国では，2000 年代初頭に一大ブームとなり，以来，多くの研究者と優れた業績が輩出され続けている．いっぽう日本では，このような理論の存在さえ広く認知されないまま今日に至っている現状に鑑みて，本学会会員の門美由紀，榊原圭子，米澤旦，須田木綿子が共同で上記研究会を組織し，ガラスキウィクズ氏にご登壇いただいた．東洋大学現代社会総合研究所には共催機関として，

ジョセフ ガラスキウィクズ｜アリゾナ大学｜galaskie@email.arizona.edu

ガラスキウィクズ氏の招聘費用を含む諸経費を負担していただいた.

　当日は, ガラスキウィクズ氏が英語で話されたあとに, 須田が段落ごとに日本語に訳した. 当日の模様はテープ録音し, 日本語訳の部分のみについてテープ起こしを行った. それをもとに, 須田・米澤・門がさらに日本語を整え, 内容が重複している部分は削除した. また, 複数の理論を紹介する内容であることをふまえ, 研究会で使用した「社会学領域の組織論」というタイトルから「社会学領域の組織理論」に変更した. 紙幅の都合で講演に使用されたパワー・ポイントを資料として添付することはできなかったので, パワー・ポイントに示されながら講演録では十分に触れられなかった論点は「解題者注」として説明を補った. また, "environment", "institutional context", "mid-range theory", "inhabited institutionalism" は, 主要な述語であるだけに安易な訳出はできず, 訳者の間で協議を重ねたが名案も得られなかった. そこで, これらの述語は原語で記し, 訳出上の課題を「訳者注」として示した. 本稿を機に, 適切な訳語に関する議論が喚起されれば幸甚である.

　本稿の英文要旨は, ガラスキウィクズ氏によって執筆された. 本文の原著者もガラスキウィクズ氏であるが, 日本語で書かれた本稿における誤りや説明不足はすべて, 訳者が責任を負うところである.

　最後に, ガラスキウィクズ氏の経歴を簡単に紹介する. 氏はシカゴ大学にて社会学修士・博士号を取得され, 現在はアリゾナ大学社会学部にて教授として教鞭をとられている. 社会学領域の組織理論の中でも制度学派を専門とされ, 組織間ネットワーク分析を主な手法とし, 非営利組織研究に多くの貢献をされた. 数年前には, 英語圏の非営利組織・活動研究の領域では最も権威のある学会のひとつである Association for Research on Nonprofit and Voluntary Action（ARNOVA）の会長をつとめられた. 研究業績は多数, かつ, 様々な受賞歴をお持ちであり, 主要なものに限っても, すべてを紹介することは難しい. 一例として, "Nonprofit Organizations in an Age of Uncertainty: A Study of Organizational Change"（Aldine de Gruyter 1998）では, 共著者の Wolfgang Bielefeld 氏とともに Academy of Management という北米最大の学会から Best Book Award を, 米国の非営利組織・活動研究を牽引する Independent Sector という機関からは Virginia Hodgkinson Research Prize を, 前述の ARNOVA 学会からは Award for the Outstanding Book を受賞されている.

（須田　木綿子）

キーワード：組織理論, エコロジー・セオリー, 新制度学派, environment, institutional context.

1　はじめに

　本日の講演の主題は, 社会学領域の組織理論の近年の展開についてです. 世界中の研究者が関わっていますが, その中心はアメリカです. 本日はまず, 社

会学領域の組織理論の大まかな見取り図を描くことから始めます．次に，それらの理論を用いて行なわれた研究をいくつか紹介します．そして最後に，最近耳にする「組織理論の終焉」という言説について，その意味するところと妥当性を検討します．ちなみに，この最後の論点については，今，結論を言うことができます．組織理論は，終わってはおりません．

2　社会学領域の組織理論の視角

社会学領域の組織理論は比較的新しく，かつまた，非常に学際的なものです．心理学，経済学，社会学，歴史学など，実に様々な領域の研究者が理論構築に関わってきました．しかし 1960 年代までは，独立した研究領域として明確には認知されていませんでした [1]．

それ以前から組織に関する著作物は数多くありましたが，多くは，特定の組織をマネジメントしてきたカリスマ経営者のような人が経験を書くという，非常に特殊かつ個別の事例報告ともいえるものでした．このことから，次の指摘が可能です．つまり，組織一般に関する理論など知らなくても，自組織の運営や経営はできるということです．

では，組織に関する一般理論の意義とは何なのでしょう．それは，どのような組織にも適用可能な考え方と視点を同定し，それにもとづいて組織全体の動向を説明し，予測する点にあります．そういった組織理論の特徴として，以下の4点をあげます．

2.1　組織をとりまく environment および institutional context への着目

社会学領域の組織理論では，組織そのものではなく，組織を取り囲む environment と，規範・価値・規則などのように社会的に構成された秩序を意味する institutional context [2] に焦点をあてます．社会学を専門とされる方はよくなじんでおられると思いますが，社会学では，人間の行動を理解する際に，environment のみでなく，その人を取り囲む institutional context に着目します．Institutional context の例をあげますと，たとえば，こちらの女性がこちらの男性が所属する組織に移動して，こちらの男性はこちらの女性の組織に移

動すると，同じ人間なのにどちらの組織にいるかによって行動が変わってきます．それぞれの組織が準拠する institutional context が異なるからです．同時に，実際の社会では，どのような組織においても，準拠する institutional context が他の組織と根本的に全く異なるということは，まず，ありません．現実には，異なる組織が準拠する institutional context の間に共通点もあるので，複数の異なる条件の組織の間でぐるぐる人をまわしていけば，みんなが大なり小なり同じような行動をするようになります．この場合の「同じ」という意味は，彼女と彼が同じに動くということではなく，ぐるぐる動いている人たち全員が同じような特徴を示すようになる，ということです．これが社会学的な組織理論の重要な視点のひとつです．

2.2　組織のフォーム

　対照的な組織を比較することによって，組織のフォームの説明をします．

　Max Weber のことは皆さんよく聞いたことがあると思います．官僚組織に関する彼の研究のポイントは，物事のコントロールの方法，労働の分担の仕方，分担された仕事を進めるうえでのいろいろな決まりごと，共有される目的や目標に着目した点にあります．Max Weber によれば，官僚組織の特徴は非常に中央集権的で，労働の役割分担について洗練された手法が存在し，明確なルールが確立され，一定のゴールが成員の間に共有されているということでした．

　これと対照的な組織として，地域の住民組織について考えてみましょう．中央集権的ではありませんが，だからといって中央集権の反対の分権といってしまっていいのかどうか…とにかく参加者は分散していて，いろいろな人たちがそれぞれに決定権を持っています．官僚組織のような明確な役割分担にもとづいて，電話係や受付担当者や会計担当者がいる，というタイプの組織ではなく，みんながいろいろなことに「わーっ」と一緒に取り組んでいる状態です．ルールに従うよりは直感的というか，そのときの感じでやっていて，「どうしようか」，「なんとかしよう」，などと言いながら対応しています．実践的といえばそうなんですが，ゴールも往々にしてあまり定まっていないので，困った人を助けようとか，自然環境をまもろうとか，子どもの教育を大切にしようとか，そういった大きなビジョンは共有されていても，それが具体的にどのような意

味を持つのかは，掘り下げられていません．効果を測定できるようなゴール設定もされていないし，そもそも，そのゴールに向かっているかどうかさえわからない．しかし，こういう組織が意外と効果的だったりする場合もあります．この種の組織が準拠する institutional context は，官僚組織のそれとは大いに異なります．

　このように対照的な組織のどちらに所属するかによって，そこにいる人々の言動も変わってきます．ある人のもともとの感覚は住民組織的かもしれないし，他の人は官僚的な組織になじむ性格かもしれませんが，それとは別に，どちらのタイプの組織に所属するかによって人々の言動が一定の方向に変わるのです．このような組織特性を，組織のフォーム（form）といいます[3]．

　異なるフォームの組織を，合併などによって混ぜてしまったら，どうなると思いますか．いろいろな葛藤が起こるわけです．混沌とした状態になるかもしれません．けんかが始まるかもしれません．余談ですが，大学がそんなようなところです．そもそも中央集権的ではなくて，たくさんの専門家がいっしょくたにいて，それぞれみんな違うルールを持っていて，統一的なゴールは何かについては誰もはっきり言えません．こんな組織で働いている場合には非常に強い性格で，抜け目なくやることが求められます．

　では，一定の目標を達成するには，どういった組織フォームが一番効果的なのでしょうか．研究が始まるのはこの問いからです．

　たとえば過去の研究では，組織規模との関わりが指摘されています（Blau 1972）．組織規模が小さい場合はインフォーマルなルールにもとづく，感覚的な運営が適しているが，組織規模が大きくなるにつれて，フォーマルなルールに基づく官僚組織的要素が必要になるといわれています．要するに，組織規模によって最適なフォームも変わってくるということです．テクノロジーによっても，組織の最適フォームは変わってきます（Woodward 1965）．たとえば大量生産をする組織と手仕事的な作業をすすめる組織では，最適フォームは大きく異なります．建築士の仕事などは，どちらかというと手仕事の要素が多い．ですから，建築事務所は一般的に，官僚組織とは対照的な，非中央集権的なフォームになっています．

　Environment も，組織のフォームを左右します（Lawrence and Lorsch 1967）．

顧客の好みがめまぐるしく変わるということは，潜在的な顧客という資源の入れ替わりが激しいといえます．このような environment では，下部組織の人たちが一定の権限を与えられ，直接その場で決定しやすい組織フォームがとられます．逆に environment が非常に安定している場合は，トップにいる一人の人がすべての決定をするような，中央集権的なフォームにもとづく運営が可能になります．

　Institutional context についても同じことが言えます．Institutional context が安定しているところではルーティーンを作りやすいので，規則も増え，組織のフォームは官僚的になっていきます．しかし，たとえばソーシャルワークの institutional context では，それぞれのクライアントが特殊な状況にあって違う問題を持っているために，何が適切な判断かを定めることが難しく，安定的とはいえません．結果として，どういうサービスを提供したらいいかについての決定をそれぞれのソーシャルワーカーが行う必要があり，ルーティーンや規則に縛られる組織フォームは馴染まないということになります．

2.3　組織のトップの役割

　以上のように，組織を environment や institutional context から説明するというアプローチでは，組織のトップの役割は相対的に小さくなります．このような考え方を支持する先行研究として，次のようなものがあります．

　カーネギー・メロン大学が，1950 年代から 60 年代にかけて，興味深い研究結果を発表しました（Cohen, March, Olsen 1972）．今日でいうところの社会構築主義的要素を非常に早い段階で導入した研究としても，開拓的なものでした．そこで示されたのは，組織のトップにある人たちは，必ずしも組織にとってベストな選択を追求するのではなく，そこそこいい落ち着きどころを探す傾向にあるということです．また，他のやり方がよさそうだとわかっても，いままで通りのやり方を続ける傾向も指摘されています．と同時に，きちんとした数字とか事実を検証することなしに，思いつきのようにして新しい方法を試す場合があることもわかりました．つまり組織のトップは，あらゆる可能な選択肢を想定し，それぞれの選択肢で達成しうる成果や効果を全部考慮に入れたうえで，最適な判断を成すための努力を常にしているわけではないのです．

2.4　組織の意思決定

　組織の意思決定は実のところ，誰がその場にいて，その人たちにとって何が一番好ましいと思われるかといった，非論理的要素や利害に規定されます．新しい議論に聞こえるかもしれませんが，実は Michels による 1911 年の論文が，既にこのことを指摘していたのでした．彼の研究対象は，ドイツの社会民主主義を推進するために活動する政治団体で，メンバーの中のごく一部のエリートが権力を独占して鉄の掟と呼ばれるルールを敷いて，自分たちの利益のために政党を支配する仕組みをつくっていました（Michels 1911）．Mills（1956）や Domhoff（1967）は，企業，行政，軍隊のそれぞれのトップが，"ruling class"，すなわち限られた人たちで支配層を構成し，その三つの組織の間をぐるぐる移動して特権階級に居続ける仕組みについて論じました．こうして支配層は，自らに有利なように物事を進めていくのです．

2.5　社会学領域の組織理論の視角

　以上から，組織の戦略とか，組織トップの能力や判断の妥当性には，大きな疑義が生じてきます．組織のトップの全員がそれほど優れているわけではないし，自己利益のために組織を使ってしまう場合がある．組織の意思決定の内実にも，合理的とは言えない要素が多く含まれます．そうであってもうまくいく組織があるのなら，その成功の要因は組織以外のところにあるはずで，こうして，外在的な要因の重要性が認識されてきます．言い方を変えますと，組織をつくるときには，environment にうまく適合することがカギであって，もし environment に合わなければうまくいかない，という考え方です．主体である組織の役割を重視しないという点において，これは非常に革命的なパラダイムの転換です．

　このような転換は，分析の視点（unit of analysis）の転換と連動します．働いている人や組織トップ，組織の意思決定過程といった個々の組織のレベルから，environment や institutional context へと，より上位もしくは広範囲のレベルに視点は移ります．

3 社会学領域の組織理論のふたつの潮流

　社会学領域では，以上のような特徴を共有する様々な社会組織理論があるのですが，ここでは代表的なものとして，エコロジー・セオリーと新制度学派の理論をとりあげ，それぞれの研究について具体的にご紹介したいと思います．

　エコロジー・セオリーも新制度学派も，もとになる理論があったのではなく，何もないようなところから，文字通り手作りのようにして構築されてきた理論です．両者とも，今，目の前にある組織が，そもそもどうしてそういうフォームをとるに至ったのか，そしてそのフォームが定着する過程で淘汰されたフォームとは，どのようなものだったのか，という関心から出発しました．

3.1　エコロジー・セオリーと種別分類論の展開

　皆さんは，高校や大学で生物学を学ばれたと思うのですが，チャールズ・ダーウィンの進化論というものがありますね．Hannan and Freeman(1977) が，この進化論の種の保存の法則を組織に適用しました．競争しているという点だけをとりあげれば，生物の種の保存のための競争と，組織の生存競争は同じです．生物の種に相当するかたまりを，組織ではポピュレーションといいます．たとえば，小売りであればコンビニとスーパー，医療関係では病院と診療所，芸術関係では劇場と映画館などは，それぞれ異なるポピュレーションとみなすことができます．そして組織は，これらポピュレーションのレベルで存続のための競争をしているのです．非営利組織にこのような考え方を適用しますと，市民権運動に取り組む組織と女性の権利に関わる活動団体は異なるポピュレーションと考えられます．両方とも，活動資金の多くを寄付に頼っていますので，片方のグループがたくさんの募金を集めてしまったら，もう片方に寄せられる募金額は頭打ちとなります．このように，組織は，異なるポピュレーション同士で競合関係にあるのです．

　ここから，environment の重要性がわかってきます．引き続き女性の権利に関わる活動団体を例に考えますと，自分たちと競合する組織がたくさんあったら限られた募金の奪い合いになりますから，まず自分たちと競合する組織が

他にどれほどあるのかということが，自分たちの組織の存続を左右するポイントになります．次に資源の豊かさも重要で，この場合は，自分たちの活動領域に寄付をしてくれる市民がどれほどいるのかといったことが，資源の状態としてチェックすべき項目になります．さらに，たとえ少数であっても常に寄付をしたりして応援してくれる市民がいれば，そのポピュレーションは environment の変動から守られて，存続が容易になります．このような特定の居場所を，ニッチ (niche) といいます．そして，これまでに蓄積されてきた多くの実証研究が，environment におけるこの三つの要因によって組織の成功と失敗が規定されることを示しています．

エコロジー・セオリーの弱点としては，既存の組織の盛衰を説明するには優れているが，新しい組織が誕生し，定着する過程を説明できないことが指摘されてきました．しかし近年，「種別分類論 (classification theory)」の展開によって，この部分が飛躍的に強化されつつあります．オーディエンスは直訳すると観客ですが，この場合は，検討対象となっている組織の周辺にいる人や他組織を意味します．たとえばまったく見たことのない新しいタイプのレストランができたとして，レストランに食事をしに来るカスタマーは重要なオーディエンスです．そして，そのオーディエンスは，レストランについて社会一般に共有されているカテゴリーのようなものにしたがってレストランを判断するので，レストランがその既存のカテゴリーにいい感じにはまるとヒットすると説明されます (Hsu and Hannan 2005)．

カテゴリーについて，さらに説明をしましょう．私はアメリカ人ですが，思いきって，日本を例にとってみましょう．寿司屋というカテゴリーがありますね．他に，焼き鳥屋とビア・ホールを想定し，寿司屋を A，焼き鳥屋を B，ビア・ホールを C とします．さて，この A，B，C が並んでいるとして，人々はどうやって A が寿司屋だと認識するんでしょうか．それは，常識を使うわけですね．つまり，社会一般に共有されているカテゴリーです．まず寿司が出てくる．空間はどのように構成されているでしょうか．片側にカウンターがあって，白い和風のユニフォームを着ている人たちがその中におり，食べる人はその目の前に一列に並んで座っています．これは，ビア・ホールの空間とは違うわけです．ビア・ホールでは，真ん中にバーがあって，バーの周りに人が座っ

ていて，ウェイターやウェイトレスは洋服を着ています．音楽も，ビア・ホールらしいといいますか，寿司屋とは異なる音楽が鳴っているはずです．こういうひとつひとつの特性にもとづいて人々は，ここは寿司屋だ，ここはビア・ホールだと判断します．そうやってカテゴリーが決まったら，今度はオーディエンスは，それぞれのカテゴリーに付随する既存の基準にしたがって，寿司屋に対しては寿司屋の基準で，ビア・ホールについてはビア・ホールの基準で評価をします．こういった評価は，知らず知らずのうちにいつも皆がやっていることです．大学であれば，学部と大学院というカテゴリーがあり，それぞれに対して異なる基準が適用されます．その結果，教員がまったく同じ授業をしたら，学部学生には高評価であったものが，大学院学生からは物足りないといわれるでしょう．この場合のオーディエンスは，学生です．オーディエンスである学生が，学部と大学院それぞれを異なるカテゴリーと認知し，それぞれについて異なる基準にしたがって授業内容を評価しているのです．

　オーディエンスは，目の前の組織がどのカテゴリーに分類できるのかがわかれば，今度は自分たちの持ち前の基準でその組織のパフォーマンスを評価しやすくなるので投資も促され，投資家というオーディエンスの支援が強化されます．ですから組織は，自分たちがどのような組織であるのかが各種のオーディエンスに正しく伝わるようなメッセージを発信しなければいけないといえます．

　では，既存のカテゴリーにはあてはまらないような新しいタイプの組織の存続については，どのような予測が可能でしょうか．この過程を説明するには，組織のスペシャリストとジェネラリストという概念が役に立ちます．特定の領域に特化している組織をスペシャリスト，いろいろな領域に足をかけている組織をジェネラリストといいます．たとえば，寿司屋だけを経営している会社はスペシャリストですが，老人ホームを運営し，スポーツグッズを売り，寿司屋も経営しているような会社はジェネラリストに分類されます．そして新しく生まれてきた組織は，既存の組織の特性を少しずつ取り入れてミックスしている場合が多いので，ジェネラリストと考えられます．そして一般には，ジェネラリストはオーディエンスの評価において不利であり，結果として存続も不利であるといわれています．オーディエンスが手持ちのカテゴリーではうまくその組織を判断できず，「何をしようとしているのかわからない」という印象を与

えてしまうからです.

　この一連の事柄を検証したのが, Hsu, Hannan, Kocak (2009) らによる映画を対象とした研究です. 映画には, 西部劇, コメディ, アクション, アニメといったカテゴリーがあり, それぞれに特性があります. 西部劇だったら銃で撃ち合う, 悪役がいる, そして我慢強い寡黙なヒーローがいる, といったところです. 西部劇には必ずこの要素が入っています. だから, ちょっと退屈なんですよ. とにかくこのようにして, 映画がそれぞれ, 異なるカテゴリーにおさまっていきます. しかし, 新しいタイプの映画は複数のカテゴリーにまたがるような特性があるために, うまく分類できません. 先の概念を使えば, ジェネラリスト的な映画であるといえます. そこで, この新しいジェネラリスト的な映画と, 既存のカテゴリーにうまくあてはまるようなスペシャリスト的な映画の評価を比べてみることにしました. 既に述べた理論にしたがえば, スペシャリストの方が存続は有利なわけですから, 評価も高いだろうという仮説が成立します.

　調査は, 2002 年から 2003 年にアメリカで公開された 388 本の映画を分析対象としました. そして, 映画の主要な三つのデータベースをとりあげ, どのデータベースにおいても同じカテゴリーに分類されている映画をスペシャリストとし, どのデータベースにおいても複数の異なるジャンルにまたがって顔を出してくる映画をジェネラリストとしました. コントロール変数として, 役者, 映画製作費の規模, 公開された劇場の数などを投入しました. その結果, スペシャリストの映画のほうが批評家の評価が高く, 収益率も高いことがわかりました. 以上から得られる結論は, 次のようなものです. つまり, 新しい組織や活動が定着して成功をおさめるためには, 他の組織や活動との差別化をはかり, スペシャリストとしての地位を確立しなければならないということです.

　近年, 社会的企業とよばれる組織が注目を集めています. 営利的な特性と非営利的な特性の両方を有している点で, ジェネラリストと判断されます. そしてこれまでに紹介した理論にしたがえば, 社会的企業が成功を持続させ, 社会に定着していくためには, 営利組織とも非営利組織とも異なる第三のフォームを確立し, スペシャリストになる必要がある, といえそうです. そしてこの間, それを後押しするような institutional context が整えられつつあります. たと

えば米国では，営利組織とも非営利組織とも異なる，社会的企業のための第三の法人格を導入する動きが各州に広がりつつあります．それに伴って，社会的企業特有の規範や理念のようなものも共有され，差別化が進み，社会的企業固有の特性やアイデンティティが構築されつつあります．

3.2　新制度学派と inhabited institutionalism

　もうひとつの潮流は，新制度学派といわれるグループの考え方です．エコロジー・セオリーとその流れを汲む諸理論が，資源や生存競争の強度に関わる environment の状態に注目するのに対して，新制度学派では，規範，価値，規則などの社会的に構成される institutional context に注目します．そして，組織が成功するかどうかは，市場的な原理に規定されているわけでは必ずしもなく，institutional context の一部として機能するように組み込まれることが重要だという考え方です．この領域の研究で多くとりあげられるのは社会的な公正性・公平性などに関わる組織で，行政や NGO，社会運動組織，メディア機関，専門職団体，その他の非営利組織などです．そしてこれまでの研究では，こういった組織は institutional context への順応をはかるわけですから，結果として，同じ領域で活動する組織は互いに似通ったものになるという傾向が指摘されています．これについてさらに説明を加えますと，たとえば公正性・公平性といった課題については，それに関する議論の取りまとめ的な立場にあったりして，影響力のある組織というものが存在します．他の組織はその影響力のある組織に従うことで評判を維持し，そのことが成功や繁栄にもつながるので，組織間の類似性が高まります．このようなメカニズムによる成功は，組織活動の成果や経済効率性とは必ずしも一致しません．

　とはいえ，事態はもっと複雑です．Institutional context は一定ではなく，それに対して組織というものは，それほど短時間に，抜本的にやり方を変えられるものではありません．だから現実には，折々の institutional context からの要請に従うふりをしておいて，自分たちのそれまでのやり方は変えないという適応をはかります．これをデ・カプリング（decoupling）といいます．たとえばアメリカでは，個人の属性にかかわらず，どのような人も平等に雇わなければいけないという法律があるので，女性とか少数民族にも等しく雇用の機会

を提供しなければなりません．これに対して多くの組織は何をするかというと，その法律や規範に適合するような社内規定を作っておきながら，実際には人事課は，紹介状を持ってきた人たちから雇うという実践を続けます．紹介で雇っていますから同じような人ばかりが雇われることになり，マイノリティにとって不利な状態は変わりません．表向きの社内規定と，実際の雇用のあり方がデ・カプリングされているのです．

　これとは逆の現象として，建て前的なルールが現実的な効力を持った場合はどうなるでしょうか．デ・カプリングとは逆の現象です．Meyer and Rowan (1977) の理論では，このような場合，組織は本来の使命を果たせなくなるとされています．Hallett (2010) は，この点についてアメリカの小学校を対象に検討し，inhabited institutionalism[4] として概念化しました．

　アメリカでは近年の風潮として，学校教育もビジネスと同じような考え方でやろうというムードが高まってきています．つまり，企業活動ですと，売上などにもとづいて社員を評価し，その結果が給与や昇進に反映されます．これを小学校教育にあてはめようというのです．しかし当たり前のことですが，このような方法には無理があります．教師のパフォーマンスを，どのように測定すればよいのでしょうか．その教師が教えた生徒たちが将来どのぐらい成功するかによって判断するのも一法ですが，そのようなデータを生徒が小学校にいる間は把握できません．ですから測定可能な指標として，生徒たちに何回も何回も試験をして，その点数にもとづいて教師のパフォーマンスを評価するという方法が考え出されました．教師をモニタリングするということです．

　だいたい，このような学校「改革」の動きは州政府がけん引することが多く，お金が絡んできます．運営上の課題があって州政府から送られる予算が削減されているような小学校が，こういった新しい方法を積極的に導入して州政府予算をもっと獲得しようとしますし，それを地域の教育委員会も応援します．今お話ししている研究では，そのような小学校を対象として，企業的な方法で学校を運営することに100％コミットしている校長先生が新たに着任した年に調査を行いました．

　アメリカの多くの小学校では教師は自律性を持っていて，教室内では誰の監視も受けないで教育活動を行っています．しかし，新しい校長先生が来てから

は，それが大きく変わりました．たとえば，新しい校長先生はいつも廊下を歩いていて，予告もなしに，いきなり教室に入って来るようになりました．そして，もしそのクラスがうるさかったりしたら，校長先生が教師を注意します．生徒の目の前で，その教師がさらに高いところから物を言われてしまうのです．またそれまでは，生徒の成績が悪ければ教師と親が話し合うことで対応していたのですが，新しい校長先生が来てからは，同じ学年の生徒の成績をクラスごとに比較して，同じカリキュラムで教えているのに特に成績の悪いクラスがあれば，それは教師の問題だと判断されるようになりました．その影響を調べたところ，教師たちは，何をどのように教えるかについての制限が増えたとか，新しい校長先生に従う教師とそうではない教師の間の関係が難しくなったとか，病気になる教師や辞めてしまう教師が増えたという報告が得られました．生徒の成績も落ちました．学校内の institution が変わったことによって，教師や生徒にこれほどの変化が生じたのです．

　新制度学派の課題としては，組織やそれに関わる人の主体性が見えてこないという指摘があります．組織や人の行動は institutional context に規定されますが，人が組織を変え，ひいては組織が新しい institutional context を作り出すこともあります．そういった主体の側面を，新制度学派でも視野におさめる必要があるといわれています．そもそも，社会学領域での組織研究の出発点は，組織の中で人がどう働いているかということでした．Marx や象徴的相互作用論の考え方は，この関心にもとづくものです．こういった流れの中で新制度学派も，組織の中での人と人との相互作用とそれに対する意味づけのなされ方や，葛藤状況における個別の力関係などを分析視点に組み込む試みを重ねています．また，組織の安定的な状態の観察のみでなく，組織変化などの動態的側面を institutional context との関わりにおいて検討するような新たな取り組みも始まっています．

3.3　エコロジー・セオリーと新制度学派の適用範囲

　以上のふたつのアプローチはいずれも，environment や institutional context という，組織の外在的要因に着目する点で共通しています．ただ，得意とする対象は異なります．一般に，エコロジー・セオリーは営利組織の分析に向

いていて，新制度学派のアプローチは，行政や非営利の組織を対象とする際に有効だといわれています．

4　組織理論は終わったのか？

いよいよ最後の話題になります．組織理論は終わったと言われているのですが，それは本当でしょうか．

社会学領域の組織理論には，ビッグ・ファイブと言われるグランド・セオリーがあります．それぞれの主要な研究者名と主著の発表年は以下のとおりです．

- ・エコロジー・セオリー（Hannan and Freeman 1977）
- ・新制度学派の理論（DiMaggio and Powell 1983）
- ・トランザクション・コスト・エコノミクス理論（Williamson 1975）
- ・資源依存理論（Pfeffer and Salancik 1978）
- ・ネットワーク理論（Granovetter 1985）

主著の発表が特定の期間に集中していることは，明らかです．その理由は，ビッグ・ファイブの研究者がみな，ベビー・ブーマー世代だからです．この世代が大学に入った時期は，マルクスだとかウエーバーだとか，それまであった理論や考え方はそれとして，自由に新しいことをやろうよという空気にあふれていました．しかし，ビッグ・ファイブが定着していくと，新しい理論が提案されても，結局ビッグ・ファイブにはかなわない，といったことが続き，ある時期に注目を集めても，その後の展開には至らなかった理論もあります[5]．

最近の動向としては，理論化のしかたが変わってきていることに注目すべきです．グランド・セオリーの構築よりも，既存の理論をいかに組み合わせて関心のある現象を有効に説明するかに，研究者の関心が移ってきています．多くとりあげられる現象としては，男女や人種間の不平等，組織の成功や効率性，組織間の葛藤，合併や買収などがあげられます．最近特に注目を集めている現象では，イノベーションやクリエイティビティの向上などがあります．たとえば，男女間の不平等が見られる場面の増減を，組織の盛衰との関わりにおいて検討するにあたり，エコロジー・セオリーと他の理論を組み合わせて説明力を高めるような，積極的な折衷の試みが増えています．また，どうして CSR に

熱心な企業とそうではない企業があるのかについては，新制度学派的アプロー
チで検討しつつ，同時にエコロジー・セオリーの一部を適用し，ちょっと経済
学の考え方も導入するといった方法もあります．こうして構築される理論を，
ビッグ・ファイブのようなグランド・セオリーに対して，ミッド・レンジ・セ
オリー（mid-range theory）[6]といいます．組織理論が終わったというのは，こ
のようなグランド・セオリーの時代の終焉を指してのことです．

　ちなみに，理論の組み合わせ方は研究者によって異なるので，同じ現象をと
りあげても，ミッド・レンジ・セオリーは研究者の数だけ存在することとなり
ます．また，現象に対する深い理解が求められるので，現場の観察や実践経験
の重要性が増しています．こうして，現場や実践経験のある人たちが理論構築
において重要な役割を果たすようになっているとも言えます．

　しかし私個人としては，グランド・セオリーの今後について全く悲観してい
ません．私のような組織研究オタクにとって，ビッグ・ファイブは変わらぬ光
彩を放っています．ビッグ・ファイブのような優れた理論には，どのような課
題についても，適切な議論の組み立て方と方法論を示唆してくれる羅針盤のよ
うな機能が備わっていて，その理論をもって結果にいたるまできちんと説明す
ることができます．また，ビッグ・ファイブを注意深く見てみれば，それらも
また，既存の理論を組み合わせてオリジナルな理論に高められていったことが
わかります．新制度学派のアプローチなどは，まさにこの例にあてはまります．
組織の同型化を institutional context との関わりにおいて論じる視点は，Her-
bert Simon という研究者が，新制度学派のはるか以前に提唱していました（Si-
mon 1957）．ですから，今進められているミッド・レンジ・セオリーの積み重
ねから，新しいグランド・セオリーが生み出される可能性はあります．

　社会学はそもそも，environment や institutional context を重視する学問で
す．もし environment や institutional context の影響を考慮する必要が全く
無いとするなら，人の行動のすべては，その人の性格と遺伝子，それから脳の
状態といった，個人の条件に帰せられることになります．あとは，折々の偶発
的な条件でしょうか．そうすると，人が経験することはすべて，その人に限っ
ての，かつ，1回だけのユニークなものであり，人と environment や institu-
tional context との間に法則性は無い，という話になってきます．法則性が無

いのですから，理論などは必要なくなります．自ずから，組織理論も必要あり
ません．私は，逆説的に言っているのです．Environment や institutional
context が，人の行動において重要な役割を果たすのだという社会学の前提が
共有され続ける限り組織理論も存続することでありましょうし，私は，それを
確信しています．

解題者・訳者注

1) 解題者注：以下の文献を PDF ファイルとして無料で入手できる．
"The Origins of Organization Theory."
https://www.researchgate.net/publication/256043102_The_Origins_of_Organiza-
tion Theory

2) 訳者注："Institutional context" は社会的に構成された秩序で，"institutional envi-
ronment" と言い換えられることも多い．"Institution" は日本語では「制度」と訳さ
れ，法律等の規定にもとづいて導入されている社会の仕組みを意味することが多い．
しかし，"institutional context" には本来，制度に加えて，社会通念としてあたりま
えのように共有されているので人々の意識にすらのぼらず，したがって明文化され
たり言語化されたりすることもないようなインフォーマルな価値や規範，暗黙のル
ールなどが含まれる（たとえば；DiMaggio and Powell 1983）．したがって，本稿
において "institutional context" を「制度的文脈」「制度的環境」と訳出しては，無
用な混乱を招いたり，本稿の趣旨理解の妨げになると懸念された．ちなみに，"insti-
tutional context" の訳語案としては，「コンテクスト」「社会文化・制度的環境」「社
会文化・制度的コンテクスト」などが考えられた．
"Environment" は，組織の活動を支える資源と生存競争の強度に関わる条件に着目
した概念で，購買者・支持者数やアクセス可能な行政の補助金や寄付金の総額，同
じ業界に属する競合組織の数などが含まれる．制度の改訂等によって行政の補助金
総額や補助金取得に関わるルールが変われば，資源配置や関連組織間の生存競争の
ダイナミクスも変わるので，そのような制度改訂が environment として分析に組み
込まれることもあり，上述の "institutional context" との差異は往々にして曖昧でな
る．

3) 訳者注：「フォーム」の定義も，曖昧である．関連部署の関係図で示されるような
フォーマルな組織の構造のみでなく，実際の運用や組織文化的な要素（異なる部署
が連携することが慣習化されているかどうかなど）を含む．こうして，組織の所属
する人々の行動特性もフォームに含まれる．

4) 訳者注："inhabited institutionalism" は，institutionalize された価値・規範・規則
が decoupling されることなく組織にとりこまれ，遂行されるようになる現象であ
る．「生きられた制度主義」「相互作用的制度主義」「埋め込まれた外在的価値・規範・
規則」といった訳語が考えられたが，「生きられた制度主義」ではトーンが肯定的す
ぎるように思われ「相互作用的制度主義」では中立的にすぎるように思われた．In-
stitution を「制度」と訳すことの妥当性にも，疑問が残る．また，「埋め込まれた外

在的価値・規範・規則」では意訳しすぎであると判断された.
5) 解題者注：ビッグ・ファイブに続く新世代の理論として今後の期待が寄せられてい
るアプローチには，以下のようなものがあげられる．ちなみに，institutional logics
theory と structural hole theory は講演時のスライドには含まれておらず，本学会誌
への寄稿に際しての確認作業の過程で，氏が新たに追加された.

    Inhabited institutionalism (Hallet 2010)
    Categorical/classification theory (Hsu and Hannan 2005)
    Social movement theory (Davis and Thompson 1994)
    Strategic action field theory (Fligstein 1996)
    Complexity theory (Anderson 1999)
    Autocatalytic theory (Padgett and Powell 2012)
    Institutional logics theory (Thornton, Ocasio, Lounsbury 2012)
    Structural hole theory (Burt 1992)

6) 訳者注："Mid-range theory" とは，「中範囲の理論」のことである．いっぽう，本
稿で扱っている社会学領域の組織理論は「メゾ・レベルの組織理論」と総称される
こともあり，これを「中範囲の理論」と同義に理解する向きがある．この誤解を避
けるため，本稿ではあえて，"mid-range theory" を原語のまま示した．ちなみに「メ
ゾ・レベルの組織理論」とは，分析単位を組織のポピュレーションに設定している
理論の総称である．素材は事例であっても，議論はポピュレーション・レベルで展
開される.

文　献

Anderson, P., 1999, "Perspective: Complexity theory and organization science," *Organization Science*, 10(3): 216–232.

Blau, P. M., 1972, "Interdependence and hierarchy in organizations," Social Science Research, 1(1): 1–24.

Burt, R. S., 1992, *Structural holes*. Cambridge, MA: Harvard University Press.

Cohen, M. D., March, J. G. and Olsen, J. P., 1972, "A garbage can model of organizational choice," *Administrative Science Quarterlym*, 17(1): 1–25.

Davis, G. F. and Thompson, T. A., 1994, "A social movement perspective on corporate control," *Administrative Science Quarterly*, 39(1): 141–173.

DiMaggio, P. J. and Powell, W. W., 1983, "The iron cage revisited: Institutional isomorphism and collective rationality in organizational fields," *American Sociological Review*, 48 (April): 147–160.

Domhoff, G. W., 1967, Who rules America?, Englewood Cliffs, NJ: Prentice-Hall.

Fligstein, N., 1996, "Markets as politics: A political-cultural approach to market institutions," *American Sociological Review*, 61(4), 656–73.

Granovetter, M, 1985, "Economic action and social structure: The problem of embeddedness," *American Journal of Sociology*, 91(3): 481–510.

Hallett, T., 2010, "The myth incarnate: Recoupling processes, turmoil, and inhabited institutions in an urban elementary school," *American Sociological Re-*

view, 75(1): 52-74.

Hannan, M. T. and Freeman, J., 1977, "The population ecology of organizations," *American Journal of Sociology*, 82(5): 929-964.

Hsu, G. and Hannan, M. T., 2005, "Identities, genres, and organizational forms," *Organization Science*, 16(5): 474-490.

Hsu, G., Hannan, M. T. and Kocak, O., 2009, "Multiple category memberships in markets: An integrative theory and two empirical tests," *American Sociological Review*, 74(1): 150-169.

Lawrence, P. R. and Lorsch, J. W., 1967, *Organization and environment: Managing differentiation and integration*, Boston: Division of Research, Graduate School of Business Administration, Harvard University.

Meyer, J. W. and Rowan, B., 1977, "Institutionalized organizations: Formal structure as myth and ceremony," *American Journal of Sociology*, 83(2): 340-363.

Michels, R., 1911, *Zur soziologie des parteriwesens in der modernen demokratie; Untersuchungen über die oligarchischen tendenzen des Gruppenlebens*, Leipzig, Germany: Werner Klinkhardt.=Michels, R., 1915, Political parties: A sociological study of the oligarchical tendencies of modern democracy, New York: Heart's International Library Co.

Mills, C. W., 1956, *The power elite*, New York: Oxford University Press.

Padgett, J. F. and Powell, W. W., 2012, *The emergence of organizations and markets*, Princeton, NJ: Princeton University Press.

Pfeffer, J. and Salancik, G. R., 1978, *The external control of organizations: A resource dependence perspective*, New York: Harper & Row, Publishers.

Simon, H. A., 1957, *Administrative behavior: A study of decision-making processes in administrative organization*, 2nd Edition, New York: Macmillan.

Thornton, P. H., Ocasio, W. and Lounsbury, M., 2012, *The institutional logics perspective: A new approach to culture, structure, and process*, Oxford: Oxford University Press.

Williamson, O. E., 1975, *Markets and hierarchies: Analysis and antitrust implications*, New York: Free Press.

Woodward, J., 1965, *Industrial organization: Theory and practice*, New York: Oxford University Press.

abstract

Organizational Theory for Sociologists

JOSEPH, Galaskiewicz

University of Arizona

Translators: Yuko Suda, Akira Yonezawa, and Miyuki Kado

Organizational theory contains many insights that can further organizational studies in Sociology. The paper makes four points. First, organizational theory is relatively new and very interdisciplinary. Many disciplines have contributed to its development and not just Sociology. It is very open to different perspectives. Second, initially the focus was on organizational structures and not labor relations. Other subfields in sociology, e.g., Marxist theory, focused on the latter. Organizational theory can be traced to Weber's essays on bureaucracy, and it focused on different forms that organizations can take and under what conditions different forms are more or less effective. Third, organizational theory has not been kind to managers and administrators, portraying them as boundedly rational, conspiratorial, or self-serving. Unfortunately, this deflected attention from the problems that they confront and must solve on a day-to-day basis. Fourth, organizational theory focuses more on the context of strategic decision-making than on the choices that managers make. The structure within the organization as well as the environment external to the organizations limit what managers can do. Ecological and neo-institutional theories made the greatest contribution here but approached the study of organizational behavior from very different perspectives. The talk then described two new developments in the field, classification theory, which is an offshoot of ecological theory, and inhabited institutionalism, which is an offshoot of neo-institutional theory, to show that the field is still growing and developing new insights. The paper concludes by encouraging researchers to continue to search for new explanations to organizational phenomena focusing on both inside and outside of the organization. (Joseph Galaskiewicz)

Bibliography

This article is based on a lecture given in a workshop titled: Organizational theories for sociologists. The workshop was held by the research committee of the Association of Welfare Sociology on March 9, 2019, at the Hakusan Campus of Toyo University, Tokyo. Its purpose was to introduce organizational theories in the area of sociology which primarily developed in the US.

The lecture was held in two languages; Dr. Galaskiewicz gave a lecture in English, and Suda translated it by paragraph to Japanese. The entire lecture was tape-recorded and only the translated part was transcribed. Suda, Yonezawa and Kado then organized this article based on the transcription. The English abstract was written by Dr. Galaskiewicz. The authorship belongs to Dr. Galaskiewicz while the translators owe entire responsibility for any mistakes and misleading expressions in the main document written in Japanese. (Yuko Suda, Akira Yonezawa, and Miyuki Kado)

Keywords : Organizational theory, Ecology theory, New institutionalism, Environment, Institutional context.

┃自由論文┃

| 自由論文 |

〈宗教的文脈〉に置かれる
里親養育
——天理教里親へのインタビュー調査をもとに

桑畑洋一郎

　本研究は，里親として児童を養育している天理教信者である天理教里親に注目し，天理教里親が，自身の里親養育実践に対して，天理教信仰との関連でどのような意味を付与しているのか，インタビュー調査をもとに考察することを目的とする．このことは，里親の一定割合を占める天理教里親に関する研究がまだほとんどない状況において意義深いものとなる．またそこから，宗教や信仰と福祉実践との関係の研究に知見を提供することも可能となり，その点においても意義深い．

　天理教里親の語りへの分析の結果，以下のことが明らかとなった．第1に天理教里親は，信仰に基づいて人助けを実践してきたことを基盤とし，その延長線上で里親養育を開始していること，第2に里親の立場性においては，他の里親と異なり〈時間的非限定性〉と〈関係的非限定性〉があること，第3にそうした天理教里親特有の〈時間的非限定性〉〈関係的非限定性〉を生じさせているのには，他の里親とは異なる天理教里親特有の，里親養育の〈宗教的文脈〉が要因となっていることが明らかとなった．

　こうした，里親を意味付ける〈宗教的文脈〉の枠組みは，今後の里親研究において／福祉研究において重要となるだろう．

キーワード：天理教里親，里親養育，〈宗教的文脈〉

1　はじめに

1.1　本研究の目的

　本研究は，里親養育をしている天理教信者——以下天理教里親と表記する——に注目し，天理教里親が，自身の里親養育実践に対して，天理教信仰との関連でどのような意味を付与しているのか，インタビュー調査を元に考察する

くわはた よういちろう | 山口大学人文学部・准教授 | kuwahata@yamaguchi-u.ac.jp

ことを目的とする．

　2017年に厚生労働省が出した「新しい社会的養育ビジョン」において，里親養育は以下のように位置付けられた．

　　実親支援や養子縁組の利用促進を進めた上で（中略），全年齢層にわたって代替養育としての里親委託率（代替養育を受けている子どものうち里親委託されている子どもの割合）の向上に向けた取組を今から開始する．（厚生労働省2017: 4）

　すなわち，要保護児童の養育を，従来の施設養育から里親等による養育へと移行させていく方針が示された．このことを受けて，里親への社会的な注目も高まっている．

　こうした中，里親——中でも特に養育里親——の一定割合を占めるのが，本研究で注目する天理教里親である．天理教里親の割合については，日本の養育里親の1割から2割を占める（金子2013: 151）という推計がある．また実際，2016年時点での天理教里親連盟における里親登録者数は453名であり（天理教里親連盟編2016: 43）[1]，2016年度の登録養育里親数9,073世帯（厚生労働省2018: 1）[2]の約5％を占めることからも，やはり日本における里親養育の一定割合を天理教里親が占めていることは明らかであろう．そこで本研究では，日本の里親養育の一定割合を占める天理教里親に注目し，里親養育に対する特有の意味付与のあり方を見ていくこととしたい．

1.2 先行研究の検討と本研究の意義

　里親養育に関する研究は，社会学周辺のものに限定してもこれまで一定数蓄積されてきた．そこで，本研究の主題に鑑みて，まずは里親養育実践に対する意味付与のあり方と関連するものに絞って先行研究を概観したい．

　御園生直美（2001）は里親が里親養育において持つ意識に関する実証研究を行った．御園生によると，里子との関係において親子の実感がある里親とない里親とが存在し，また，血縁関係をベースに里子との関係を築こうとしている里親と，社会的養護の枠組みから里子との関係を築こうとしている里親がいる

ことが示された.

　また，和泉広恵（2006）は，地域小規模児童養護施設「金沢ホーム」での調査を通して，里親家族とは／「家族」とは一体何なのかを問うた．和泉は，里親らの語りを通して，「彼・彼女らは，子どもと血縁関係がないことや子どもの『過去』をどのように乗り越えながら，新しい『家族』を形成し維持しようとする」（和泉 2006: 21）のか描き，それを通して「『家族』や『親子』という関係の自明性」（和泉 2006: 22）を再検討した.

　園井ゆり（2013）は，里親養育によって成立する家族が，「『近代家族』とは異なる重要な家族形態として 21 世紀の日本社会において展望される可能性」（園井 2013: i）について，インタビュー調査をもとに，「『養育家族』の機能に関する仮説」（園井 2013: i）と「『養育家族』の形態に関する仮説」（園井 2013: ii）を検証する形で指摘した.

　さらに，里親をめぐる近年の重要な研究としては安藤藍（2017）のものも挙げられる．安藤は，インタビュー調査に基づき，里親が「『家族的文脈』と『福祉的文脈』が交錯」（安藤 2017: 7）するものであり，そのことが原因となって，里親が「時間的限定性」と「関係的限定性」を抱えることを明らかにした．安藤によると，「家族的文脈」とは，「『家族』や『家族的関係』の価値を重視するような規範が利用可能な解釈資源として作動しやすい領域，状況」（安藤 2017: 6）のことを指し，「福祉的文脈」とは，「福祉制度に規定された社会的養護の担い手としての役割や責任の遂行が期待されるような領域，状況」（安藤 2017: 6）のことを指す．また，「時間的限定性」とは「子どもと里親の関係が，措置委託から終了までの時間的に限定されたものであること」（安藤 2017: 9）を指し，「関係的限定性」とは「里親が他の里親養育関係者との関係の中で自己認識のゆれを経験しやすく，子どもに対する自己の立ち位置を再考する機会が多いこと」（安藤 2017: 10）を指す．安藤は，こうした枠組みが里親に葛藤を生むこと，また里親が，そうした葛藤を調整しながら里親養育を行っていることを明らかにした.

　なお本研究においても，安藤の提示した「家族的文脈」「福祉的文脈」／「時間的限定性」「関係的限定性」という枠組みを援用しながら，天理教里親の実践する里親養育にこれらの枠組みが当てはまるのかどうか，当てはまらないと

したらどういった背景からどういった意味付与がなされているのかを検討していくこととしたい.

　以上のように，里親養育そのものに関しては，本研究で主題とする里親養育実践に対する里親自身の意味付与のあり方に限定しても，多くの重要な研究が蓄積されてきた．また，やはり本研究の主題とも関連する，宗教や信仰と，里親養育も含めた児童福祉との関係についての研究も，特に史的研究としては一定程度存在する．それはたとえば，カトリック信者であるヘルマン・グマイナーが創設した SOS キンダードルフにおける現在の養育形態を，グマイナー自身の信仰との結びつきから考察した中島賢介・金子龍太郎（2008）の論考や，岡山の YMCA ファミリーホーム操山寮における養育実践を，そのルーツの 1 つである石井十次の思想との関連から考察した太田直弘（2019）の論考など，キリスト教と里親養育の関連を歴史的経緯から探ろうとしたものである．また，吉田久一（2003）による，近代までの日本における児童福祉・社会福祉実践と宗教思想との関連を追った，日本の社会福祉史における重要な論考も存在する．

　しかし一方で，現在信仰を持ちながら里親養育を実践している人々がどのような意味を里親養育に見出しているのか，現代の日本社会における信仰と里親養育実践との関連について考察したものは非常に少ない．さらに天理教里親に関する研究に限定すると，その数はより少なくなる[3]．管見の限りでは，天理教里親が社会的養護全体において果たしうる機能を天理教の教義との関連で検討した八木三郎（2011）の論考と，天理教里親が宗教的ソーシャル・キャピタルの構築・拡大に貢献する可能性を指摘した金子珠理（2013）の論考，また，天理教里親に関する今後の研究の方向性を予備的に示した桑畑洋一郎（2019）の論考しかない．八木と金子の論考はいずれも，宗教的福祉実践の可能性を示す重要なものである．ただしどちらの論考も，天理教里親の社会的機能に関する考察がなされたものであり，里親一般に関して安藤が行ったような，里親養育を実践することに対する，天理教里親自身による意味付与について実証的に理解しようとする研究はまだない．しかしながら，調査から得られた語りを「『歴史と構造』に結び付け，そこに隠された『合理性』を理解し記述すること」（岸ほか 2016: 237）も社会学の目的である以上，当事者の語り等を通して当事者の意味付与のあり方を理解しようとすることもまた重要となるだろう.

　そこで本研究では，天理教里親が，里親養育を実践することに対してどのような意味を付与しているのか，インタビュー調査の結果をもとに考察することとする．このことは，天理教里親に関して研究がそれほど蓄積されていない状況において，天理教里親という，里親養育の一定割合を占めるにもかかわらずこれまでそれほど注目されてこなかった人々に注目し，日本の里親養育の一定範囲を担っている当事者の意識を明らかにすることにつながり，里親養育をめぐる社会学的研究において意義があるだろう．また加えて，これまで歴史的な観点から主になされてきた宗教・信仰と福祉の関係をめぐる福祉社会学的研究に，その現在的状況を知見として提供しうる点でも意義があると思われる．さらには，先に見たように，今後さらに里親養育が重要となっていく中で，里親養育の実態を捉えることに貢献しうる本研究には，社会的な意義もある．

1.3　インタビュー調査の概要

　本研究で依拠するインタビュー調査の対象者は以下の通りである．

　本研究における調査は，筆者が児童相談所職員に「里親をしている方々の話を聞きたい」と依頼し，紹介してもらった相手に天理教信者のA・B・Cさんが含まれていたことに端を発する．その後Aさんから Dさんを紹介してもらい，調査を行った．調査は，A・B・Cさんについては初回のみ半構造化インタビューで，「里親を始めたきっかけ」「里親をやっていて感じたやりがい」「里親をやっていて困ったこと」「実子への影響」「自分にとっての天理教信仰の重要さ」の5項目を共通して質問し，そこから派生した語りについてはインタビ

表1　インタビュー対象者（年齢等は 2019 年 8 月現在）

対象者	性別	年齢	備　考
Aさん	女性	50代	自宅が教会．ファミリーホーム運営．2019 年時点で 17 年間の里親経験．2018 年 7 月以降 4 回調査実施．中国地方在住．
Bさん	男性	30代	自宅が教会．2019 年時点で 3 年間の里親経験．2018 年 7 月以降 3 回調査実施．中国地方在住．
Cさん	男性	60代	自宅が教会．ファミリーホーム運営．2019 年時点で 15 年間の里親経験．2018 年 7 月以降 3 回調査実施．中国地方在住．
Dさん	男性	10代	実家が教会．曾祖父母の代から実家で里親養育（現在はファミリーホーム運営）を行ってきた．Dさん自身は実子．天理教信者．2019 年 3 月に 1 回調査実施．中国地方在住．

ューの場の流れに任せてやり取りを進めていく形式を取った．2回目以降は非構造化インタビューである．Dさんについては，天理教里親家庭で育った実子ということで，本研究でも後に出る「教会家族」的な意識について特化したインタビューを行った．全ての対象者に対して研究目的を伝え，了承を得た上で録音をし，文字化したものへのさらなる確認を経て使用許可を得ている．本研究でインタビューを引用する際は，この文字化したものを使用する．ただし，補足が必要な場合は亀甲カッコ（〔 〕）を用いる．

　なお，本研究における調査は，対象者が4人中3人が男性であり，ジェンダー的に先行研究とはやや異なる偏りがあることも指摘しておきたい[4]．

2　本研究における主要概念の説明

　本論に入る前に，本研究における主要な概念である「里親」と「天理教」について順に概観しておきたい．

2.1　里親制度の概観

　里親制度とは，児童福祉法に基づくものであり，児童相談所が，保護者のない児童又は保護者に監護させることが不適当であると認められる児童の養育を委託する制度である．里親には大きくは3区分あり，18歳までの（必要な場合は20歳までの）子どもを預かり養育する養育里親，親族関係にある子どもを預かり養育する親族里親，原則6歳未満の子どもを特別養子縁組することを前提として預かり養育する養子縁組里親となっている．また，養育里親の内，より専門的な養育を担う専門里親という区分もある．里親の数等は以下の通り

表2　里親世帯数と委託児童数

	養育里親	専門里親	親族里親	養子縁組里親
登録里親世帯数	9,073 世帯	689 世帯	526 世帯	3,798 世帯
委託里親世帯数	3,180 世帯	167 世帯	513 世帯	309 世帯
委託児童数	3,943 人	202 人	744 人	301 人

出所：厚生労働省（2018：1）をもとに作成

である.

2.2　天理教の概観

　1798 年に現在の奈良県天理市に生まれた中山みきを教祖とする新宗教で,立教は 1838 年である. 一定の修練を積んだ信者である「よふぼく」の数は,2017 年時点で国内に約 85 万人(天理教教廳總務部調査課編 2018: 3)で, 本研究の調査対象者が住む中国地方に注目すると, 山口県 11,942 人, 島根県 6,829 人, 鳥取県 5,258 人, 広島県 15,991 人, 岡山県 18,150 人(天理教教廳總務部調査課編 2018: 9)となっている.

　また, 地域における天理教信仰の基盤をなし, 里親養育にも関わることが多い教会は, 全国では 2011 年の 17,141 施設をピークとし, 2017 年時点で 16,677 施設(天理教教廳總務部調査課編 2018: 2)となっている. これも中国地方に注目すると, 山口県 367 施設, 島根県 143 施設, 鳥取県 137 施設, 広島県 369 施設, 岡山県 376 施設(天理教教廳總務部調査課編 2018: 18-21)となっている.

　天理教においては,「何人も創造者としての親神天理王命の子どもであるがゆえのたすけあい」(渡辺 2010: 47),「人の子を預って育ててやる程の大きなたすけはない」(八木 2011: 51)といった理念があり, 里親養育も含めた人助けが伝統的に重視されてきた. したがって, 後で引用する語りにも現れているように, 里親養育制度にかかわらず信仰に基づいた人助けの一環として里親養育を意味づける理解も天理教里親においては存在する.

表 3　天理教里親の数と比率(※各里親制度間で重複登録あり)

	登録里親数			委託児童数		
	天理教里親 (a)	全国 (b)	比率 (a/b)	天理教里親 (a)	全国 (b)	比率 (a/b)
養育里親	347	8,445	4.1%	358	3824	9.4%
専門里親	99	684	14.5%	139	215	64.7%
養子縁組里親	8	3,450	0.2%	12	222	0.3%
親族里親	0	505	0%	0	712	0%
ファミリーホーム	50	287	17.4%	245	1261	19.4%

出所:天理教里親連盟編(2018: 14)をもとに作成

　また，天理教里親にはファミリーホームを運営する傾向がある．それは以下
の通りである．

　これは，天理教里親の手記集において述べられているように（道友社編
2010: 201-4），血縁家族以外との生活が常態化している点や広さの面から，
天理教の教会とファミリーホームとの親和性が高いと認識されていることも理
由としてあるだろう．

3　インタビュー調査の結果

　ここからは，インタビュー調査の結果をもとに，里親養育と天理教信仰との
関係性が明確に現れていると思われる，里親養育を始めた経緯と，里親として
の立場性に注目して記述を進めていく．

3.1　里親養育を始めた経緯と天理教信仰

　まず本項では，里親養育を始めた経緯と天理教信仰との関係性を見ていくこ
ととする．天理教里親の多くが，里親養育の実践以前から天理教を信仰してお
り，信仰に基づく実践の延長として里親養育を始めたと語る．たとえばそれを，
Ａさんが里親養育を始めた経緯から見てみたい．

　　主人が〔里親を始めることの〕言い出しっぺです．私は全然〔里親になろ
　　うという〕頭はなかったです．（中略）私はもうとにかく楽観的やから，主
　　人がそう言うなら，「はーい」言うて，あんまり考えずに，「ああそうなの，
　　じゃあ里親するのね」って感じで．全然抵抗はなかったですね．（Ａさん：
　　2018 年 7 月 2 日）

　このようにＡさんは，夫の意向に従う形で里親養育を始めた．ただしこれは，
里親養育をするかどうかといった判断を放棄していたわけではなく，何かしら
の困難を抱えている他人を助けることへの抵抗感がなかったために夫の意向に
従ったということのようである．それは以下のように，天理教信仰に基づく実
践を既にしていたことが背景にある．

　〔里親を始める前から〕寂しい方のところに行って，寄り添って，ただも
　う話を聞いてあげるってだけで喜んでくださったり，寄り添うっていう感じ
　〔のことをしていた〕．（A さん：2018 年 7 月 2 日）

　次項以降でも見ていくことと関連するが，天理教里親においては，このよう
に，信仰と結びついた人助けの実践の延長線上にあるものとして，里親養育を
意味づける傾向が見られる．同様の意味づけは，B さんにも C さんにも見ら
れる．以下 2 人のインタビューを引用したい．

　　その子をお世話している〔「週末里親」として短期間子どもを養育してい
　た〕時に，色々と児童相談所の方とお話ししていた中に，「天理教で人を助
　けていく」っていう話をしていたら，「だったら里親さんになった方がその
　子に対する権限だとか責任だとかが生まれてきて，B さんの思うことがもう
　少しできますよ」と．（中略）そういう風に言っていただいたので，「じゃあ
　やるか」ということで．（B さん：2018 年 11 月 7 日）

　　僕はね，（中略）天理高校の男子寮の生活指導員 3 年やったんよ．（中略）
　そこからもずっと青少年っていうか，ずっと今日までどこも途切れることな
　く今日まで，小学生対象のときもあれば学生対象の時もあれば，続いてもう
　かれこれ 40 年近くなるんやけども，その間高校生と一緒に生活した経験が
　あるとか，若い子らと絡んだ経験もあるとか，その上で里親ということを聞
　いた時に，「俺にはできるさ」ってすごい楽観的やった．（C さん：2018 年
　11 月 9 日）

　以上見てきた 3 名とも，里親を開始するきっかけそのものはそれぞれ個別
的ではあるのだが，その根底には，人助けをすることが当然のものであるとい
う，信仰から導き出された人助け志向と，実際に行ってきた信仰に基づく人助
けの実践が存在している点では共通している．このように，天理教里親は，信
仰に基づいて人助けを実践してきたことを基盤とし，その延長線上で里親養育
を開始していることが見て取れる．またこのことは，次項で見る天理教里親の

里親としての立場性にも関連するものである.

3.2 天理教里親の里親としての立場性：〈時間的非限定性〉と，〈関係的非限定性〉

　ここからは，安藤が指摘した「時間的限定性」と「関係的限定性」の枠組みを援用し，天理教里親が自身の里親養育実践に対してどのような意味を付与しているのか見ていくこととしたい．なお，安藤の研究は養育里親を主としたインタビューに基づいており，他方本研究でインタビューを行った天理教里親はファミリーホームで里親養育を行っているため，単純に比較はできない．とは言え，安藤の示した枠組みを天理教里親に援用し，それが該当するかどうか，しないとすればそこに何があるのかを問うていくことで，天理教里親特有の意味付与のあり方に接近することが可能となると思われる.

3.2.1　天理教里親における〈時間的非限定性〉

　1.2 で見た安藤の指摘にもあるように，里親は「時間的限定性」を意識しながら里親養育を実践することが多い．しかしながら天理教里親の場合は，信仰と関連付けて里親養育を実践していることとも関連して，こうした「時間的限定性」をそれほど強くは意識しないようである．Aさんは施設養育と里親養育とを対比させながら以下のように語る.

　　うちは里親やから，「なんぼおってもええよ」って言っとるけど，施設なんかはもうびしっと期限切っとるからね．（中略）「こっから嫁に行くなら出しちゃるし」っていう，私らそういう感覚やけど．（中略）〔「結婚までとなると金銭的に負担が増えるのではないか」という質問に対して〕うちらはこの子になんぼかかって何しようが，うちらの生活，自分の子と同じようにして「なんぼおってもええよ」っていう気でおるから．国からの生活費とかそんなん関係なく「なんぼでもおっていい」っていう感じでおるから．（Aさん：2018 年 7 月 2 日）

　Aさんは，「うちは里親やから」と施設養育との対比を行いながら，自身の

里親養育について語る．こうした A さんの語りは，施設養育との対比で里親の特殊性を強調する点において，安藤が指摘した，里親の「福祉的文脈」と同様の性格を持つものでもあろう．

　しかしながら A さんは，「なんぼおってもええ」として，里親養育の「期限」を区切ることをしない．天理教里親の場合においては，「福祉的文脈」が意識されつつも，「時間的限定性」はそれほど生じていない．この点において，自身の実践する養育が福祉であるがゆえに里子との関係がいつか解消される可能性を感じさせられることが多い他の里親（安藤 2017: 97-137）とは異なっている．

　それではなぜ天理教里親においては，「福祉的文脈」が意識されながらも「時間的限定性」がそれほど生じないのか．こうした，天理教里親が持つ，里親としての「期限」のなさの感覚を本研究では〈時間的非限定性〉と位置づけ，他の天理教里親の語りを見ていくこととしたい．

　3.1 で引用した A さんの語りを，以下に見る D さんの語りとも合わせて考えると，天理教里親が信仰をベースとした里親養育を行っていることが，その要因となっているように思われる．

　　〔D さんの実家は天理教の教会なので血縁関係にない人も住み込みの信者として一緒に暮らしているし，それ以外の信者も来訪することが多いという話から〕里子さんが，いまだに来てくれる人もいるんですよね．と言うかほとんど来てくれるんですよね．今は 30 歳代くらいなんですけど．〔「その人たちの信仰は？」という質問に〕基本は〔天理教を〕信仰してますね．月に 1 回月次祭といっておつとめとかをするんですけど，そこで来てくれるとか．（D さん：2019 年 5 月 21 日）

　里親養育そのものが時間的に一旦終わったとしても，特に里親養育を通して里子が天理教信者になった場合には，里親家庭でもある教会での宗教儀式に元里子が信者として参加することがある．今回の対象者全てが教会を基盤とした里親養育に関わっていることとも関連するのかもしれないが，こうした〈時間的非限定性〉は，天理教里親においては特徴的に見られるもののようである．

天理教里親としてファミリーホームを運営している若狭一廣は，こうしたことを以下のように述べている．

　　〔里親登録をした理由の１つとして：引用者注〕非常に手っ取り早く，おたすけ対象をお与えいただける．（中略）私たちはいったい何のために匂いがけ〔布教行為のこと：引用者注〕するんですか．（中略）悩んだり困っている人を探して，助かってもらうためでしょ．つまり，おたすけ先を求めて布教するんでしょ．だったら養育家庭，つまり里親はぴったりですよ．（若狭2003: 104-5）

　つまりは，布教そのものを直接の目的として里親養育を行うわけではないにせよ，里親養育は人助けや，さらには布教も含めた信仰活動の一環である．これは3.1で見たこととも重なる．またそのために，里子が結果として天理教信者となることも多い．こうしたことが基盤となって，里親養育が制度的には終わった後も，里親―里子関係が，教会運営者―信者関係へとスライドし継続されていくことも多いということである．
　もちろん全ての里子が天理教信者となるわけでもないが，非信者の元里子とも，里親養育終了後関係が継続することも多い．Ｄさんも先の語りで「基本は」と語っており，非信者の定期的訪問もあることが推定されるが，より明確にＣさんは以下のように語る．

　　〔里親養育が終わった後でも〕相手〔里子〕から切らん限り僕はいつでもオープンですので．ある子なんて勝手口から入ってきますよ．「ただいまー」って．（中略）施設よりも里親の方が絶対いいなと．帰る家がある．施設育ちで施設出身は，何かあったときに帰る家がない．（Ｃさん：2018年11月9日）

　Ｃさんのこの語りにあるように，あるいは先のＡさんの「うちはなんぼでもおってええ」にも現れているように，天理教里親は，信仰に基づいたある種の家族――3.3で詳しく見る「教会家族」――として里子を捉えている．そうしたところから，天理教里親における〈時間的非限定性〉が生じていると思わ

れる．また，こうした〈時間的非限定性〉は，里子の離家を自明視しない形（A
さん）としても，里子が離家しても里親家庭に適宜参集する形（Dさん・Cさん）
としても現れ出ている．

　さらには，安藤の指摘したものとはややずれる，別の〈時間的非限定性〉も
天理教里親にはある．それは，天理教里親が，実子らに里親養育を継承させよ
うとする意識に起因する．Aさんが以下のように語る通りである．

　　〔「里親をいつまで続けるか」という質問に〕実子がそのまま〔里親を〕や
　ってくれたらいいかなって主人は．娘が，〔「娘が跡を継ぐことに対してA
　さんはどう思うか」という質問に〕「ああどうぞどうぞー」って感じで（笑）．
　「助かるー」とか言って．（Aさん：2018年7月2日）

　また，このAさんの語りと同様のことを，天理教里親養育を行っている家
庭の実子である——つまり継ぐ側である——Dさんも語る．補足的なものとし
て取り上げておきたい．

　　僕の兄〔長男のこと．Dさんは次男〕に教会を継ぐことを1回聞いたこ
　とがあるんですよ．そしたら「俺はやろうと思ってるよ」みたいな．〔「兄も
　里親をやる可能性があるのか」という質問に〕あると思います．（Dさん：
　2019年5月21日）

　つまり，教会の継承に伴って，里親養育も継承することがある程度自明視さ
れる状況が天理教里親にはある．このように，安藤が指摘したものとは別の意
味のものも含めて，天理教里親は「時間的限定性」をそれほど強く認識しない．
またその要因としては，「おたすけの一環である」という認識や後に詳しく見
る「教会家族」的な認識，あるいは教会の継承に関わる認識——すなわち天理
教信仰を基盤とした里親意識——があると思われる．

3.2.2　天理教里親における〈関係的非限定性〉

　続いて注目するのが，天理教里親に見られる，〈関係的非限定性〉である．

安藤は, 里親が親であり支援者・仕事であるといった里親特有の感覚と, そこから生じる自己のゆらぎを「関係的限定性」とした. 里親養育を, 親／仕事のいずれとも割り切れない葛藤が里親にはあるということである（安藤2017: 139-216）.

　他方以下に見ていくように, 天理教里親における里子との関係に関する葛藤は弱いように思われる. これは, 天理教里親が, 自身を里親養育のみを行っている者としてではなく, 信仰に基づいた多くの人助けの一環として里親養育も行っている者として自己規定していることに起因すると思われる. こうした自己規定は, 3.1 で引用した B さんの語りにも現れているが, 他にもたとえば C さんは以下のように語る.

　〔「里親養育以外の相談もあるのか」という質問に対して〕受け入れの最年長は 80 何歳かな？（中略）中学校 2 年生ぐらいから 40 年間ひきこもりの人と, その母さんは 80 何歳のおばあさんになってしまって認知症を患ってしまって, 生活困難になってしまって. おばあちゃんには施設に入ってもらう, 娘さんにはひきこもりから立ち上がれるように, 病院で治療を受けてもらう, というのをやっていきたいんだけれども, おばあちゃんの施設がまだ空かないから, 「空くまでの間ちょっとお願いできますか」と〔行政が〕言うんで, ここで受け入れて.（C さん：2018 年 11 月 9 日）

　つまりは, 3.1 でも見たように, 天理教里親において里親養育は, 信仰に基づいた人助けの一環であり, 里親養育のみに特化している感覚はない. むしろ困っている人を助けるためであれば, 里親養育以外のことにも積極的に乗り出していく. 天理教里親においては, 親／仕事以前に宗教者として自身が里親養育を行っている感覚があるために「関係的限定性」は希薄となり, 結果, 「自分が実践する里親養育は, 親／仕事のどちらなのか」という自己のゆらぎが薄れるということである. こうした, 里子との関係における自己のゆらぎの薄さを本研究では〈関係的非限定性〉とする. この〈関係的非限定性〉をより明確に示すのが B さんの語りである.

〔B さんの家は〕ひいおばあさんから天理教の教会やってます．（中略）で僕も（中略）大人になってやりだして．（中略）駅でチラシ配ってね，「何か困ったことないですか」とか，若い子見つけたら「今何してんの？　学校行ってんのか」と話したりとか．そんな会話してね．まあずっと声かけしてるんですね．（中略）今おられるあの人〔B さんの家にいる住み込みの人〕はパーキンソン病という難病抱えておられて．あと他にもうちには住み込みさんが他に 2 人いるんだけれども，その人たちは家族と縁が薄くなってしまってどうしようもなく家もなくというような人，そういうような人も声かけて受け入れて一緒に生活をするところから始めたり．（中略）いろんなことをしますね．そういうことを毎日毎日やってることの，里親もまあ 1 つというか．そんな感じですね．（中略）〔人助けの〕一部分としての里親という感じで．（B さん：2018 年 11 月 7 日）

また，天理教里親の手記が集められた書籍にも，以下のような文章がある．

天理教の教会では昔から，難渋な状態にある人を受け入れて親身にお世話をしてきました．里親活動も，天理教の信仰者にとっては，そうした「おたすけ」の一つなのです．（道友社編 2010: 3）

このように天理教里親においては，「毎日毎日」の「おたすけ」の一環としての里親養育という感覚がある．そのために，「自分は親として里親をやっているのか，それとも仕事としてやっているのか」というゆらぎはさほど生じず，「自分は信仰に基づいて里親をやっている」という，相対的に明快な感覚——〈関係的非限定性〉——が生じるのであろう．

3.3　天理教里親における第 3 の文脈

それでは，天理教里親における〈時間的非限定性〉と〈関係的非限定性〉は何を背景に生じるのか．そのことを確認するために，天理教里親における 2 つの非限定性をより詳細に注目しながら考えてみたい．B さんは里子と自分との関係を以下のように語る．

〔里子との関係は〕答えとしては家族．だけど，（中略）俺の場合は，俺の
おかん〔Ｂさんの母〕がおかん〔里子にとっての母親〕やん．俺は〔30代
という年齢からして〕おとん〔里子にとっての父親〕じゃないやん．だけん
さ，難しいけん，〔里子には〕「Ｂさん〔下の名前〕」って呼ばせてたし，（中
略）うちの母のことは「会長さん」〔天理教の教会長〕って呼んでたし．だ
からいわゆる，里親で預かってて，「そこが家族でそこがお母さんとお父さ
んですよ」みたいな関係性ではやってない．ただ俺たちは家族だよって，い
う風にやってるので，ちょっと特殊かもしれないね，そういう意味では．（中
略）お父さんお母さんって感じではないけども，境界にいる．（Ｂさん：2018
年11月7日）

1.2で見たように，安藤は，里親というものが「家族的文脈」と「福祉的文
脈」が交錯する場であるために，「時間的限定性」と「関係的限定性」が生じ
ることを指摘した．Ｂさんの語りからは，安藤が指摘したのと同様に，天理教
里親においても，里子との関係を「家族的文脈」に置いて意味付与するあり方
が見られる．こうしたことは，3.2.1で見たことでもある．

また，やはり安藤が指摘したような（安藤 2017: 147-59），自身の里親養育
実践を，施設との対比を通して——すなわち「福祉的文脈」の中に里親養育を
置いた上で——肯定する語りが，天理教里親においても見られる．

うちは里親やから，「なんぼおってもええよ，ええよええよ」って言っと
るけど，施設なんかはもうびしっと期限切っとるからね．（Ａさん：2018年
7月2日，再掲）

以上のように，この点においては天理教里親もその他の里親と類似するよう
に一見思われる．

ただし同時に，他の里親と異なる天理教里親特有の感覚もまた存在するよう
である．それはＢさんが，「答えとしては家族」だがＢさんの母が「会長さん」
と呼ばれていたと語ることに象徴的に現れている．つまりは，里親と里子は家
族的な関係性ではあるのだが，宗教的な関係性の影響を受けた上での家族と意

味づけられているのである．これは元々天理教自体が，

　　天理教では，教えを伝えたものと伝えられたものとが，信仰の上での親子
　の関係に擬して考えられている．この関係は，組織としての教会にも適用さ
　れ親子関係を形成している．（井上ほか編 1990: 144-5）

という，疑似家族的な関係性に基盤を置く宗教であることに起因しよう．また
こうした疑似家族的な関係性は，天理教里親の手記においても，

　　天理教の信仰者にとって，里親と子どもの出会いは単なる偶然ではなく，
　神様が絆を結んでくださった“たましいの家族”であると受けとめている（道
　友社編 2010: 2）

と示されるように，里親養育にも適用されている．つまり，天理教里親が里親
養育を家族として捉える際には，血縁家族的な類推からの意味づけのみならず
宗教的な家族としての意味づけもなされているのである[5]．言うならば，「家
族的文脈」と「福祉的文脈」とは異なる第 3 の文脈が，天理教里親における
里親養育に対する特有の意味付与を導いている．本研究ではこの第 3 の文脈を，
〈宗教的文脈〉とし，安藤の「家族的文脈」の定義（安藤 2017: 6）を援用し，
「自身の信仰する宗教上の規範が，行為の解釈資源として作動しやすい領域，
状況」と定義することとしたい．天理教里親が行う里親養育実践はこうした〈宗
教的文脈〉の中に置かれ意味付与されていると思われる．
　こうした〈宗教的文脈〉の存在とその影響力の強さを象徴的に示すのが，先
にも少し言及した，天理教における「教会家族」という概念である．たとえば
天理教里親に対する里親養育の指針を示す『お道の里親ハンドブック』におい
て，

　　委託された子どもの多くは自立した後も教会家族としてかかわり続け，よ
　うぼくになる人も少なくありません．中には里親になったり教会長になった
　人もおられます．（天理教里親連盟編 2018: 16）

とあるように，この「教会家族」という概念は，教会を中心とした，血縁関係によるものとはまた別の家族的集団のことを指す．この「教会家族」概念は，天理教里親の手記等でも頻出するものであり（たとえば（道友社編 2010: 203）など），天理教里親にとって自身の里親養育実践を意味づける際に重要な概念となっている．この「教会家族」概念に象徴されるように，天理教里親には，自身の里親養育実践を意味づけする特有の文脈としての〈宗教的文脈〉が存在していると思われる．

4 考 察

　ここでは，本研究で得られた結果をまとめた後に考察を行うこととしたい．

　本研究では，天理教里親が，自身の里親養育に対して，天理教信仰との関連でどのような意味を付与しているのか，インタビュー調査をもとに記述してきた．その結果，天理教里親は，信仰に基づいて人助けを実践してきたことを基盤とし，その延長線上で里親養育を開始していること，里親の立場性においては，他の里親と異なる〈時間的非限定性〉と〈関係的非限定性〉があること，そうした天理教里親特有の感覚を生じさせているのには，他の里親とは異なるやはり天理教里親特有の，里親養育の〈宗教的文脈〉が背景にあることが明らかとなった．

　それでは以上の結果をもとにどのような考察ができるだろうか．

　1.2 でも見たように，安藤は，里親が「家族的文脈」と「福祉的文脈」とが里親養育において交錯しており，それがもとで里親は葛藤を抱えつつ，最終的には「第一義的養育者として家庭性に依拠した意味づけに重きがおかれる」（安藤 2017: 181）ことを明らかにした．また関連して，里親が，「子どもと里親の関係が，措置委託から終了までの時間的に限定されたものである」（安藤 2017: 9）という「時間的限定性」と，「里親が他の里親養育関係者との関係の中で自己認識のゆれを経験しやすく，子どもに対する自己の立ち位置を再考する機会が多い」（安藤 2017: 10）という「関係的限定性」を認識するということとも安藤は指摘している．

　一方，本研究で取り上げた天理教里親についてはやや事態が異なることが示

唆された．3.2 で見たように，天理教里親においても自身の里親養育を意味づける「福祉的文脈」も存在するものの，「時間的限定性」を意識させるほどは強く影響していない．また，「家族的文脈」も天理教里親においても存在するのだが，天理教里親の場合にはそこに血縁関係的な意味の家族概念だけではなく，宗教的な意味の「教会家族」概念も混在している．このように，「福祉的文脈」も「家族的文脈」も，天理教里親の意味付与における影響力は相対的に弱いものであった．

　それでは，天理教里親は，自身の里親養育実践を何から意味づけているのか．それが 3.3 で指摘した，「自身の信仰する宗教上の規範が，行為の解釈資源として作動しやすい領域，状況」としての〈宗教的文脈〉である．たとえば B さんの「里親もまあ 1 つというか．そんな感じですね．（中略）〔人助けの〕一部分としての里親という感じで」という語りが示唆するように，天理教里親にとって里親養育とは，自身の信仰に基づいた宗教的な実践であるという理解がまずもってあり，家族／福祉としての里親養育といった意味付与は，他の里親に比べると相対的に弱い．天理教里親にとって里親養育は，家族的／福祉的実践の「一部分」ではなく，宗教的な人助けの「一部分」なのである．

　こうして，天理教里親においては「福祉的文脈」や「家族的文脈」の影響力が相対的に弱い一方，特有の〈宗教的文脈〉を通した里親養育実践への意味付与がなされていることが明らかとなった．またその結果，天理教里親においては他の里親と異なり，〈時間的非限定性〉と〈関係的非限定性〉が生じていることも明らかとなった．安藤の研究は，養育里親を主としたインタビューに基づいており，他方本研究でインタビューを行った天理教里親はファミリーホームで里親養育を行っているため，単純に比較はできないものの，これは本研究から得られた知見の 1 つであろう．

　本研究から得られたこうした知見は，宗教や信仰と福祉との関係をめぐる研究への示唆も提供する．福祉実践の場において〈宗教的文脈〉が存在し，それが他の「家族的文脈」や「福祉的文脈」等の文脈と交錯するのは，天理教里親に限定されることでもない．それはたとえば，1.2 で見たキリスト教信仰に基づく養育形態に関する研究や（中島・金子 2008；太田 2019），信仰に基づく社会福祉の史的研究（吉田 2003）が示すことでもある．本研究でも，天理教里

親の理解には〈宗教的文脈〉が存在しており，他の文脈よりも影響力が強いことは指摘できたものの、こうした文脈の相互連関に関する異同が宗教によって存在するのかといったことは判然としない．種々の宗教に基づく福祉諸実践の場において〈宗教的文脈〉がどのように存在し，それが実践の担い手も含めた当事者にどのような影響を与えているのか考察することの必要性も，本研究を通して示されたことであろう．

　関連して本研究の結果から導き出された今後の課題もある．

　第1に，里親養育実践における〈宗教的文脈〉の社会的機能に関する考察の必要性が課題として挙げられよう．本研究の射程を超えるので詳細な考察ができなかったが，3.2.1 で引用した若狭一廣の言葉にもあるように，天理教里親も含めて，信仰に基づく福祉実践が布教と重なる部分があることも事実である．しかしながら，「里親が行う養育に関する最低基準」（平成十四年九月五日厚生労働省令第百十六号）第5条において「里親は，委託児童に対し，（中略）委託児童の国籍，信条若しくは社会的身分によって，差別的な養育をしてはならない」と規定されており，また，「児童の権利条約」第14条においては「締約国は，思想，良心及び宗教の自由についての児童の権利を尊重する」と規定されている．もちろん天理教里親が，里子に対して信仰を強制することはないだろうが，養育する側とされる側という非対称性を考えると，里親養育が〈宗教的文脈〉を持つことが児童の成育にどのように影響しているのか検討することは重要な意味を持つだろう．またこの点においても，養育里親として少数の子どもを養育している場合と，宗教的施設を基盤としたファミリーホームで養育を行っている場合との差異が影響を及ぼしてくる可能性もある．加えて，荒井英子（1996）が，ハンセン病療養所でキリスト教信仰が広がったことによって隔離政策の非人道性が見えにくくなったことを指摘したように，〈宗教的文脈〉が福祉実践の問題性を覆い隠すこともある．白波瀬達也（2015）がホームレス支援を事例に宗教の社会貢献を検討したのと同様に，「宗教と結びつきのある組織（Faith- Related Organization: FRO）」（白波瀬 2015: 4）が里親養育／社会福祉を実践することの機能と逆機能を，里子等利用者側への調査も交えながら考察することが必要となるだろう．このように，天理教以外の宗教も含めた信仰と福祉実践との結びつきとその帰結を，それぞれの福祉実践の形態に即

して考察することも重要な課題として挙げられる.

　第2に,調査対象者をめぐる課題が残る.本研究の対象者にはジェンダー的な偏りがあり,中国地方在住の天理教里親に限定されている.また,今回の対象者は全て天理教の教会を運営し,それを基盤としたファミリーホーム運営に関わる人々でもあった.女性として里親をすることの意味や,他地方の天理教信者であること,あるいはファミリーホーム以外の形で里親養育をしている天理教里親については考察の対象に含められていない.また,非信者として天理教里親のもとで育った人々も含めた里子への調査,あるいは行政への調査もできていない.こうした課題を補うために,今後調査を重ね比較を通したより多角的な考察を行うこととしたい.

注

1) なおこの数値は,天理教里親連盟に登録している里親数である.天理教里親連盟には登録していない天理教信者も存在しうることを考慮すると,天理教里親が日本の里親において占める割合はもう少し高くなる可能性がある.
2) ここで言う「登録養育里親」の全てが現に里親養育を実践しているわけではなく,表2にあるように現に里子の委託を受けている養育里親世帯は3,180世帯である.これを分母とすると,天理教里親は約14%となる.
3) ただし,従来の研究においても,天理教里親が調査対象者の中に含まれていて,それが明示されていないだけということも当然ありうる.
4) たとえば安藤藍の研究における調査対象者は,女性が18人,男性が8人となっている(安藤 2017: 88-92).
5) 関連して,天理教里親連盟が出版している発行物には,元里子の以下のような手記がある.
　　私は高校を卒業したらこの施設で里親としてお父さんやおかあさんといっしょに働きたいです.(天理教里親連盟編 2014b: 27)
　　このように,里子として養育された者が天理教信者となり,里親家庭で里親を継承していきたいと願う場合もあり,それが天理教里親連盟としては喜ばしいことともされているようである.本研究の末尾でも課題として挙げたように,この点がどのような実態となっているのかについては今後調査を重ねたい.

文　献

安藤藍,2017,『里親であることの葛藤と対処——家族的文脈と福祉的文脈の交錯』ミネルヴァ書房.
荒井英子,1996,『ハンセン病とキリスト教』岩波書店.
道友社編,2010,『"たましいの家族"の物語　里親——神様が結んだ絆』天理教道友社.

井上順孝・孝本貢・対馬路人・中牧弘允・西山茂編，1990，『新宗教事典』弘文堂．

和泉広恵，2006，『里親とは何か——家族する時代の社会学』勁草書房．

金子珠理，2013，「ソーシャル・キャピタルとしての天理教里親活動の可能性」葛西賢太・板井正斉編著『叢書　宗教とソーシャル・キャピタル 3　ケアとしての宗教』明石書店，150–79．

岸政彦・石岡丈昇・丸山里美，2016，『質的社会調査の方法——他者の合理性の理解社会学』有斐閣．

厚生労働省，2017，「新しい社会的養育ビジョン」（2019 年 8 月 12 日取得，https://www.mhlw.go.jp/file/05-Shingikai-11901000-Koyoukintoujidoukateikyoku-Soumuka/0000173888.pdf）．

————，2018，「里親制度（資料集）」（2019 年 8 月 12 日取得，https://www.mhlw.go.jp/content/11900000/000358499.pdf）．

桑畑洋一郎，2019，「天理教里親活動に関する予備的考察」『異文化研究』13: 71–83．

御園生直美，2001，「里親の親意識の形成過程」『白百合女子大学発達臨床センター紀要』5: 37–47．

中島賢介・金子龍太郎，2008，「SOS キンダードルフの創設者ヘルマン・グマイナー及び最新の養護形態に関する研究」『北陸学院大学・北陸学院大学短期大学部研究紀要』1: 99–117．

太田直弘，2019，「YMCA ファミリーホーム操山寮——その起源と運営」『キリスト教文化研究所年報』41: 97–125．

白波瀬達也，2015，『宗教の社会貢献を問い直す——ホームレス支援の現場から』ナカニシヤ出版．

園井ゆり，2013，『里親制度の家族社会学——養育家族の可能性』ミネルヴァ書房．

天理教教廳總務部調査課編，2018，『第 86 回天理教統計年鑑』．

天理教里親連盟編，2014a，『さとおや』46．

————，2014b，『さとおや』47．

————，2016，『さとおや』50．

————，2018，『お道の里親子育てハンドブック』．

八木三郎，2011，「社会的養護における天理教里親の意義」『天理大学おやさと研究所年報』17: 39–57．

吉田久一，2003，『社会福祉と日本の宗教思想——仏教・儒教・キリスト教の福祉思想』勁草書房．

若狭一廣，2003，『はみだし教会長の朝席咄』養徳社．

渡辺一城，2010，「地域福祉推進と天理教社会福祉の機能」『天理大学人権問題研究室紀要』13: 43–53．

abstract

Foster care in a "religious context": Interviews with foster parents of the Tenrikyo faith

KUWAHATA, Yoichiro

Yamaguchi University

This study considers the meaning of nurture according to the faith of foster parents who believe in the Tenrikyo religion. There have been few studies conducted of foster parents of the Tenrikyo faith, a gap this study aims to fill. This study contributes new findings to the study of the relationship between faith/religion and social welfare.

Analysis of the interview data yielded the following clarification. The reason the participants became foster parents was the "human assistance orientation" of the Tenrikyo faith. As concerns the position of foster parents, both "relational unlimitedness" and "time unlimitedness" were generated from their religious belief. Foster parents of the Tenrikyo faith understand their relationship with their foster children in terms of their religious belief. This understanding is termed "religious context" in this study.

This "religious context" will be an important framework for future foster parent studies and welfare studies. In addition, as the number of foster parents following the Tenrikyo faith increases, this framework will become practically important for understanding foster parents.

Keywords：Foster parents of the Tenrikyo faith, Foster care, "Religious context"

| 自由論文 |

精神障がい者支援を地域に開く
——多摩ニュータウンにおける事例から

松岡　由佳

　現在，地域での精神障がい者の社会的包摂が課題となっている．本稿では，多摩ニュータウンにおける精神障がい者の就労支援に注目し，地域の特徴が就労支援の展開とどのように関連しているのか，就労の場は，その利用者にとってどのような意味を持つのかを考察した．精神障がい者支援に取り組む団体の活動の参与観察，利用者へのアンケート調査，利用者やスタッフなどへのインタビュー調査を通じて，以下のことが明らかとなった．

　2000 年頃から始まった就労の場づくりは，ニュータウンの特徴を活かしながら展開していた．就労の場が広がることで，活動の選択肢が増え，利用者はニュータウンのさまざまな場所で活動するようになった．一例として取り上げた団地商店街の就労支援事業所は，近隣の住民同士が交流する場となっているだけでなく，住民と利用者の間の交流ももたらしていた．さらに，販売活動やサークル活動を通じて，利用者はニュータウンの街中で活動する機会を得ていた．

　このような活動の拠点は，一般就労に向けた訓練の場であり，また障がいに対する理解が得られ，仲間と交流できる居場所となっている．それは，利用者にとって，能力主義的な価値観に適応するとともに，そうした価値観から逃れられる場所でもある．こうした居場所は，利用者の社会的な承認の可能性や，利用者とスタッフ，ニュータウンの住民との間のつながりを生んでおり，利用者と地域とを結ぶ役割を担っている．

キーワード：精神障がい，地域，社会的包摂，就労支援，ニュータウン

1　はじめに

日本では，1980 年代に入って精神障がい者[1] の社会復帰を支援する機運が高まり，それまでの入院を中心とする医療に代わって，精神障がい者の福祉に関する制度が少しずつ整えられるようになった．こうした動きの背景には，患者の人権を顧みない医療への批判や，精神障がい者の家族による運動などが大

まつおか ゆか｜奈良女子大学大学院人間文化総合科学研究科｜qay_matsuoka@cc.nara-wu.ac.jp

きく関わっている．戦後に増加を続けてきた国内の精神病床数は，1990年代前半に漸減傾向に転じ，長期で入院する患者の退院や地域での生活を支える体制づくりが課題となった．こうした中，国は2003年度の精神障害者退院促進支援モデル事業を皮切りに，長期入院の患者の退院促進と地域移行・地域定着に向けた政策を行ってきた（古屋 2015）．厚生労働省精神保健福祉対策本部が2004年に発表した「精神保健医療福祉の改革ビジョン」では，地域生活を中心とするケアへの方向転換が示され，施策の基調は地域を基盤とする支援へと確実にシフトしている．

　しかしながら，精神障がい者が地域で生活することには，今なお複数の障壁が存在する．そうした状況の深刻さは，全国の入院患者の約3割が社会的入院であるとされることにも表れている[2]（田中 2018: 17）．就労や社会参加の難しさ，家族や地域の受け入れの問題など，取り組むべき課題は山積している．これらを現代の福祉や社会保障をめぐる課題に位置付けるならば，人として当たり前の権利や，社会的な活動への参加が必ずしも保障されていない現状は，社会的排除の状態として捉えることができるだろう（岩田 2008）．社会的排除には，さまざまな問題が複合的に絡んでいるとされる．そのため，社会的包摂のあり方を構想するにあたっては，多方面の視点や方法を取り込んでいくことが求められる．

　この社会的包摂の鍵となる視点の一つに，人びとの「つながり」を再構築する場としての地域社会への注目がある（熊田 2008）．地域社会における「つながり」は，かつては家族と並び福祉的な機能を担ってきたが，高度経済成長期を経た家族や地域社会の変容は，そうした福祉的な機能の衰退をもたらした（平川 2004）．福祉国家の観点からこのことを捉えれば，日本では安定成長期以降，家族や職域，地域における個人化が進んだ（武川 2004）．地域では，町内会をはじめとした地縁集団から個人が離脱し，代わって個人を単位とするボランタリー組織が重要な位置を占めるようになった．武川は，こうした傾向が個人の自立と引き換えに，社会的排除の個人化という新たな問題をもたらす可能性を指摘しており，新しい形の社会的包摂を模索する必要があるとする．

　このように地域や地域社会の衰退が論じられてきた一方で，地域社会は，これからの福祉を考える上で不可欠な概念としても注目されてきた．たとえば厚

生白書には，1970 年代前半の福祉見直し論の頃から地域や地域社会などの表現が登場し始め，地域社会は社会保障に関わるさまざまな問題の解決の糸口として位置付けられてきた（西尾 2012）．とりわけ地域福祉には，高齢者や障がい者などの対象別に分けられていた縦割り型の福祉を横断して，福祉を中心に地域社会を編成する役割を担うことが期待されている（武川 2006）．こうした流れにあって，これまで場所に関わりのない普遍的な概念として捉えられてきた福祉を，「ローカル性」に着目して捉え直すことの重要性も提起され始めている（広井 2010: 28）．

　ローカルな関係性に根差した福祉の実践は，高齢者福祉をはじめとした領域で既に進んでいる．たとえば 1980 年代から各地で始まった宅老所の取り組みは，住みなれた地域で，その人らしい当たり前の暮らしを支えることを目指すものである（井上・賀戸 1997）．宅老所の実践は，後に小規模多機能ケアや共生ケアの試みへと展開し，それらの拠点では，誰もが地域で暮らし続けることを支える取り組みが行われてきた（平野 2005）．しかしながら，精神障がい者の場合は，隔離・収容型の医療が続き，障がいをオープンにして社会生活を送ることが難しい状況のもとで，これまで地域との関係を持ちえなかったと言える．こうした課題は，社会福祉学やリハビリテーションなどの分野でも論じられてきたが，社会的包摂のあり方を考えるためには，援助実践や政策の背後にある社会的な側面や，支援の場を取り巻く相互作用を含めて，より総体的かつ細かな視点からの検討が求められる．

　ここで注意を要するのが，社会的包摂の場としての地域の捉え方である．福祉に関する既存の研究において，地域は家族や収容型の施設に属さないという意味での「残余カテゴリー」とされがちであった（平川 2004: 49）．そうした中で，障がい者の自立生活運動とまちづくり運動との関係を論じた丸岡（2016）は，新たな角度から地域に光を当てており，専門職だけが関わるのではない，地域に開かれた自立生活や支援への示唆を与えている．それは，限られた介助者との関係のみからは捉えることのできない，地域の個別性の中で成り立つ自立生活や支援と言い換えることができる．今後は，そうした地域の個別性を踏まえた支援のあり方や社会的包摂の可能性を構想していく必要がある．

　そこで筆者は，多摩ニュータウンで精神障がい者の就労支援を行う団体に注

目し，就労支援の利用者やスタッフ，ニュータウンの住民との間の関係性について調査を行った．ニュータウンという地域の特徴は，就労支援の展開とどのように関連しているのか．就労の場は，そこで活動する精神障がい者にとって，どのような意味を持つのか．こうした点を明らかにするために，本稿では，精神障がい者の支援の場で展開する関係性を，ニュータウンという地域の特徴に照らしながら考察する．

　なお，精神障がい者と地域に関しては，地域精神保健の先進地として知られるイタリアの事例や（大熊 2009），精神障がい者が主体となって地域で活動を行う北海道浦河町の「べてるの家」の実践（浦河べてるの家 2002）など，一般向けの著作を通じても紹介されてきた．しかしながら，各地で行われている支援の取り組みが地域とどのような関係を結んでいるのか，それらの関係をベースに，精神障がい者はどのような日常を送っているのかについては，明らかになっていない部分が多い．本稿はそうした不足を補うとともに，個別の事例に基づいて，地域における精神障がい者の社会的包摂に向けた可能性の一つを提示するものである．

2　調査地域と対象・方法

　本節では，はじめに調査地域である多摩ニュータウンの特徴を確認するとともに，調査対象の T 会が発足した経緯や現在の活動内容を紹介する．次に，調査方法を説明し，T 会の利用者の特徴を見ていく．

2.1　調査地域と対象

　多摩ニュータウンは，東京大都市圏の都心から西に向かって 25〜40km圏内に位置する．高度経済成長期の人口増加と住宅不足に対応するため，国内で最大規模の計画人口を掲げるニュータウンとして開発された．1966 年に開発が始まって以来，現在の八王子市・町田市・多摩市・稲城市にまたがるおよそ 3,000ha の丘陵地が住宅地へと変容したが（上野・松本 2012），開発から年数を経るにつれて少子・高齢化や住民の減少が進むとともに，住宅の老朽化やコミュニティの衰退への対応が大きな課題となっている（福原 2001）．また，雇

用の不安定化に伴い家族のあり方が変化してきた昨今は，職住分離を前提とした郊外の生活も再編の時期を迎え，郊外でのライフスタイルは多様なものとなってきている（関村 2018）．本稿が注目するのは，こうした現状にある多摩ニュータウンで精神障がい者支援を行う T 会の事例である．

　T 会は，主に精神障がい者を対象に複数の就労支援事業所やグループホームを運営する NPO 法人であり，多摩ニュータウンを拠点に活動している．T 会の起こりは，1995 年に活動を始めた精神障がい者の家族会に遡る．ニュータウン内の保健機関のデイケアをきっかけに精神障がい者と家族たちが出会い，

表 1　T 会の事業概要（2015 年 8 月末現在）

事業所ID	開設年	事業区分	利用登録者数（人）	活動内容	所在地の特徴
A	2000	就労継続支援 B 型	68	野菜，果樹，花卉の栽培・販売	多摩ニュータウンに隣接
B	2002	就労継続支援 B 型	33	喫茶業務	団地商店街
C	2005	就労継続支援 B 型	41	軽作業ほか	戸建て・集合住宅地
D	2007	就労継続支援 B 型	61	パソコン作業，弁当製造	団地商店街
E	2009	就労継続支援 B 型	49	和菓子の製造・販売	戸建て・集合住宅地
F	2010	就労継続支援 B 型	40	布小物の制作・販売	駅前の大型商業施設内
G	2010	就労継続支援 B 型	51	公園清掃，ハウスクリーニング	団地商店街
H	2013	就労継続支援 A 型	12	レストラン業務	駅前の大型商業施設内
I	2013	就労継続支援 B 型	事業所Bに計上	レストラン業務	団地内のコミュニティスペース
－	2000	共同生活援助	8	－	商業地，戸建て・集合住宅地
－	2009	相談支援	－	－	戸建て・集合住宅地

※事業所 ID は，本文中での言及のために付したものである．
※グループホームの利用登録者 8 人は，グループホームのみの利用を指す．グループホームを利用し，かつ法人内の就労支援事業所に通所している 50 人については，就労支援事業所の利用登録者として計上した．また，事業所 I は事業所 B の従たる事業所であり，利用登録者数は事業所 B にまとめた．

個人宅に集まるようになったのが始まりである．公園清掃やバザーなどで資金を確保して，集いの場やグループホームの立ち上げに取り組み，2004年にNPO法人格を取得した．近年は，グループホームの増設とともに，精神障がい者の就労に向けた複数の事業を展開し，2015年8月末現在で363人の利用登録者を受け入れる団体へと成長した．T会の就労支援事業所やグループホームは，1カ所を除きいずれも多摩ニュータウン内に点在する（表1）．また，市の委託による相談支援事業も実施し，法人内の事業所や近隣の関係機関と連携した支援を行っている[3]．

2.2　調査方法

　筆者は，T会の協力を得て，表1に示した事業所A・Bやグループホームで参与観察を行うとともに，T会の利用者へのアンケート調査，利用者とスタッフに対するインタビュー調査を行った[4]．調査期間は，2015年8月から12月および2017年2月である．参与観察を行った2つの事業所は，T会がNPO法人格を取得する前から行っていた活動が発展したものであり，時間的に蓄積があることや，事業内容の特徴から，地域との関わりを考察する上で適当であると判断した．観察は，利用者と同じように農作業や接客などの活動に従事しながら行った．なお，T会が活動の拠点とする多摩ニュータウンを実名で公表することについては，T会の代表理事から承認を得ている．

　アンケートは，T会の全利用登録者363人を対象に行い，160人から回答を得た[5]．アンケートでは，就労支援事業所での活動に関すること，障がいに関すること，家族や友人などとの関係に関すること，将来の希望などを尋ねた．スタッフへのインタビューは，就労支援事業所の施設長やパートスタッフ，グループホームの世話人，法人の事務局スタッフに対して行った．また，T会の家族会の会員や，T会に協力する農家，就労支援事業所の近隣にある商店などへのインタビューも行った．お話を伺った方の人数は，全体でおよそ60人ほどである．インタビューは，その場の状況や対象者の意向に応じて個別もしくは2〜4人のグループで行い，利用者へのインタビューにスタッフが同席した場合もあった．インタビューの時間は20分〜2時間30分程度であり，就労支援事業所の相談室やグループホームの交流室と呼ばれる部屋などで実施した．

　また，これらの調査と並行して，多摩ニュータウンでのフィールドワークを行い，関連する情報の収集に努めた．具体的には，多摩ニュータウンを歩き，点在するコミュニティセンターを訪れたり，各種のイベントに参加したりといった方法で，Ｔ会の活動をニュータウンの住民の目線から把握することを試みた．なお，本稿では研究の目的と紙幅の都合から，主に就労支援事業所での活動を取り上げる．

2.3　対象者の特徴

　アンケート調査の結果をもとに，Ｔ会の利用者の特徴を概観する．アンケート回答者の平均年齢は40歳で，最年長は68歳，最年少は18歳，性別は男女同数であった．精神科・神経科に通院する人は回答者の96％で，うち88％が服薬治療を行っている．回答者全体の64％が精神科病院への入院経験を持ち，最も長い人で20年間入院していた．障がいの診断名は統合失調症が52％と過半数を占め，次いでうつ病が23％，双極性障がいが11％であった．Ｔ会は主にこうした精神障がい者を支援の対象としているが，回答者の中には発達障がい者（6％）や知的障がい者（1％）も一部含まれていた．

　回答者のおよそ9割は，多摩ニュータウンを構成する自治体に住んでいた．このことから，Ｔ会のほとんどの利用者は，多摩ニュータウンやその周辺から通所していることが分かる．残りの1割は都内の他の市町村がほとんどだが，東京23区や他県からの通所もみられた．相談支援を行うスタッフによれば，2017年現在で22の自治体が関係する．遠方からの通所の理由はいくつかある．活動の内容が自分に合ったところが良い，前職の経験を活かしたいという理由でＴ会の事業所を選ぶ人がいる．他方で，地元には行く場所がないという人や，近隣の目を気にして，あえて遠方の事業所を選んだという人もいる．たとえばある利用者は，毎朝スーツを着て定時に家を出ているといい，障害福祉サービスの利用を近隣に知られたくないという意識を持っている．

　以上のことから，Ｔ会の利用者のほとんどは多摩ニュータウンやその周辺に住んでおり，通院や服薬を続けながら通所していることが分かる．こうした利用者を支援するために，Ｔ会ではどのような取り組みを行い，利用者は実際にどのような活動を行っているのだろうか．

3　ニュータウンの住民とつながる

　本節では，まず T 会の就労支援事業所の活動内容や活動場所の特徴を概観する．次に，T 会が NPO 法人格を取得する前から運営する事業所 B を取り上げ，ニュータウンの現状と関連付けながら考察する．

3.1　就労の場を広げる

　T 会が就労の場づくりを始めたのは，2000 年頃のことである．当時は全国的に精神障がい者が地域で生活するための制度や資源に乏しく，多摩ニュータウンも例外ではなかった．多摩市の場合，精神障がい者を対象とした認可施設はなく，無認可の共同作業所が 3 カ所あるのみであった（東京都精神障害者家族会連合会編 2002）．八王子市が 1998 年に実施した調査では，精神障がい者に希望する福祉施設を尋ねた設問で，「働けるところ（作業所など）」が最も多く挙げられていた（八王子市福祉部・障害者福祉課編 1999）．こうしたことから，多摩ニュータウンやその周辺に住む精神障がい者が利用できる場は限られており，日中活動や働く場の確保が課題となっていたことが分かる．

　このような状況を変えるべく，T 会はまず，多摩ニュータウンに隣接する耕作放棄地を借りて農作業を始めた．精神障がい者と家族は，離農や後継者不足のために人の手が入らず荒れていた畑を整地して，サツマイモなどを育てた．後に事業所 A に発展したこの活動の初期を知るスタッフによれば，不法投棄の現場となっていた耕作放棄地を畑として再生させる取り組みは，周辺の農家からも喜ばれたという．この活動を始めて以降，T 会はニュータウンの各地で新たな試みを行ってきた（表 1）．たとえば，複数の団地商店街で空き店舗を改装し，喫茶室や弁当をつくる事業所，パソコン作業ができるサロンを始めた．戸建ての住宅やマンションが集まる地区では，マンションの 1 階部分などのテナントを利用して，和菓子の製造・販売や軽作業を行う事業所を開設した．2010 年以降は，こうした住宅地区だけでなく，駅前の商業地区やニュータウン内に点在する公園にも活動の場を広げている．

　このように就労支援の内容の幅が広がることは，利用者が自分の希望や関心

に合わせて通所先を選べるようになったことを意味する．屋外で体を動かしたい人もいれば，室内で静かに作業するのが好きな人もいる．人前は苦手だという人も，パソコンでの作業ならやってみたいと思えるかもしれない．興味があって始めたが自分には合わなかった，スタッフや他の利用者との関係がうまくいかなくなったなどの問題が生じても，通所をやめるのではなく，別の事業所で違う活動をやってみるという選択肢がある．ほとんどの事業所がニュータウン内にあることから，それまでの通所手段や生活パターンを大きく変えずに通い続けることができる．

　また，活動の内容が広がることは，精神障がい者がニュータウン内のさまざまな場所で活動するようになったことも意味している．T会の活動を通じて，利用者は，さまざまな住民と出会うきっかけを得る．次項では，団地商店街にある事業所Bの活動を取り上げて，T会の利用者とニュータウンの住民との関わりを見ていく．

3.2　交流の場としての団地商店街

　団地商店街での活動は，開発から年数を経るにつれて変化してきたニュータウンの現状と関わる．近年，多摩ニュータウンの団地では高齢化が進み，単身や夫婦2人の世帯の割合が増えている（上野・松本 2012：40-61）．また，郊外型の商業施設の台頭などを背景に団地商店街は衰退し，買い物に不便が生じるだけでなく，住民同士のコミュニケーションの機会も減少している．事業所Bの始まりは，このように衰退が進む団地商店街の活性化を模索していた多摩市との共同事業をきっかけとしており，空き店舗を活用した喫茶室として2002年に開店した．当初は客の入りは芳しくなかったが，団地の住民が関心を持ちそうなテーマでトークサロンを開き，来店のきっかけをつくる工夫を続けたり，健康志向の食材や地場の野菜[6]の使用をアピールしたりすることで，団地の住民の認知を少しずつ得ていった．2007年に就労継続支援B型の事業所に移行し，現在33人の利用者が登録している．

　事業所Bの固定客の多くは，団地に住む高齢の住民である．すぐ近くの団地に一人で暮らす高齢者は，昼の日替わり定食を楽しみに毎日来ていると話す．事業所Bの近くには郵便局やコミュニティセンターがあり，それらを利用す

るついでに立ち寄る客も多い．1 日の平均的な来客は 40 人ほどである．昼時には満席となり，相席した客同士が会話を始めることもしばしばである．こうしたようすから，事業所 B が近隣の住民の食生活を支えたり，住民同士の情報交換の場となったりしていることがうかがえる[7]．

　利用者は，調理や接客，店頭での総菜や野菜の販売をスタッフと共に行っている．事業所 B に 6 年ほど通っている利用者の一人は，事業所 B を人間関係の接点だと感じている．たとえば，接客の合間におすすめの料理や新しいメニューを紹介して，客との会話を楽しむ．店頭に立って販売にあたる時は，通りがかりの住民に声を掛け，商品の説明をしながら試食を勧めるなど，積極的な働きかけを行っている．また，事業所 B の近くに住む別の利用者は，普段から近所を歩いていると客に会うという．事業所 B のお弁当を一人暮らしの高齢者の家に届け，しばらく話をすることもある．ある日，常連客とお互いの趣味の話で盛り上がり，今度発表会があるからと客を誘ったところ，客が実際に見に来てくれたこともあった．

　こうしたようすから，事業所 B は団地の住民同士だけでなく，T 会の利用者と住民が交流する場にもなっていると言える．交流の拠点は団地商店街にある事業所 B だが，利用者が話すように，住民との関係性は事業所 B の近隣にも広がっている．地域の人と何かつながっている感覚があると語った利用者の言葉は，このことをよく表している．事業所 B には店名を含めて就労支援事業所であることが分かる表示はないが，スタッフによれば，常連客は精神障がい者が働いていると知った上で来店しているという．店内には T 会のパンフレットやポスターがあり，それらが目に留まれば T 会の活動を知るきっかけとなる．こうしたことから，事業所 B は，利用者と住民との交流をつくり出しているだけでなく，住民がニュータウンで働く精神障がい者の存在に気付くきっかけを生み出していると言える．

　さらに，団地商店街のレベルでは，事業所 B と近隣の商店との関係という側面がある．近隣の商店主の一人は，事業所 B が営業を始めたことで商店街の人通りが増えたと感じており，自店への客足を維持することにもつながっていると評価する．事業所 B の利用者がこの商店に立ち寄って買い物をしていくこともあるとのことだった．事業所 B は商店街の組合にも加盟し，団地の

イベントの際には屋台を出すなどして参加しており，こうした取り組みは少なからず団地商店街の存続にも寄与していると考えられる．

4　ニュータウンの街中に出かけていく

　事業所Bは，利用者と団地の住民が交流する場になっていた．しかしながら，この事例の場合，利用者が出会う住民の範囲は，基本的に事業所Bに客として訪れる住民に限られる．T会の活動には，こうした状況とは反対に，利用者が街中でニュータウンの不特定多数の住民と接点を持つ機会も存在する．本節では，T会の「外販」と呼ばれる販売活動と，利用者のサークル活動である「所外活動」を取り上げて，この点を掘り下げたい．

4.1　街中での販売活動

　T会では，事業所でつくった野菜や弁当，和菓子などをニュータウン内で販売する活動を行っており，この活動は「外販」と呼ばれている．主な販売の場所は，市役所や福祉センターなどの公共施設や，企業，街頭である．このうち，公共施設や企業での販売は，決められた曜日・時間帯に利用者とスタッフが出向いて弁当などを販売する．街頭での販売は，平日の日中，駅前のバスターミナルの一角に商品を広げ，行き交う住民に向けて販売を行っている．このほか，市の福祉団体が主催するイベントや地域のお祭りなどに出店することもある．

　外販を行う利用者は，普段は事業所AやC，Eに通っており，外販には希望者だけが参加する．外販場所まで移動して商品を広げ，商品名や値段が書かれたカードを並べる作業が終わると，声を出して呼び込みを始める．外販に参加し始めて半年ほどだという利用者の一人は，いろいろな年齢層の住民に触れられる外販には，事業所での普段の活動とは違った楽しさがあるという．並べた商品に目もくれず，販売する利用者やスタッフの前を素通りする住民もいれば，商品を手に取って買っていく住民もいる．以前に購入した商品が美味しかったなどの感想をもらったり，また買いに来たよと言って立ち寄ってくれたりするのが嬉しいとのことだった．

　このように外販は，利用者にとって，商品の買い手としてのニュータウンの

住民に直接触れられる機会となっている．利用者が話すように，外販では，ニュータウンの住民のさまざまな反応を直に知ることができる．事業所での普段の活動では，自分たちの活動の向こう側にニュータウンの住民の存在があることは想像しにくいだろう．利用者にとって，外販は，普段の活動を違った角度から眺め，住民とのつながりを感じられる機会となっている．また，ニュータウンの住民にとっては，T会の事業所でつくられた商品を買うだけでなく，T会の利用者に触れ，その取り組みについて知る機会にもなっている．

　T会ではこうした活動と並行して，一般住民に向けたシンポジウムやイベントを年1回ほどのペースで開催してきた．このほかにも，ニュータウン内のコミュニティセンターにポスターやチラシを設置したり，市民活動団体の広報やフリーペーパーに記事を載せたりするなどの方法で，普段はT会と関わりのない幅広い住民に向けて広く情報発信を行っている．T会の代表理事は，このようにニュータウンの特徴を活かした取り組みを，「地域に入っていく，いつの間にか入り込んでいる」と表現する[8]．精神障がい者の就労支援を行っていることは前面には出しておらず，代表理事は「脱福祉」という意識で活動してきたと話す．

4.2　ニュータウンでのサークル活動

　T会ではこの他にも，就労支援やグループホームの取り組みとは別に，利用者とスタッフによる余暇的な活動が行われている．自由参加のこうした活動は「所外活動」と呼ばれ，テニスや太極拳，ヨガなどの体を動かすものから，合唱やバンド，イラスト教室のような活動まで多岐にわたる．このうち，ここでは合唱の活動を取り上げたい．

　2000年代末から続いている合唱の活動は，音楽の知識が豊富な一人のスタッフが中心となっている．メンバーはいずれも利用者で10人程度であり，駅前の公民館で定期的に練習を行っている．ピアノの経験を持つあるメンバーは，歌うだけでなく，特定の曲で伴奏を担当する．事業所での活動が忙しく練習に来られない時期もあったそうだが，また来られるようになり，異なる事業所に通う利用者からいろいろな話を聞けるのが嬉しいと話す．昔合唱をやっていたという別のメンバーは，その経験を活かして，曲目によっては指揮や独唱を担

当することもある．メンバーの中には，かつて T 会を利用しており，就労などのために退会したが，この所外活動には継続して参加している人もいる．

　こうしたことから，通っている事業所に関係なく参加できる所外活動は，普段の就労支援の場とは異なる利用者同士が知り合い，交流を深める場になっていることがうかがえる．また，一部のメンバーが T 会を退会した後も参加を続けていることは，この所外活動を通じたメンバーやスタッフとのつながりが，その人にとって大きな意味を持っていることを示すと言えるだろう．このように，所外活動を通じた利用者やスタッフの関係は，もはや就労支援の枠の中だけに納まってはいない．日頃の練習の成果を発表するため，ある日ニュータウンで開かれたイベントに参加したメンバーたちは，就労支援事業所の利用者としてではなく，ニュータウンで活動する合唱サークルのメンバーとして紹介され，高齢者や学生のサークルに交じって合唱を披露した．

　T 会の「脱福祉」という意識は，こうした所外活動の取り組みにも表れていると言える．それは，T 会として地域に入り込むことを可能にするとともに，一人ひとりの利用者が地域に活動の場を広げていくことを支えている．しかしながら，すべての利用者がこうした活動に継続して参加できているわけではない．事業所に月に 1 度顔を出すのがやっとという人や，なんとか事業所まで来たものの体調が優れずすぐに帰宅する人，体調を崩してしばらく入院する人もいる．T 会に来る前はデイケアに通っていたという利用者は，通所し始めた頃は安定して働くことができず，辛かったと話す．調子を崩してしばらく休んだこともあったそうだが，通所の時間や日数を徐々に増やしながら活動を続けている．また，服薬しながら通所している別の利用者は，辛いと思ったら 30 分多く休憩をもらうなど，スタッフと相談しながら無理なく働けるよう工夫しているという．

　このように，活動の時間や頻度，内容は利用者によって大きく異なるが，ニュータウンの特徴を活かした複数の幅広い支援の場が保障されていることで，その人なりのさまざまな働き方や参加の仕方が可能になっていると言える．宮本 (2013) は，男性稼ぎ手モデルと性別役割分業に基づく労働や家族のあり方が揺らぎ，正規と非正規の労働という分断が広がる中で，複線型で多層型の労働世界をつくり出していく必要があるとする．それを可能にするのは，より地

域に密着した働き方を通じたつながりや，そうした機会の拡大を求めるニーズに応えていく政治である（宮本 2013: 133）．地域にさまざまな就労の場をつくり出し，福祉的な支援という枠には納まらない精神障がい者の主体的な活動を支えてきたＴ会の取り組みは，そうした社会的包摂の政治を構想する上で，一つの示唆を与えていると言える．

5　利用者の意味付けにみる支援の場の役割

　以上のように，Ｔ会の利用者は，ニュータウンの住民と交流する機会を持ちつつ，それぞれに合った働き方を行っている．こうした点に関して，相談支援にあたるスタッフの一人は，地域に住む一人の人間としての利用者の思いを支援することを大切にしていると話す．本人が望む暮らしに近づけるような支援は，個別の働きかけや調整によって可能になる側面もあるが，ニュータウンの各地にＴ会の活動の拠点があり，さまざまな働き方や参加の仕方を選択できることが，自らの希望を思い描いたり，それに合わせた支援にアクセスしたりできる環境をつくり出しているとも考えられる．本節では，アンケートやインタビューから読み取れる利用者の思いに注目し，Ｔ会での活動に対する利用者の意味付けを検討する．

　利用者は，Ｔ会をどのような場所として捉えているのだろうか．アンケートやインタビューにみられた利用者の表現を整理すると，利用者の認識は大きく二つに分かれていた．一つは，今後の就労などを見据えた訓練の場やステップと捉えている場合であり，もう一つは，Ｔ会を居場所や交流の場と感じている場合である．

　一つ目の訓練の場やステップという認識では，Ｔ会での活動は将来に向けた準備期間であり，生活リズムや対人関係，働く上で必要な基礎を身につけて，いずれはＴ会を離れることが念頭に置かれている．Ｔ会の就労支援を経て障害者雇用や一般就労に移行する人は，実際にはそれほど多くはないが，経済的・社会的な自立を希望する利用者は，アンケート回答者の半数近くに上った．こうした希望を持つ利用者は，生活のためにも，収入を増やして経済的に安定したいと考えている．しかし，自立を目指す理由は，このような個人の生活の必

要性のみでは説明しきれない側面もある．たとえば，Ｔ会に通って 7 年ほどに
なる利用者は，経済的に自立していないので，家族に負い目を感じているとい
う．また，精神科への入院経験がある別の利用者は，精神障がいというだけで，
日頃から肩身の狭い思いをしていると訴える．

　あるスタッフの話では，利用者の多くが，自分が「普通」ではないことをと
ても気にしているという．10 年ほど前に精神科で診断を受けた利用者は，将
来的には一般の企業で働きたいと思っている．その理由は，普通でありたい，
家族にも社会にも後ろめたくありたくないと考えているからだという．これら
の利用者の言葉から，社会的な規範に照らして現状を肯定しきれずに，社会の
中で「普通」とされる状態に少しでも近づきたいと感じている利用者の姿も浮
かび上がる．三井（2018）は，ケア従事者や近隣の住民に加えて，行政や法制
度，社会規範なども「地域」を構成する主体の一部であるとする．このように
地域を理解するならば，「普通」や「一般」を意識せざるをえない T 会の利用
者の思いもまた，「働いて生活することが一人前の大人である」といった規範
のある地域の中で生み出されたものと言えるだろう[9]．こうした意識を持つ利
用者にとって，就労の場は，「普通」に近づくための準備をして，「一般」と同
じようにできるようになることを目指す場所となる．

　しかしながら，「一般」と同じことを求められて，これまで苦しんできた経
験を持つ人もいる．たとえば，T 会に来る前にアルバイトをしていたという利
用者は，アルバイト先では自分の障がいのことを打ち明けられず，体調への理
解がなかったために辛かったという．しかし，T 会では障がいに対して理解の
あるスタッフや他の利用者と一緒に働けるため，自分のペースで頑張ることが
できると感じている．また，1 年前から T 会の事業所に通っている別の利用者
は，見た目や行動からは障がいが分からないため，周りからよく元気そうだと
言われるが，実際には常に体調の波がひどく，そのことを理解してもらうのは
とても難しいという．T 会では，調子が悪くて休んでも理解してもらえるため，
続けて通うことができているそうである．この利用者は，通所を始める前は孤
独な生活を送っていたといい，T 会に来て社会との接点を見つけたと感じてい
る．

　こうした声は，利用者の認識の二つ目にあたる，居場所や交流の場という認

識に通じる．あるスタッフによれば，特に一人暮らしの人の場合，通所先がな
かったり，体調が原因で通所ができなかったりすると，誰とも話をしない日が
続き，さらに調子を崩してしまうことがあるという[10]．Ｔ会の事業所に通所を
始めて，これまでに感じていた孤独が少しずつ弱まってきた，一人で良くない
ことを考えることが減ってきたといった利用者の声は，Ｔ会の就労の場が，文
字通り人や社会との接点であることを示している．ある利用者は，体調面から
一般就労は難しい中で，働ける場所があることに感謝しており，自分に合った
働き方ができるＴ会は居場所であると話す．そして，もしこうした居場所が
なければ，家にいるだけになっていただろうと言葉を続けた．

　このような居場所はまた，同じ精神障がい者と出会い，仲間をつくれる場で
あり，そうして出会った仲間とコミュニケーションを図ったり，励まし合った
りできる場でもある．また，複数の利用者が，Ｔ会の就労の場にいるとほっと
する，自分を受け入れてくれるという安心感があるなどの感覚を挙げていた．
こうした日々の生活のよりどころを得たことで，自分に自信がついてきたとい
う人や，これまでに人生が壊れるほどの挫折を味わったが，生きていても良い
と思えるようになったという人もいる．以上のような利用者による意味付けは，
Ｔ会の活動の拠点が，就労支援事業所という制度上の枠組みを超えた居場所と
しての役割を持つことを示している．

　阿部（2011）は，居場所とは客観的な状態からは定義することのできない主
観的なものであり，その人にとっての「いのちづな」であるとしている．就労
に向けた訓練やステップなどの就労支援の役割そのものを期待するにせよ，障
がいへの理解や仲間との交流の機会，社会とのつながりが得られる居場所とし
ての感覚を抱くにせよ，その背後には，「普通」にできることを求める社会規
範が横たわっている．しかしそうであるからこそ，ニュータウンに点在するＴ
会の活動拠点は，能力主義的な価値観から逃れられる「待避」的空間（荻野
2006）であり，またそうした価値観が相対化されうる「居場所」（森田
2017: 138）になっているのである．

　利用者の通所のペースはそれぞれであり，利用者同士の関わりや，利用者と
スタッフの関わりは，それほど密で強固なものであるとは言えないだろう．し
かしながら，そこには居場所や社会との接点として感じられる緩やかなつなが

りがあり，ニュータウンで活動する利用者の生活を支えている．4.2 で見た退会後も所外活動を続けている人の例は，退会してもT会の利用者やスタッフと関わりを持ち続けたいという思いを示している．このようにいつでも顔を出せる場所，また戻ってこられる場所は，その人にとって非常に大きな意味を持つ「いのちづな」であると言える．

　こうした点を踏まえると，T会の支援の場は，アクセル・ホネットが整理した承認に関する3つの形式を備えていると考えることもできる．Honneth(1992=2003) は，承認を，愛・法・連帯の3つの形式に区分した．それぞれをT会の取り組みに置き換えると，就労の場における利用者やスタッフとの関係，障害福祉サービスによる生活の保障，地域での就労を通じた社会への参加によって，利用者は社会的な承認を得る可能性を手にしていると言える．さらに重要なのは，こうした承認の得られる居場所が，地域の中で孤立していないという点である．前節までに見たように，T会の就労支援は，利用者とニュータウンの住民との間に，緩やかだが確かな関わり合いを生み出していた[11]．こうしたことから，T会の就労の場や，そこで展開する活動は，利用者と地域とを結ぶ役割を果たしていると言える．

　このことは，スタッフとの関わりにも見出せる．T会のスタッフの3分の2を占めるパートスタッフの多くは，子育ての経験のある主婦や，定年退職後に入職した男性であり，多摩ニュータウンやその周辺に住んでいる．お話を伺ったパートスタッフの前職は，医療や福祉とは異なる分野がほとんどだったが，T会への入職後に精神保健福祉士などの資格を取得したという話も聞かれた．こうした例から，T会でのスタッフ雇用が，それまで精神障がい者と関わりを持たなかった人たちの関心を呼んだり，精神障がいへの理解を深めたりする可能性も持っていると言える．このようなニュータウンの内外に住むスタッフと利用者が共に活動していることを考えると，T会の活動の中に，既に地域が入り込んでいると捉えることもできる．

　医療や福祉の専門職だけで支援が担われるとき，精神障がい者は，地域で生活していながら地域に埋もれた存在でいることになる．そのような支援を地域から閉ざされた支援と捉えるならば，地域に開かれた精神障がい者支援とは，精神障がい者が地域の中で見える存在になっていくような支援であると言える．

T会の利用者は，ニュータウンに点在する就労の場や街中で，地域の中で見える存在として活動していた．本稿の事例が示唆するのは，精神障がい者がいること，地域の中で働いていることが見える実践を通じて，支援のプロセスそのものを地域に開いていくあり方である．そうしたプロセスの積み重ねの中で，地域での多様な関わりが広がっていくのではないだろうか．

6　おわりに

本稿では，多摩ニュータウンで活動を行うT会の事例を取り上げ，地域に開かれた精神障がい者支援について考察した．T会はニュータウンの特徴を活かしつつ，精神障がい者の就労の場を広げ，ニュータウンの住民とつながりをつくってきた．T会の活動の拠点がニュータウンに複数存在することは，利用者にとって，さまざまな働き方や参加の仕方を選べる環境をつくり出していた．それらの活動の拠点は，「普通」にできることを求める社会の価値観を引き受ける訓練の場であり，一方ではそうした価値観から逃れられる居場所でもあるという両義性を持っていた．このような居場所は，利用者に社会的な承認の契機をもたらすとともに，利用者と地域を結ぶ役割を果たしていた．ニュータウンに散らばるこれらの拠点は，利用者同士や利用者とスタッフの間，利用者とニュータウンの住民との間に緩やかなつながりを生み出していた．

　福祉や雇用をめぐる状況が大きく変化する昨今，これまで個人的な問題とされてきた事柄が，新たに政治の問題として議論されるようになった．搾取や不平等からの解放を目指す解放のポリティクスに加えて，現代社会では，自己実現に関わる選択やライフスタイルの政治であるライフ・ポリティクスが重要になっている（Giddens 1991＝2005）．Giddensの議論を応用しつつ，宮本（2008）は，多様な働き方や家族のあり方などの生活そのものに関わるライフ・ポリティクスが，福祉政治の新しい領域として浮上したと指摘する．それは人びとの社会参加を保障するための政治でもあり，そうした政治の進展によって，ケアを受ける側にいた人が地域社会を支える主体となったり，孤立していた人たちの間につながりを生んだりする可能性を持つという（宮本 2013）．このことを本稿での議論に援用すれば，T会のニュータウンに密着した活動は，就労

支援の取り組みを通じて，精神障がい者が地域を担う主体になる可能性を生み出している．支援の対象という受動的な立場を脱して，ニュータウンの住民の暮らしを支える主体になることは，精神障がい者が地域の中で役割を持ち，生きがいを感じながら生活を送ることにつながる．T 会の事例は，精神障がい者の社会的包摂が，そうした日常のライフ・ポリティクスの中から具体化される可能性を示していると言える．

　「精神障害にも対応した地域包括ケアシステム」や「地域共生社会」の構想が掲げられる中で，個別の地域におけるこのようなライフ・ポリティクスに対しては，どこまで光が当てられているだろうか．今後も精神障がい者の声に寄り添いながら，地域にどのような社会的包摂の契機を見出すことができるかを考えていかなければならない．また，本稿を通じた示唆は，多摩ニュータウンの事例をもとにしたものであり，同じしくみを他の地域に当てはめることは，必ずしも有効ではないだろう．特徴を異にする他の地域はどのような状況にあり，どのような支援の形が求められているのか．先行研究における知見との比較や新たな事例研究を踏まえながら，今後さらに検討していく必要がある．

注

1) 本稿では，法制度や団体名などを除いて「障がい」と表記する．「障害」の表記をめぐっては，一般的に使用されている「障害」が適切だとする意見がある一方で，「障碍」「障がい」「しょうがい」などへの変更を求める意見もある．その理由は多様であるが，WHO の国際生活機能分類（ICF）や障害者権利条約で採用されている障がいの社会モデルに沿った表記をめぐって意見が分かれていると言える．2009 年に内閣府に設置された「障がい者制度改革推進本部」は，法令等における「障害」表記について検討する作業チームを設けて各方面へのヒアリングを行ったが，現状では特定の表現に決めることは困難であるとして，当面は「障害」を用いるという結論に至った（「障害」の表記に関する検討チーム 2010）．ただし，全国の自治体では，条例・規則や組織名，公文書等の表現を「障がい」に変更する動きが広がっている．また，内閣府の世論調査では，ふさわしい表記について尋ねた項目で「障がい」を支持する回答が最も多かった．その割合は，この質問が初めて設けられた 2012 年の調査では回答者全体の 35.5％だったが，続く 2017 年の調査では 40.1％に増加した（内閣府 2017）．こうした自治体の動向や世論調査から，「障がい」の表記に親しみをもつ人は，近年増えていると考えられる．筆者も社会モデルの立場を支持するが，「障」が社会の側の障壁を表しているのに対して，「害」は本人の社会的な位置付けを表しているのではないかと考えている．そのため本稿では，「邪魔」や「災い」などの意味がある「害」の字が持つ負のイメージを避けるとともに，今後の障がい者

の社会的な位置付けが変わっていくことに期待を込めて，各地の自治体でも採用が増えている「障がい」の表記を用いる．今後も当事者や関連団体の意見を踏まえたさらなる議論が必要である．

2）厚生労働省が実施した直近の患者調査（2017年）によれば，「受け入れ条件が整えば退院可能」な精神病床の患者は約5万人に上る．ただし，社会的入院の定義の違いによって，推定される患者数には開きがある．

3）本稿に関する調査以降に，T会は社会福祉法人格を取得するなど，大きな変化があった．これに伴い，複数の新たな事業が始められ，支援の状況も変わりつつあると思われる．ただし，これらの取り組みは始まったばかりであり，T会の変化が利用者の生活や地域との関係性にどのような影響を与えたかを論じるには，一定の時間が経過した段階でのさらなる調査が必要である．法人としての運営のあり方や関係する主体の変化，利用者層の広がりなど，考えるべき新たな論点も予想されるため，引き続きT会の動きに注目しつつ，別稿にて改めて考察したい．

4）インタビューにあたっては，調査対象者に対して，調査の目的や方法，データの分析や公表の仕方などについて書面と口頭にて説明し，予め承諾を得た．

5）アンケートの実施期間は2015年9月29日から10月20日であり，調査票の配布・回収は就労支援事業所やグループホームの責任者を通じて行った．回収にはシール付きの封筒を使用し，記入した内容が本人以外の目に触れないように配慮した．なお，調査票は調査期間中に通所のあった利用者だけに配布したため，実質的には全数調査とはならなかった．アンケート結果にはこのような偏りがあることに留意されたい．

6）事業所Bをはじめ，T会が運営するレストランや弁当製造の事業所では，事業所Aで採れた野菜や，提携する近郊の農家などから仕入れた野菜を使用している．

7）多摩ニュータウンでは，団地商店街の空き店舗を活用して，高齢者の居場所や世代間交流の場を設ける取り組みが他にも行われている．こうした場の運営に福祉団体が関わる例については，たとえば上野・松本（2012: 84-120）などを参照されたい．

8）T会の代表理事へのインタビューによる（2015年8月27日）．代表理事は60代の女性であり，精神障がいのある子どもがいる．

9）2.3の通所の服装や時間に気を遣っているという利用者の話も，こうした社会規範との関連で理解できるだろう．

10）アンケート結果によれば，回答者のおよそ4割は一人暮らしである．この中には，T会のグループホーム（一人暮らしに近いサテライト型）の利用者も含まれる．

11）このことは，同じ多摩地域における知的障がい当事者の支援を取り上げた三井が，「たとえ顔を見かける程度であっても，忌避感がおもだったとしても，そこにはかかわりが存在するのである．支援という関係だけでない，さまざまな関わりの中で（中略）生活は展開される」と指摘したことに通じる（三井 2010: 134）．

文　献

阿部真大，2011，『居場所の社会学』日本経済新聞出版社．

福原正弘，2001，『甦れニュータウン——交流による再生を求めて』古今書院．

古屋龍太，2015，『精神科病院脱施設化論——長期在院患者の歴史と現況，地域移行支援の理念と課題』批評社．

Giddens, Anthony, 1991, *Modernity and Self-Identity: Self and Society in the Late Modern Age*, Cambridge: Polity Press. (＝2005, 秋吉美都・安藤太郎・筒井淳也訳『モダニティと自己アイデンティティ——後期近代における自己と社会』ハーベスト社.)

八王子市福祉部・障害者福祉課編, 1999, 『八王子市障害者実態調査報告書』八王子市福祉部・障害者福祉課.

平川毅彦, 2004, 『「福祉コミュニティ」と地域社会』世界思想社.

平野隆之, 2005, 『共生ケアの営みと支援　富山型「このゆびとーまれ」調査から』全国コミュニティライフサポートセンター.

広井良典, 2010, 「コミュニティとは何か」広井良典・小林正弥編著『コミュニティ公共性・コモンズ・コミュニタリアニズム』勁草書房, 11-32.

Honneth, Axel, 1992, *Kampf um Anerkennung: Zur moralischen grammatik sozialer konflikte*, Frankfurt: Suhrkamp Verlag. (＝2003, 山本哲・直江清隆訳『承認をめぐる闘争——社会的コンフリクトの道徳的文法』法政大学出版局.)

井上英晴・賀戸一郎, 1997, 『宅老所「よりあい」の挑戦』ミネルヴァ書房.

岩田正美, 2008, 『社会的排除　参加の欠如・不確かな帰属』有斐閣.

熊田博喜, 2008, 「ソーシャル・インクルージョンと地域社会」園田恭一・西村昌記編著『ソーシャル・インクルージョンの社会福祉——新しい〈つながり〉を求めて』ミネルヴァ書房, 23-52.

丸岡稔典, 2016, 「世田谷における障害者運動の生成と展開——地域像の構想に焦点を当てて」『福祉社会学研究』13: 106-31.

三井さよ, 2010, 「生活をまわす／生活を拡げる——知的障害当事者の自立生活への支援から」『福祉社会学研究』7: 118-39.

————, 2018, 『はじめてのケア論』有斐閣.

宮本太郎, 2008, 『福祉政治——日本の生活保障とデモクラシー』有斐閣.

————, 2013, 『社会的包摂の政治学——自立と承認をめぐる政治対抗』ミネルヴァ書房.

森田次朗, 2017, 「不登校問題をめぐる排除／包摂の重層性——「フリースクール」の法制度化とシティズンシップの再編」『福祉社会学研究』14: 121-43.

内閣府, 2017, 『「障害者に関する世論調査」の概要』内閣府ホームページ, (2019年11月23日取得, https://survey.gov-online.go.jp/h29/h29-shougai/gairyaku.pdf).

西尾敦史, 2012, 「福祉政策における『地域』の意味——1990年代以降の政府報告書を中心に」『日本の地域福祉』25: 87-99.

荻野達史, 2006, 「新たな社会問題群と社会運動——不登校, ひきこもり, ニートをめぐる民間活動」『社会学評論』57(2): 311-29.

大熊一夫, 2009, 『精神病院を捨てたイタリア　捨てない日本』岩波書店.

関村オリエ, 2018, 『都市郊外のジェンダー地理学　空間の変容と住民の地域「参加」』古今書院.

「障害」の表記に関する検討チーム, 2010, 「『障害』の表記に関する検討結果について」, (2019年11月3日取得, https://www8.cao.go.jp/shougai/suishin/kaikaku/s_kaigi/k_26/pdf/s2.pdf).

武川正吾，2004，「福祉国家と個人化」『社会学評論』54(4)：322-40.

─────，2006，『地域福祉の主流化──福祉国家と市民社会Ⅲ』法律文化社.

田中英樹，2018，『精神障害者支援の思想と戦略──QOL から HOL へ』金剛出版.

東京都精神障害者家族会連合会編，2002，『道しるべ　2002 年版（精神障害者を抱える家族のために）』東京都健康局医療サービス部精神保健福祉課.

上野淳・松本真澄，2012，『多摩ニュータウン物語　オールドタウンと呼ばせない』鹿島出版会.

浦河べてるの家，2002，『べてるの家の「非」援助論──そのままでいいと思えるための 25 章』医学書院.

abstract

Support for People with Mental Disabilities in the Community: A case study of Tama New Town, Tokyo

MATSUOKA, Yuka

Graduate Student, Nara Women's University

There is an urgent need to promote social inclusion of people with mental disabilities in the community in Japan. This study explored the expansion of support activities for people with mental disabilities within the community and how support users perceived these activities. A case study was conducted on employment support activities in Tama New Town, Tokyo. Based on participant observation, a questionnaire survey, and interviews with support users and staff members of a support organization, the results obtained were as follows:

Employment support activities have expanded, enabling support users to choose the type of activity they want and to work in many parts of New Town. For example, there is an employment support office in the shopping area of a housing complex. This office plays an important role in facilitating not only the interactions among the residents of the housing complex but also the exchanges between these residents and support users. Moreover, users find opportunities for participating in the community through selling and circle activities.

Support users perceived that such employment support activities enabled them to receive job training for future employment, gain understanding about their mental and physical condition, and also help in connecting with other support users. The interaction at the places of employment support activities brings the possibilities of social recognition to support users and plays a crucial role in linking support users with the community.

Keywords：Mental disabilities, Community, Social inclusion, Employment support, New Town

| 自由論文 |

なぜ献血を重ねるのか
——受血者不在の場合の献血動機と消極的献血層の動機変化

吉武　由彩

　献血により提供された血液は，検査・加工されて各種血液製剤になり，医療機関において患者の治療に用いられる．このとき，血液製剤を使用する患者は「受血者」と呼ばれる．先行研究では，家族や友人など周囲に受血者がいることが，献血を促すという指摘がなされることが多い．他方で，家族や友人に受血者がいない場合でも，献血を重ねる人々がいるが，このような人々に着目した研究はほとんど見られない．そこで，本研究では，家族や友人に受血者がいない人々（「受血者不在」の場合）を対象に，献血動機の分析を行うことを目的とする．

　聞き取り調査の結果，初回献血動機と献血継続動機において共通して，献血によって「役に立つ」，家族や友人等における献血者や医療関係者の存在，いつか自身や家族が輸血を受ける時のために，といった動機が語られた．献血継続動機としては，健康管理も語られた．また，初回献血動機として「なんとなく」や「興味本位」と語る場合が見られたが（消極的献血層），これらの人々は，献血継続動機としては，「役に立つ」や健康管理へと変化していた．献血を重ねる人々を増やすには，人々が「なんとなく」であっても，献血へのきっかけを持てるようにすることが重要と考えられる．加えて，今回の対象者の初回献血時の年齢は，その多くが 24 歳以下であったことから，24 歳以下の人々をターゲットとした献血推進も重要と考えられる．

　キーワード：献血　献血動機　受血者不在　消極的献血層

1　問題の所在

　献血により提供された血液は，検査・加工されて各種血液製剤になり，医療機関において患者の治療に用いられる．このとき，血液製剤を使用する患者は「受血者」と呼ばれる（厚生労働省 2010a）．詳しくは後述するが，先行研究では，家族や友人など周囲に受血者がいることが，献血を促すという指摘がなさ

よしたけ ゆい｜福岡県立大学人間社会学部・講師｜yoshitake@fukuoka-pu.ac.jp

れることが多い．他方で，家族や友人に受血者がいない場合でも，献血を重ね
る人々がいるが，このような人々に着目した研究はほとんど見られない．そこ
で，本研究では，家族や友人に受血者がいない人々（「受血者不在」の場合）を
対象に，これらの人々がなぜ献血を重ねるのか，献血動機の分析を行う．

1.1　献血をめぐる状況――複数回献血の促進

　血液提供者を募集し，血液を採取，検査・加工して各種「血液製剤」とし
て，患者の治療のために医療機関へ提供する一連の事業を「血液事業」という
（厚生労働省 2018a: 2）．日本では当初は血液提供への対価として金銭を支払う
「売血」により，血液が集められていた（香西 2007: 151-3）．しかし，輸血後
の患者の肝炎感染率が高く，血液の安全性が問題となり，1960 年代後半以降
は，自発的な無償の血液提供である「献血」への移行が図られた．現在では，
日本赤十字社が唯一の採血事業者として，献血ルームや献血バスにおいて，献
血者の受け入れを行っている．献血には，年齢や体重，健康状態等に関する採
血基準や，事前の血液検査，問診があり，これらの過程で問題がない場合に献
血が可能である．病気の場合や，輸血歴，臓器移植歴がある場合は献血できな
い．

　血液事業をめぐっては，近年献血者数の減少が問題となっている．献血者数
は 1980 年代には年間のべ 800 万人を超えていたが（日本赤十字社 1993: 55），
2017 年には 478 万人と大きくその数を減らし（日本赤十字社 2018: 1），この
ままでは 2027 年には献血者 18 万人分の血液が不足するというシミュレーシ
ョン結果も提示されている（厚生労働省 2018b）．このような背景から，本稿で
は献血について考察を進めるが，その際には，血液の特殊性も考慮に入れる必
要がある．血液の特殊性として，血液製剤には使用期限が存在し，最も短いも
のは 4 日間である．そのため，献血者を確保する際には，一時期に献血者が
集中して，それにより血液を集めれば良いのではない．むしろ，繰り返し献血
をする人々の確保が重要とされ，そのような人々の献血の促進によって，安定
的に血液製剤を供給することが目指される．献血推進の政策面では，重点項目
のひとつとして「複数回献血の増加」が掲げられる[1]（厚生労働省 2018a: 17）．
「複数回献血」とは，「年度内に 2 回以上献血すること」を指すが，複数回献

血者を 2015 年度実績の 97 万人から 2020 年度までに 120 万人に増やすことが目標とされている.

　加えて,「複数回献血の増加」は,血液製剤の安全性の確保という観点からも重要と認識されている. 献血により提供された血液は,感染症等の検査が行われ,不適とされた血液は除外され,当該献血者に通知される. そのため,繰り返し献血し,感染症の検査で適格と判定されている献血者に献血してもらう方が,より安全な血液を確保できるとされている[2] (厚生労働省 2019a: 12). このように,献血の現場では,血液の特殊性を考慮に入れ,献血者の中でもとりわけ「献血を重ねる人々」を増やしていくことが重点目標とされる. それでは,これらの人々はなぜ献血を重ねるのだろうか.

1.2　献血の先行研究──受血者の存在が献血を促すこと

　献血に関する社会学的研究は世界的に見ても少なく (Healy 2006: 7),その中でも,日本の献血の実態を分析した研究は非常に限られている. そのような状況ではあるが,わかっていることを確認すると,献血者は男性や (男性 72.5％,女性 27.5％),40 代に多い (10 代 5.3％,20 代 15.7％,30 代 18.0％,40 代 28.9％,50 代 23.1％,60 代 9.0％) (日本赤十字社 2018: 8). 社会階層に関しては,高校卒～大学卒 (駒村 1997: 198; 吉武 2015: 46),中収入層 (吉武 2015: 46) や高収入層 (駒村 1997: 198),経営者・役員や正社員 (吉武 2015: 46) の場合に,献血しやすいことが指摘される. 続いて,献血者の中でも,男性,40 代や 50 代,大学・大学院卒,高収入層,経営者・役員や正社員の場合に献血回数が多いことが報告される (吉武 2017: 6-8).

　それでは,人々はなぜ献血をするのだろうか. 全国調査によると,人々が「献血を行った理由」(複数回答) は,「自分の血液が役に立ってほしいから」(51.5％),「将来自分や家族などが輸血を受ける時にそなえて」(33.8％),「血液の検査結果が自分の健康管理のためになるから」(27.0％),「血液が不足していると聞いたから」(24.1％),「過去に自分や家族などが輸血を受けたことがあるから」(11.4％),と報告されている (内閣総理大臣官房広報室 1990: 12). 献血の意識調査は岡山県でもなされているが,そこでは,上記の動機に加え,「お菓子やジュースがもらえるから」,「献血会場で誘われたから」,「なんとなく」

といった動機も報告されている（岡山県 2010: 39-41）．

　また，献血者の中でも，献血回数が多い人々へ聞き取り調査を行った研究で
は，家族や友人に血液製剤の提供を受けた人がいること，本人あるいは家族や
友人が医療・福祉関係者であること，家族や友人に献血者がいること（吉武
2014: 27-9），学業や就職における困難経験などの生きづらさを抱えていることが
（吉武 2013: 121-3），献血動機として指摘される．加えて，献血とインセンティ
ブについては，重要な論点として日本でも議論が重ねられてきたが（駒村
1997; 今井 2004, 2006），献血時にお菓子やジュースが提供されることが複数
回献血を促すという調査結果も存在する（奥村ほか 2013）．

　海外の研究も含めて考えた時に，頻繁に指摘されるのが，周囲に「受血者」
がいることが，献血を促すという説明である．「受血者」とは，「血液を受け取
る者」と書くが，血液製剤を使用する患者のことを指す[3]（厚生労働省 2010a）．
家族や友人など，周囲に受血者がいる場合に，献血しやすいとされる（Titmuss
[1970] 2002: 134-9, 215, 228-9; Oswalt 1977: 127; Piliavin and Callero
1991: 11-2, 33-4,; Healy 2000: 1648-9, 2006: 79; Busby 2010: 374-5; 吉武
2014: 27-8 など）．家族や友人が輸血により命を助けられたことにより，献血
しようと考える場合や（Titmuss [1970] 2002: 228-9），家族や友人の病気によ
り血液が必要だと気づき，献血すること（Busby 2010: 374-5），などが指摘さ
れる．先行研究の中には，大学生の献血者調査の結果，家族や友人が受血者で
ある人々は5割を超えること（Piliavin and Callero 1991: 33-4）を報告するも
のもある．日本の研究でも，献血回数が多い人々を対象とした聞き取り調査の
結果，家族や友人が受血者である人々は4割弱いたという（吉武 2014: 27）．

　このように，献血の先行研究では，受血者の存在が献血を促すという指摘が
繰り返しなされており，献血研究における重要な知見と言える．他方で，家族
や友人に受血者がいない場合でも，献血を重ねる人々がいる．日本の献血研究
に則るならば，献血を重ねる人々の中でも，6割は家族や友人に受血者がいな
い（吉武 2014: 27）．それでは，これらの人々は，なぜ献血を重ねるのか．こ
の点については，先行研究においては十分に明らかになっているとは言えない．
献血者全般として，どのような人が，なぜ献血をするのかについては，少ない
ながらも研究が見られるものの，家族や友人に受血者がいない人々に対象者を

限定して，なぜ献血を重ねるのかを検討した研究はほとんど見られないからである．そこで，本研究では，家族や友人に受血者がいない人々（「受血者不在」の場合）を対象に，これらの人々がなぜ献血を重ねるのか，献血動機の分析を行うことを目的とする．

2 調査概要

2.1 献血を重ねることについて

受血者不在の場合を対象に，なぜ献血を重ねるのかを分析するにあたり，「献血を重ねる人」をどのように設定するのか，という問題がある．方法としては，献血頻度による設定と，献血回数による設定が考えられる．前述のように，献血政策の現場では，「複数回献血の増加」（年度内に2回以上献血する人々の増加）が重点目標として掲げられているが，これは献血頻度による規定である．それでは，献血頻度による設定が好ましいのかというと，疑問もある．単年度の献血頻度でもって「献血を重ねる人」を設定すると，これまで全く献血をしていない人でも，その年度だけ複数回献血をすれば「献血を重ねる人」になるし，反対に，過去に献血を何回していても，その年度だけ献血をしなければ「献血をしない人」になる．献血推進方策の審議を行う血液事業部会献血推進調査会[4]でも同様の疑問が呈され，献血回数の方が良いとの意見も出されている（厚生労働省 2010b, 2014）．

このように考え，本研究では，献血回数でもって「献血を重ねる人」を設定したい．しかし，問題は複雑である．なぜなら，献血推進調査会の議事録でも，現時点では既存の献血者の献血回数の分布については分析できていないと説明され，人々が何回献血を重ねているかは不明だからである（厚生労働省 2010b, 2014）．加えて，献血に関しては研究も少なく，献血回数に関するデータはほとんど見られない．そのような状況ではあるが，今回，ひとつの区切りを設け，「献血を重ねる人」を設定したいと考え，年間献血回数の上限から設定することにした．献血では献血者の健康面に配慮し，献血の種類ごとに上限回数が設定されている．年間回数が最も多い成分献血では，24回が上限である（厚生労働省 2018a: 26）．上限回数をもとに考えると，献血を「50回以上」

重ねるには，少なくとも 2 年以上続ける必要がある．「50 回以上」とは，ある程度の継続性を有し，充分に「献血を重ねる人」と言えると判断した[5]．ただし，献血回数は年齢が高いほど多くなるため，10 代や 20 代では献血回数 50 回という設定は厳しいと考えられる．そこで，10 代と 20 代については，献血回数 31 回以上は構成比が小さいこと（2.9%）が指摘されるため（厚生労働省 2011: 124），「30 回以上」と設定した[6]．献血回数についてはデータが非常に限られており，ここまでしか論ずることができない．このような設定の仕方には限界もあると考えられるが，今回は「50（30）回以上」という回数をひとつの区切りとして，「献血を重ねる人」を設定した．

2.2　調査概要

　前節で提示した問題関心に基づき，献血を重ねる人々への聞き取り調査を行った．調査にあたっては，事前に調査依頼文書を作成し，X 県赤十字血液センターの所長を訪問し許可を得た．調査では，調査日に一日中献血ルームに滞在し，献血ルームスタッフの協力を得て，調査当日に献血ルームを訪れた献血回数 50（30）回以上の献血者を紹介してもらうという方法を取った．調査日は 2013 年 1 月〜4 月の間で合計 20 日間設定したが，献血ルームスタッフと話し合った結果，業務への支障をきたさないよう，献血者が多い土日を除き，平日に設定した[7]．その結果，対象者 70 人の紹介を受けたが，そのうち家族や友人に受血者がいない人々は 45 人だった．

　今回上記のような対象者の選定方法を取ったが，この方法を採用した理由に言及する．対象者の選定にあたっては，難しさも存在した．献血者は団体に所属するという形を取っているわけではなく，基本的に個人の都合の良い時に献血に来る．献血場所も，住所に応じてある献血場所が指定されるのではなく，個人が都合が良い場所で献血する．このような状況であるので，既存の名簿が存在し，それを用いてランダムサンプリングを実施することはできなかった．しかし，献血ルームスタッフと相談し，実現可能な方法として，上記の方法を選択した．

　このようにして対象者を選定し，半構造化面接により聞き取り調査を行った．時間は 1 回あたり約 30 分である．調査は対象者の献血後に，休憩スペースの

隅で行った．主な調査項目は，性別，年齢，職業，献血回数，献血歴，初回献血動機，献血継続動機である．献血動機に関しては，初回献血動機は「最初に献血をした動機は何ですか」，献血継続動機は「50（30）回以上，継続して献血をしている動機は何ですか」と，2つに分けて尋ねた．先行研究（内閣総理大臣官房広報室 1990: 12）では，献血動機を分けて調査していないが，2つの動機が異なる可能性があると考え，今回は分けて尋ねた．献血と類似の行為として，自発的な時間や労力の提供行為であるボランティア活動が存在するが，ボランティア活動の動機研究でも初回動機と継続動機を分けて分析することは一般的であり，2つの動機が異なることが指摘されるからである（桜井 2007: 22, 50-64）．なお，初回献血動機と献血継続動機は，いずれも特段ひとつに絞ることを求めていないため，ひとりの対象者から複数の動機が語られる場合もあった．

　聞き取り記録は IC レコーダーで録音し，後日書き起こした．倫理的配慮については，献血ルームスタッフおよび献血者に，調査主旨やプライバシー保護等について説明を行い，献血者からは説明後に同意書への署名を得た．45 人については，ID1〜ID45 として表記している（調査日に基づき順に番号を振った）．

2.3　調査対象者の基本属性

　対象者45人の基本属性について確認する．対象者は男性36人，女性9人，年齢は20代4人，30代14人，40代19人，50代4人，60代4人である．職業は，会社員25人，公務員5人，自営業3人，パート・アルバイト3人，無職6人（定年退職，主婦も含む），学生3人である．献血回数は，30〜39回4人，40〜49回0人，50〜59回8人，60〜69回2人，70〜79回3人，80〜89回3人，90〜99回4人，100回以上21人である．初回献血時の年齢は，16〜19歳24人，20〜24歳19人，25〜29歳1人，30歳〜34歳1人である．1節で確認したように，献血者は男性や40代に多いが（日本赤十字社 2018: 8），今回も男性や40代が多い．また，特筆すべき点として，今回ランダムサンプリングを行ったわけではないものの，対象者の初回献血時の年齢が16〜24歳の間に43人（95.6%）が含まれている[8]．本稿の目的は献血動機の分析であるため，この点についての詳細な分析は今後の研究課題としたいと思

うが，この数値からは，受血者不在の人々が24歳までに一度も献血を経験することなく，後に献血を重ねる人（献血回数50回や30回以上）となることは，あまり期待できないことがうかがえる．

3 調査結果

3.1 初回献血動機

　調査の結果から，初回献血動機について確認する．本来ならば対象者45人全員の語りを提示することが望ましいが，紙幅の関係により難しい．そのため，以下では，各動機分類に該当する対象者のIDをカッコ内で提示し，語りについてはそれぞれ2人ずつ紹介するにとどめる．

　調査の結果，「役に立つ」という気持ちから，初めて献血をしたと語る場合があった（ID3,7,8,10〜12,14,15,22,23,25,26,28,29,36,38,40,42,45）．ID28は以下のように語る．

　　一番最初，どこだったかな．高校に来たような気がするんですね，献血バスが．最初の頃，どうかな．まあ，それで役に立つならという気持ち．それで役に立つならいいな，が最初．で，学生時代はみんなで暇がある時行こうか（2013年3月11日，ID28，女性40歳）

　同様に，ID14も「なんかこう，献血して役に立ったらいいな」（男性27歳）と語る．

　また，ID28の語りの中にもすでに見られるが，周囲の人々の影響で最初に献血をしたという場合もある．その中でも，家族や友人に献血者がいたことが，献血を促す場合がある（ID7,9,14〜16,19,20,23,26,29,32,39）．ID20は以下のように語る．

　　最初にしたのは，たぶん20歳くらい．大学の時に献血ルームでした．親も，父親も結構献血行ってたっていうのもあるし（2013年3月6日，ID20，男性38歳）

ID7 も「母がやってるのを見てたから．それで献血しましたね」（女性 47 歳）と語る．

自身や家族，友人が医療関係者であることが，献血を促す場合もある（ID9,11,19,28,30,37）．ID37 は以下のように語る．

16 からやりたかったんですけど，貧血でできなかったんです．……20 歳過ぎてからです．まともにできるようになったのは．短大で，友達と「行こう」となったのかな．友達と「やってみようか」．……私は高校が，理系の，結構みんな看護師さんとかなるクラスだったんですよね．それで，そういう盛り上がりがあった（2013 年 4 月 5 日，ID37，女性 38 歳）

ID9 も「親も看護師なんですよね．で，親も献血をしてたので．（自分も）看護学校の学生だった頃にしました」（男性 32 歳）と語る．

加えて，先行研究では，「将来自分や家族などが輸血を受ける時にそなえて」という動機が報告されていたが（内閣総理大臣官房広報室 1990：12），今回の調査でも聞かれた（ID3,15,22,24,29）．ID24 は以下のように語る．

私が献血を始めたのも，輸血がもらえるから．昔は献血している人から優先的にもらえるっていうことで．大体そういうのがきっかけで献血を（2013 年 3 月 8 日，ID24，男性 60 歳）

1974 年までは，献血者が優先して輸血を受けられる「預血」が採用されていたことから（香西 2007：164-5），ID24 は上記のように語ったが，類似の語りは，1975 年以降に初めて献血をした対象者からも聞かれた．ID22 は，「将来の自分に対する貯金くらいの気持ちですね．いつか大怪我するかもしれない」（男性 35 歳）と語る．

また，献血では，献血後に休憩場所にて栄養補給のためお菓子やジュースが提供され，退出時に受付にて「処遇品」と呼ばれる品物が渡される．お菓子や処遇品の存在を動機として語る場合も見られた（ID2,4,6,9,13,16,17,19,21,25,39,43）．ID6 は以下のように語る．

専門学校の時．学校側が，みんなで行きましょうと．最初は不純な動機なんですけど，ジュース飲み放題とか，ちょっとしたものがもらえるのが目当てで来てましたね．図書券とかもらえて（2013年1月10日, ID6，女性47歳）

同様に，ID17も「ジュースがもらえるじゃないですか．もらえるの知ってたから献血した」（男性46歳）と語る．ただし，お菓子やジュースは現在でも提供されているが，2002年以降は図書券といった金券の提供は禁止され，処遇品は洗剤などのより簡素な生活用品へ変更されている（今井 2004: 16, 2006: 53, 59）[9]．

これまで紹介した対象者は，「役に立つ」，「輸血を受ける時にそなえて」という意識や，家族や友人の影響，お菓子や処遇品の存在を，初回献血動機として比較的はっきりと語っているように思われる．他方で，初回献血動機について，以下のID18のように，「特にない」，「興味本位」，「暇だった」などと語られる場合もある．

（最初は）大学生．きっかけ，というのは，特には．興味本位だと思いますけど．時間があったので，暇だったんで，ということですね（2013年3月4日，ID18，男性39歳）

このような語りは，他の対象者からも聞かれた（ID1,4,8,18,21,31,33〜35,38,41,43〜45）．「献血を最初にした時は何も考えてなかったですね」（ID8，男性47歳），「初めのうちは興味本位だった」（ID31，男性65歳），「動機は特に，明確にっていうのはないですけど，……なんとなく」（ID35，男性46歳）などの語りが聞かれた．さらに，学校や職場に献血バスが来て，「半強制的に」献血をしたという語りも見られた（ID45）．

専門学校の時に学校に献血バスが来て．まあ，半強制的にやらされてるっていうのが，最初の始まり．ただ，別段人のためと思えばいいんじゃないというかんじで．あと，授業もさぼれるしね（2013年4月23日，ID45，男性28歳）

3.2　献血継続動機

　次に，人々はなぜ献血を重ねるのだろうか．調査の結果，献血継続動機の場合にも，「役に立つ」という語りが聞かれる場合があった（ID2〜12,14,15,17〜30,32〜43,45）．ID2 は以下のように語る．

　　血液センターから（電話）依頼があってね．輸血をする人でもある程度の適合性が必要だということを聞いてね．合わなかったら，色々副作用があるということでね．で，「あなたと合う人がいた時に，献血をお願いします」って言われてね．かっこよく言えば，俺でも役に立つんだって（2013 年 1 月 7 日，ID2，男性 44 歳）

　同様に，ID19 も「何かしら人の役に立てば，あとは別にこれくらいの時間の余裕はあるから」（男性 37 歳）と語る．
　また，献血継続動機として，家族や友人などが献血者であることが語られる場合があった（ID2,5,15,22,23,28,32）．ID23 は以下のように語る．

　　母がずっと献血通ってて，父もそうだったんですけど．おそらく 300 回超すんじゃないですかね．父も百何十回かやってて，まぁ母が行ってるの見てて，自分でも小さな社会貢献じゃないですけど，自分の血液でも役に立つことがあれば（2013 年 3 月 6 日，ID23，男性 44 歳）

　ID15 も「同僚がよく献血行ってて，一緒に昼休みにしょっちゅう行ってましたね．だからもう 100 回以上になります」（男性 49 歳）と語る．
　関連して，自身や家族，友人が医療関係者であることが語られることもあった（ID5,11,13,28,30,32,33）．ID5 は以下のように語る．

　　自分にできる身近な社会貢献というのは，ですね．献血ルームがあればできることだからですね．父親が献血やっているのもそうですけど，うちは母方も父方もきょうだいに医者が多い環境で，うちは祖母も妻も看護師ですけんね（2013 年 1 月 10 日，ID5，男性 44 歳）

ID11 も「看護師をしていて．現場見てるんで．血液が必要な方いるじゃないですか．だから，できるなら献血しようかな」（女性 35 歳）と語る．

加えて，現在では預血制度は存在しないが，「めぐりめぐって自分に来ることですよね」と，自身も血液製剤を使う可能性があると語られる場合もあった（ID3,5,8,12〜15,22,23,25,26,29,34,39,43）．ID13 は以下のように語る．

> （献血は）めぐりめぐって自分に来ることですよね．いつ自分がもらうかわからない．今は健康なだけで．みんな年取って体悪くなるから，健康な人はするべき（2013 年 2 月 14 日，ID13，男性 39 歳）

ID12 も「いずれ自分が怪我した時に．……いつ必要になるかわかんない」（男性 53 歳）と語る．

また，健康管理が献血継続動機となっている場合も見られた（ID1,3〜5,10〜13,15,20,21,24,26,28,29,31,34,37,39,41〜45）．献血をすると，約 2 週間後に血液検査の結果が通知される．この結果を確認することが，自身の健康管理につながるという．健康管理は，初回献血動機としては聞かれなかったが（0 人），献血継続動機として聞かれた（ID10）．

> 頻繁にするようになってもう 10 年．きっかけはガンマ GTP．あれを，献血すると送ってくるから．酒飲むから．一時期 140 くらいまで上がって．その時に心配になって．それと，誰か使ってもらえればですね（2013 年 1 月 31 日，ID10，男性 57 歳）

ID3 も「病院に行かなくても，健康面が自分自身で測られるからですね」（男性 65 歳）と語る．

関連して，現在処遇品は洗剤などへ変更されたものの，献血後のお菓子やジュースの提供は続いている．しかし，献血継続動機としては，お菓子や処遇品目的というのはあまり聞かれなかった（ID6 のみ）[10]．他方で，モノというよりも，献血者自身が落ち着ける空間や時間，サービスとして，献血の場を捉える語りが見られた（ID4,7,11,17,22,27,36,37,42）．ID27 は以下のように語る．

　楽しんでるっていうか．でも，それが理想でしょう．理想って言ったらおかしいですけど．仕事でもなんでも楽しんでやって，それでそれが社会貢献になったら．だから，苦しんでやってるとか，我慢してやってるとかじゃない．自分はここで休憩したりして，DVD も観れるし．途中で DVD 終わってしまいますけど（笑）……この雰囲気かな．リラックスできる．ひとりで来てるんで，俗世間のこと忘れられるって言ったら大げさだけど，ゆっくりできる感覚．ひとりで温泉入りに行くとかそういう感覚でしょう．普段仕事でせかせかしてたら，ゆっくりしたいという．そういう時間，ほしくなる（2013 年 3 月 8 日，ID27，男性 42 歳）

　ID36 も「（献血は）楽しみに近いと思う．くつろぎの場みたいな．スタッフの人も感じがいいし」（男性 38 歳）と語る．
　さらに，献血では，献血回数が 10 回，30 回，50 回等になった際に，記念のガラス器や感謝状が贈られる．そのような表彰が励みになることや，献血回数の目標を定めて，献血を重ねる姿が見られた（ID3〜5,7,9,13,15,16,22,24,27,28,31,41,42）．ID16 は以下のように語る．

　回数重ねると，もうこのまま続けてやれという気になって．何回か表彰されて．上位にいるんだとわかると，ちょっとがんばる気になって．継続するのは，回数よね．上の方で競うというのは，張り合いがある（2013 年 2 月28 日，ID16，男性 43 歳）

　ID42 も「30 回，50 回というように日赤の表彰もあったので，それを目標にして続けました．……100 回までしようと思って」（男性 65 歳）と語る．

3.3 小 括

　3.1 および 3.2 では，初回献血動機と献血継続動機を確認してきた．調査の結果，初回献血動機として，献血によって「役に立つ」，家族や友人等における献血者や医療関係者の存在，いつか輸血を受ける時のために，といった動機が語られる場合があった．これらの動機は，先行研究でも献血動機として指摘

されているが（内閣総理大臣官房広報室 1990: 12; 吉武 2014: 27-8），今回の
調査でも確認された．さらに，これらの動機は，初回献血動機としてだけでな
く，献血継続動機としても語られ，人々が献血を重ねていく時に，複数の段階
（初回／継続段階）において，人々に献血を促していることがわかる．

　献血とインセンティブという観点からは，初回献血動機としてはお菓子やジ
ュース，処遇品の存在が有効であったが，献血継続動機としては，健康管理や
落ち着ける場所やサービスとしての献血ルームの存在，表彰制度の有効性がう
かがえた．先行研究では，お菓子やジュースの提供が複数回献血を促すことが
報告されていたが（奥村ほか 2013），今回の調査結果からは，お菓子等の提供
は，献血継続動機としては寄与しないことが示唆された．献血継続と一口に言
っても，先行研究ではその対象者の 7 割以上が献血回数 5 回以下であり，献
血回数 50（30）回以上の本稿の対象者とは継続度合いが異なる．この点につ
いては，さらなる研究が必要となるが，献血継続初期にはお菓子等は有効であ
るが，献血継続が長期化するにつれ，お菓子等の有効性は弱まるという可能性
が考えられる．

　上記で紹介してきた動機に加え，今回の調査からは，初回献血動機について，
「特にない」，「興味本位」，「なんとなく」と語る場合や，「半強制的に」と語る
場合も見られた．今回献血回数 50（30）回以上の人々に限定しているものの，
このような初回献血時における消極的献血層とも見える人々が浮かび上がって
きた（ID1,4,8,18,21,31,33〜35,38,41,43〜45）．あらためて先行研究を振り返
ると，「なんとなく」という人々については，これまで全く指摘がなされてい
ないわけではなく，岡山県における意識調査では，初回献血動機と現在献血動
機のいずれにおいても，「なんとなく」という回答が 2 割程度見られることが
報告される（初回献血動機 21.0 %，現在献血動機 19.7 %，複数回答）（岡山県
2010: 39-41）．しかし，今回の調査では，このような動機は，初回献血動機
としては聞かれたが，献血継続動機としては聞かれなかった．岡山県調査では，
対象者の 7 割以上が献血回数 5 回以下であるのに対し[11]，本稿の対象者は献
血回数 50（30）回以上と，継続度合いが異なる．献血継続初期には「なんと
なく」という動機が持たれるが，献血継続が長期化するにつれ，「なんとなく」
と語る人々の動機が変化する可能性が考えられる．それでは，どのようにして

動機が変化し，献血を重ねるのだろうか．この点について分析した先行研究は管見の限り見受けられない．そこで，次節ではこの点について確認する[12]．

4　消極的献血層のゆくえ——「なんとなく」はどのように変化するのか

3 節からは，初回献血時における消極的献血層とも見える人々が浮かび上がってきた．これらの人々の動機の変化の分析に先立ち，このような初回献血動機の様相を再度確認したい．ID1,34,38 は，初回献血動機について以下のように語る．

　18 とかそこらへんでしょうね．学校で，200ml の献血やったような気がする．昔は 200ml 献血やったもんね．（動機は）特にないんですね．ただやってみようかというかんじ（2013 年 1 月 7 日，ID1，男性 53 歳）

　最初は高校生だと思います．高校生の時に学校に献血バスが来て．うーん，よく覚えてないけど．でも，できる最年少で献血したかな．あと，大学でもやって．でもその時は数年に 1 回レベル（2013 年 3 月 14 日，ID34，51 歳女性）

　大学の受験に失敗して，浪人してる時ですね．時間があったんで．何で来たのかはわからないんですけど，時間があって来たんですよね，献血ルームに．まあ，自分にできるボランティアっていうのがあんまりなかったですからね．あんまり深く考えずに（2013 年 4 月 5 日，ID38，男性 38 歳）

3.1 で紹介した ID18,45 や，上記の ID1,34,38 の語りからは，学校に献血バスが来たことがきっかけとなっていること，若い頃で「時間があった」ので，献血したことが聞かれる．何のきっかけもない中，「なんとなく」献血するのではなく，上記のようなきっかけがあり，献血をしていることがうかがえる．
　それでは，どのように動機が変化するのか．結論を先取りするならば，これらの人々の献血継続動機は，大きくは「役に立つ」（ID4,8,18,21,33～35,38,41,43,45）と健康管理（ID1,4,21,31,34,41,43～45）へと変化する．前者の事例

として，ID34 は以下のように語る．

　　結構早く結婚して出産して．40 歳くらいまでは，自分の生活，仕事と家
　庭とで追われてたから．だから，あんまりプラス α の発想とかはなかったで
　すね．で，職場に献血バスが来て．たまたま私は苦にならないし，できまし
　たよ，ということで．……40 歳くらいから，しゃかりきになって献血行き
　始めたんですけど．何か役に立つのかなって，そういうことはちょっと考え
　るようになって．何か役に立つようなこと．それと，健康のバロメーターと
　いうのが一致して，リズムよく来ている（2013 年 3 月 14 日, ID34，51 歳女性）

　上記の語りからは，結婚や出産を経て，仕事や家庭がやや落ち着いてきた
40 歳頃に，人の役に立つことをと思い始めることがうかがえる．類似の語り
は ID8 や ID35 からも聞かれ，年を取って，人の役に立つことを考えるように
なったという（ID8「頻繁に行きだしたのが，30 歳超えて．特に何かきっかけがあ
ったわけではないけど．人の役に立つって，それぐらいしかないけんですね．20 代
の時は，特に何も考えてなかった」，ID35「結構定期的にやりだしたのが，30 歳超
えて．特に別に何もないけど．それこそボランティア活動みたいな感じで」）．上記
の事例に加えて，血液センターから献血依頼の個別の電話があったことを契機
として語る場合がある．ID38 は以下のように語る．

　　僕の場合は，呼ばれてくる時が多いんですよね．患者さんがいるみたいで，
　今日も．電話かかってきて．……なんかここに来たからといって，得できる
　わけではないですからね．やっぱり困っている人がいたら，役に立つのであ
　ればというのが，大きいんでしょうね．自分が何かに困ってる時って，誰か
　に助けてもらうとうれしいですよね．最初の方は，自分の血がどう使われて
　いるのか，と思ったこともあったけれど．自分の場合は血小板を登録してい
　て，電話があって．間違いなく使われているのがわかっているので．やっぱ
　り電話がある方が使命感がありますよね（2013 年 4 月 5 日, ID38，男性 38 歳）

　このような個別の電話依頼は，献血者の中でも，HLA 適合血小板献血者の

登録をし，合致した患者がいる場合になされるものだが，このような依頼が，献血継続の動機付けになるという[13]．類似の語りは ID18 からも聞かれた（「電話がくるようになって．患者さんがいるんで，献血してくれないかと．それで，役に立ってるのかなと」）．

　次に，献血継続動機が健康管理へと変化する事例を紹介する．ID1 は以下のように語る．

　　またやりだしたのは健康管理のため．ちょこちょこしだして，35 歳から 45 歳くらいの 10 年間で 100 回くらいしたかも．だんだんと健康が気になる年になってね．だからね，献血というのは，健康管理にものすごくいいとよ．成分献血だから，色々な結果がいっぱい出るやん．これを病院ですると いったら，結構お金がかかると．健康管理が一番たい（2013 年 1 月 7 日，ID1，男性 53 歳）

ID1 は，年を取って健康が気になるようになったという．類似の語りは ID31 からも聞かれた．数値が基準値を超えることもあるので，気になっているという（「コレステロールとかそういうのを，血の結果を送ってくれるんですよね．僕ちょっとコレステロールが 255 をウロウロしてる．だから今回はちょっとあれだったなと思いながら」）．対象者の初回献血時の年齢は 10 代や 20 代前半が多いが，若い頃は健康管理や血液検査にあまり関心がなかったという．しかし，年を重ねる中で，健康管理への関心が高まることが聞かれた．

5　考　察

　本研究では，家族や友人に受血者がいない人々を対象に，献血動機の研究を行った．献血に関しては，先行研究が非常に限られているため，比較可能な知見も限定的であり，他方で，本研究も調査対象者数や選定方法には課題を抱えている．そのため，受血者不在の場合の献血動機の独自性については，断定的に論ずることができるわけではないが，これまで先行研究が描いてきたのは，献血によって家族や友人の命が助けられた人々が，今度は反対に献血する姿で

あった．他方で，受血者の存在という，人々を献血に駆り立てるものがない，今回のような場合では，学校に献血バスが来たことをきっかけとしながら，「なんとなく」や「興味本位」で献血を始める場合も見られた．

　このような初回献血時における消極的献血層とも見える人々は，一度や二度は献血するが，献血を重ねることはないのではないか，と思われるかもしれない．しかし，今回の対象者は献血回数が多い人々であり，そのような人々においても，これらの初回献血動機を持つ人々が見られた．そして，今回の調査の結果，先行研究（岡山県 2010）とは異なり，初回献血時にこれらの動機で献血を始めた人々は，「役に立つ」や健康管理という献血継続動機へと変化していく様子が見られた．30 代，40 代と年を重ねる中で，あるいは，個別の献血依頼の電話などが契機となって，「役に立つ」ことを考えていく様子や，年を重ねる中で，健康管理という動機へ変化していく様子がうかがえた．補足的に論ずるならば，聞き取り調査とは，調査者と対象者の相互行為である．消極的献血層が上記の献血継続動機を語ることとは，調査者からの「問い」を受け，対象者が献血を重ねることの「意味」を再帰的に内省し，献血継続の「物語」が構築／再構築されることとしても捉えることができるだろう．

　それでは，今回の知見が献血推進にどのようにつながるのか．本研究の知見から得られる手がかりとしては，人々が「なんとなく」であっても，献血へのきっかけを持てるようにすることが挙げられる．近年高校への献血バスの配車は減少傾向にあるが（厚生労働省 2016），あらためて，学校や職場等への献血バスの配車の増加により，まずは献血へのきっかけを提供するという方法があるだろう．さらに，そうして献血を始めた人々にとって，個別の電話依頼の持つ意味は大きく，一般的な依頼と個別的な依頼の用い方を工夫する方法もあるかもしれない．また，今回の対象者の初回献血時の年齢は，その多くが 16〜24 歳であった（95.6％）．このことからは，受血者不在の人々が 24 歳までに一度も献血を経験することなく，後に献血を重ねる人となることはあまり期待できないことがうかがえる．献血を重ねる人々を増やすためには，24 歳以下の人々をターゲットとした献血推進こそが重要であることがうかがえる．

　最後に，本研究の限界と今後の課題に言及する．本研究では，45 人の対象者の調査結果から分析を進めたが，調査対象者数や選定方法にも課題があり，

必ずしも一般化できる保証はない．受血者不在の場合の献血動機の独自性を明らかにするためには，今後も継続的な研究が必要になる．性別や年齢階級別など，属性別での分析は今後の課題である．これらの限界はあるが，先行研究が非常に限られている領域において，受血者不在の場合の献血動機と消極的献血層の動機変化の様相を浮かび上がらせてきたことが本稿の意義である．

※**付記**　本稿は日本学術振興会の研究助成（特別研究員奨励費，若手研究 B）による成果の一部である．

注

1) 献血推進のための重点目標は 4 項目設定されている．「複数回献血の増加」，「安定的な集団献血の確保」，「若年層の献血者数の増加」，「献血の周知度の上昇」である（厚生労働省 2018a: 17）．
2) 現在ではウイルス除去技術等が進展しているが，それでも，ウイルス感染初期には検査により検出できない期間があり，複数回献血者の方がこのことに関する認知度が高いことが指摘される（井上・神谷・小澤 2001: 26，高野編 2002: 2）．
3) 「受血者」という言葉は，「輸血を受けたことがある人」と書き換えた方が良いとの意見もあると思われる．しかし，血液製剤には「輸血用血液製剤」と「血漿分画製剤」があり，後者を使用する場合には，「輸血を受ける」という表現はしない．そのため，本稿では「受血者」とした．
4) 血液事業部会献血推進調査会は，厚生労働省の薬事・食品衛生審議会の中に設置されている．
5) 「24 回」という設定もあり得たとは思うが，それでは，単年度で達成することもできてしまうと考え，単年度では達成できない回数として「50 回」と設定した．
6) 10 代と 20 代についてのみ，「若年層献血意識調査」で献血回数の分布が示されている（厚生労働省 2011: 124）．また，10 代や 20 代の献血回数の設定については，献血ルームスタッフとも相談した．「50 回以上」では厳しいが，「30 回以上」ならば該当者が存在するだろうということであった．
7) 調査を実施した 20 日間は，2013 年 1 月 7，10，28，31 日，2 月 12，14，28 日，3 月 4，6，8，11，13，14 日，4 月 3，5，8，10，15，19，23 日である．
8) 単純に今回の調査結果と比較できるわけではないが，参考として，2018 年度に初めて献血を行った人々の年齢分布を見ると，10 代 41.2％，20 代 33.2％，30 代 11.7％，40 代 8.7％，50 代 4.4％，60 代 0.8％であり，10〜20 代の占める割合は 74.4％である（厚生労働省 2019b）．この数値と比較しても，今回の調査における初回献血時の年齢 16〜24 歳の占める割合は高い．
9) 2002 年に「採血及び供血あっせん業取締法」が，「安全な血液製剤の確保等に関する法律」へ改正され，献血者への金券の提供が禁止された（今井 2004：16，

2006: 53, 59).

10) ID6 は「不純な動機ですかね．品物がもらえるから．でも，メールがくるのもあるし．献血ルームからメールがくる」と語る．

11) 奥村ほか（2013）は，岡山県（2010）のデータを使用し分析を行っているため，両者の使用データは同一である．

12) 本来ならば対象者 45 人全員について，初回献血動機から献血継続動機への動機の変化の分析を行うことが望ましい．しかし，紙幅の関係により，今回は 4 節で扱う事例を除き，動機の変化の分析は行わなかった．

13)「HLA 型」は白血球の型である．繰り返し輸血を受けた患者では，一般的な輸血では効果が薄く，HLA 型が適合した輸血が必要になる．そのため，献血者の中には，HLA 適合血小板献血者の登録に協力している人々がおり，適合した患者がいる場合に，電話依頼がなされる（東京都赤十字血液センター 2019）．

文　献

Busby, H., 2010, "Trust, Nostalgia and Narrative Accounts of Blood Banking in England in the 21st century," *Health*, 14(4): 369–82.

Healy, K., 2000, "Embedded Altruism: Blood Collection Regimes and the European Union's Donor Population," *American Journal of Sociology*, 105(6): 1633–57.

————, 2006, *Last Best Gifts: Altruism and the Market for Human Blood and Organs*, Chicago: University of Chicago Press.

今井竜也，2004，「2002 年血液法改正の概要と問題点」『年報医事法学』19: 10–7.

————, 2006, 「献血におけるサンクションとインセンティブ——血液政策・供血システム転換の可能性と必要性」『保健医療社会学論集』17(1): 51–62.

井上千加子・神谷忠・小澤和郎，2001，「献血者における HIV についての意識調査」『Japanese Transfusion Medicine』47(1): 22–8.

駒村康平，1997，「ボランティアと市場，政府の関係——血液事業を例にして」『季刊社会保障研究』33(2): 191–208.

厚生労働省，2010a，「平成 22 年度第 1 回血液事業部会献血推進調査会資料」（2019 年 7 月 31 日取得，https://www.mhlw.go.jp/stf/shingi/2r9852000000styz.html）．

————, 2010b, 「平成 22 年度第 2 回血液事業部会献血推進調査会議事録」（2019 年 7 月 31 日取得，https://www.mhlw.go.jp/stf/shingi/2r9852000000xufb.html）．

————, 2011, 『平成 23 年　若年層献血意識調査結果報告書』（2013 年 6 月 6 日取得，https://www.mhlw.go.jp/stf/shingi/2r9852000001vyxk-att/2r9852000001vz2o.pdf）．

————, 2014, 「平成 26 年度第 2 回血液事業部会献血推進調査会資料議事録」（2019 年 7 月 31 日取得，https://www.mhlw.go.jp/stf/shingi2/0000071521.html）．

————, 2016, 「平成 28 年度第 1 回血液事業部会献血推進調査会資料」（2019 年 11 月 19 日取得，https://www.mhlw.go.jp/stf/shingi2/0000146117.html）．

————, 2018a, 『血液事業報告 平成 30 年度版』（2019 年 7 月 30 日取得，https://www.mhlw.go.jp/content/11127000/000488652.pdf）．

————, 2018b, 「平成 29 年度第 3 回血液事業部会献血推進調査会資料」（2019 年 7 月 31 日取得，https://www.mhlw.go.jp/stf/shingi2/0000201811.html）．

————, 2019a, 『けんけつ HOP STEP JUMP（生徒用）（2019 年度版）』（2019 年 8 月 1 日取得, https://www.mhlw.go.jp/ content/11120000/000474945.pdf）．

————, 2019b, 「令和元年度第 2 回血液事業部会献血推進調査会資料」（2019 年 11 月 9 日取得，https://www.mhlw.go.jp/stf/newpage_07310.html）．

香西豊子，2007, 『流通する「人体」——献体・献血・臓器提供の歴史』勁草書房．

内閣総理大臣官房広報室，1990, 『献血に関する世論調査 平成 2 年』．

日本赤十字社，1993, 『血液事業の現状 平成 4 年統計表』．

————, 2018, 『血液事業の現状 平成 29 年統計表』．

岡山県，2010, 『献血に関する県民意識調査 報告書』（2019 年 11 月 12 日取得，http://www.pref.okayama.jp/uploaded/life/93719_306746_misc.pdf）．

奥村泰成・柴田茉歩・松下理子・山口直樹，2013, 「社会経済的インセンティブは献血意欲を増加させるか——献血行動に関する実証分析」『WEST 論文研究発表会 2013 年度論文集』（2019 年 11 月 12 日取得，https://www.west-univ.com/library/2013/13_best2_2.pdf）．

Oswalt, R. M., 1977, "A Review of Blood Donor Motivation and Recruitment," *Transfusion*, 17: 123-35.

Piliavin, J. A. and P. L. Callero, 1991, *Giving Blood: The Development of an Altruistic Identity*, Baltimore: Johns Hopkins University Press.

桜井政成，2007, 『ボランティアマネジメント——自発的行為の組織化戦略』ミネルヴァ書房．

高野正義編，2002, 『献血者及び血液の安全性向上のための問診のあり方に関する研究』2002 年度-2004 年度厚生労働科学研究費補助金研究成果報告書，血液製剤調査機構．

Titmuss, R., [1970] 2002, *The Gift Relationship: 1970（Palgrave Macmillan archive ed.）*, Basingstoke: Palgrave Macmillan.

東京都赤十字血液センター，2019, 「HLA 適合成分献血へのご協力のお願い」（2019 年 8 月 17 日取得，https://www.bs.jrc.or.jp/ktks/tokyo/m0_02_09_01_0421_59.html）．

吉武由彩，2013, 「若年層における献血の一断面——福祉的行為の生成過程をもとに」『現代の社会病理』28: 117-26.

————, 2014, 「非対面のボランティア的行為と想像力の問題——多回数献血者への聞き取り調査の結果から」『西日本社会学会年報』12: 21-35.

————, 2015, 「献血行動の規定要因分析——社会階層および社会関係との関わりから」『下関市立大学論集』59(2): 41-57.

————, 2017, 「多回数献血の規定要因分析」『下関市立大学論集』60(3): 167-84.

abstract

Why do people repeatedly donate blood? Motives of donors who do not know people in need of blood, and changes in the motives of passive blood donors

YOSHITAKE, Yui

Faculty of Integrated Human Studies and Social Sciences, Fukuoka Prefectural University

Prior research has shown that having had family members or friends in need of blood motivates people to donate blood. However, few studies have focused on people who donate blood even though they do not know anyone who needs blood. This study aims to fill this gap by examining the motives of people who repeatedly donate blood although they do not know anyone in need of blood.

During the interviews, interviewees described their first-time motives for donation and their motives for repeatedly donating blood in common as: a desire to be of help to people in need, encouragement from family members or friends who are blood donors themselves or work at medical institutions, and the expectation that they or their family members would receive blood in the future. Also, some donors stated that they repeatedly donate blood to maintain good health. There were interviewees who specified "no particular reason" or mere curiosity as their motive for their initial donation. However, these interviewees' motives for repeatedly donating blood changed to motives such as a desire to help people in need and maintain good health. In order to increase the number of repeated blood donors, even if they have no particular reasons to donate, it is important to provide people with opportunities to participate in blood donation. Moreover, because most of the interviewees first donated blood when they were under 24 years old, targeting people under 24 is important.

Keywords：Blood donation, Motives for donating blood, Donors who do not know people in need of blood, Passive blood donors

| 自由論文 |

HIV・エイズ予防啓発活動における疫学者とゲイ NGO の協働体制の展開

井上　智史

　本稿は，日本におけるゲイ男性や MSM を対象とするエイズ対策の展開を整理し，彼らに対するエイズ予防がいかなるものとして展開されてきたのかを明らかにする．とりわけ，疫学者を中心とする研究者とゲイ当事者を中心に組織されたゲイ NGO との協働による予防体制に注目し，その展開について福岡における活動の事例をふまえ明らかにする．

　疫学者らによるエイズ予防は，当初，接近困難なハイリスク層に近づく手段としてゲイ男性らの当事者性を必要とし，その必要に応えるかたちでゲイ NGO との協働体制が成立し，展開していった（消極的協働）．しかし，協働体制のもとでのゲイ NGO の活動は，疫学者によって期待されるものとは異なった当事者性の獲得の過程をともない，そこでは，疫学者とゲイ NGO との双方の思惑が交錯しながら，活動が展開されていた（積極的協働）．

　福岡において組織されたゲイ NGO「LAF」は，協働体制による活動のもとで当事者性を獲得することによって，疫学者が推進しようとするエイズ対策との間に対立を経験し，協働体制から独立し活動を行うこととなった．このことは，疫学者によるエイズ対策が必要とした当事者性の意図せざる結果として，協働体制から独立して活動を行うゲイ NGO が誕生したことを意味する．

キーワード：HIV/AIDS, 協働, 男性同性愛者（ゲイ男性）, NGO

1　問題の設定と研究方法

1.1　問題設定

　本稿の目的は，日本において厚生省・厚生労働省エイズ対策研究事業として実施されてきた，男性同性愛者（以下，ゲイ男性）や MSM[1] を対象とする予防介入，予防啓発活動の展開を整理することを通じて，ゲイ男性や MSM に対す

いのうえ さとし｜中村学園大学短期大学部・講師｜satoshiinoue0604@gmail.com

る HIV・エイズ予防がいかなるものとして展開してきたのかを明らかにすることである．

　ゲイ男性への HIV・エイズ予防は，エイズ対策研究事業の枠組みにおいて，疫学者を中心とする研究者とゲイ当事者を中心に組織された NGO・NPO が協働体制を構築することにより活動が展開されてきた．本稿では，疫学者らとの協働体制構築に際して福岡において組織されたゲイ NGO「Love Act Fukuoka (LAF)」が，近年，協働体制の枠組みから独立し活動を行っている点に着目し，エイズ対策に関与したゲイ当事者の語りにもとづいて，疫学者とゲイ NGO の協働体制の展開について明らかにする[2]．

1.2　先行研究

　日本の社会学におけるゲイ男性を対象とする研究は，ゲイ解放運動の影響を強く受けたゲイ当事者による研究（ヴィンセントほか 1997）が行われるようになった 1990 年代以降，セクシュアリティ研究やクィア・スタディーズなどといった学際的な研究領域を形成しつつ，蓄積されてきた．しかしながら，日本の社会学における同性愛研究を概観し，学説史化を試みた志田哲之（2014）は「HIV/AIDS については感染者数・患者数の増大が毎年のように報道されながらも，これについての研究は多くない」（志田 2014: 13）と指摘している．事実，HIV・エイズとゲイ男性に関する研究は後述する厚生省・厚生労働省研究事業による疫学的な観点によるものが多数を占めている．一方，社会学的な観点からの研究としては，砂川秀樹（2015）などのように社会運動の展開史の一部として部分的に言及するものを除けば，新ヶ江章友（2013）による草分け的な研究以降ほとんどなされていない．

　新ヶ江は 1980 年代以降に社会問題化した HIV・エイズとの関連において，日本におけるゲイ男性のアイデンティティ形成を論じ，このなかで新ヶ江は，上述の当事者参加型のエイズ予防についても，国家が MSM を対象とするエイズ対策を行うために，ゲイ当事者がエイズ対策を行う責任ある「従順」な主体として形成される過程であったと指摘している．

　しかし，新ヶ江の研究においては，新ヶ江自身も限界として指摘する通り，実際にエイズ対策に関わったゲイ当事者の語りが十分に検討されてない．その

ため，ゲイ当事者・ゲイ NGO のもつ，エイズ対策を遂行する存在としての側面が強調されており，ゲイ NGO の側が協働体制についてどのような評価を与え活動を展開しているかといった点については十分に考察されていない．

1.3　研究方法

　研究事業の成果報告書や関連する研究論文を資料として予防介入，予防啓発活動の展開を整理した．あわせて，MSM 対策研究を担ってきた疫学者のインタビュー記事の分析や，福岡において疫学者ら研究班との協働による予防啓発活動を行ってきたゲイ NGO「LAF」のスタッフへの聞き取り調査を行った．

　聞き取り調査の概要は下記の通りである．筆者は 2016 年 3 月より，LAF の専従スタッフやボランティアスタッフに対する聞き取り調査，スタッフミーティングへの参与観察などを行ってきた．本稿では，そのうち専従スタッフ 2 名（A 氏，B 氏）に対して行った聞き取り調査を取り上げ（表 1），その結果について分析を行う．聞き取り調査は半構造化面接にて行い，1 回あたり 1 時間から 2 時間半行った．主な質問項目は対象者のライフヒストリー，活動のきっかけ，活動の目的や内容，活動におけるやりがいや困難，展望などである．聞き取り内容の記録に関しては，IC レコーダーで録音し逐語録を作成した場合と，詳細なメモをもとに清書を作成した場合とがある．倫理的配慮として，調査対象者に調査主旨を説明し同意を得た上で調査・記録を実施し，結果の公開についても了承を得た．

表 1　聞き取り調査の概要（年齢等は調査時点）

対象者	年齢	LAF における立場	活動歴	調査日	記録方法
A	30 代	代表，専従スタッフ	10 年	2016 年 9 月 23 日	許可を得て録音の後，逐語録を作成
				同年 12 月 1 日	メモをもとに記録を作成
B	50 代	専従スタッフ	5 年	同年 12 月 4 日	許可を得て録音の後，逐語録を作成

2　HIV・エイズ対策の概況

2.1　HIV 感染の動向

　エイズ（AIDS, 後天性免疫不全症候群）は, HIV ウイルスの感染によって生じ, 適切な治療が施されないと重篤な全身性免疫不全により日和見感染症や悪性腫瘍を引き起こす状態をいう．感染経路は, ①性的接触, ②母子感染（経胎盤, 経産道, 経母乳感染）, ③血液によるもの（輸血, 臓器移植, 医療事故, 麻薬等の静脈注射など）がある（国立感染症研究所 2018）.

　近年の日本における感染動向をみてみると（図1）, 新規 HIV 感染者は 2008 年頃まで増加傾向にあったが, その後, 現在に至るまで一定の数で推移している．新規エイズ患者報告数も 2010 年以降, ほぼ横ばいの状況である.

　新規感染者, 患者報告数のうち 8 割から 9 割を占める男性について感染経路別にみると（図2）, 同性間性的接触によるものが最も多く, 男性における感染・発症のうちに占める割合は上昇傾向にあり, 近年では 7 割を超えている．同性間性的接触を経験する男性の人口を考慮すれば, 同性間性的接触による感染は一層深刻な問題として捉えられ, 日本におけるエイズ対策がゲイ男性や MSM への対策を中心に展開されている所以ともいえる.

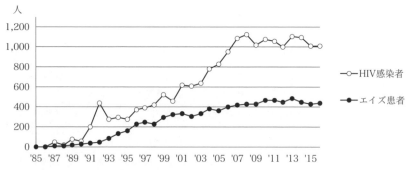

図1　新規 HIV 感染者およびエイズ患者報告数の年次推移

出所：厚生労働省エイズ動向委員会（2017）より作成

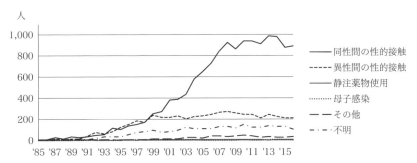

図 2　日本人男性における新規 HIV 感染者＋エイズ患者報告数の年次推移（感染経路別）

出所：厚生労働省エイズ動向委員会（2017）より作成

2.2　エイズ予防指針における「個別施策層」

　エイズ予防をめぐっては，1989 年 2 月施行の「エイズ予防法（後天性免疫不全症候群の予防に関する法律）」が 1999 年 10 月公布の「感染症新法（感染症の予防及び感染症の患者に対する医療に関する法律）」に統合され，同法に基づいて「エイズ予防指針（後天性免疫不全症候群に関する特定感染症予防指針）」が告示されている．

　予防指針において重要な概念が「個別施策層」である．個別施策層とは，「感染の可能性が疫学的に懸念されながらも，感染に関する正しい知識の入手が困難であったり，偏見や差別が存在している社会的背景等から，適切な保健医療サービスを受けていないと考えられるために施策の実施において特別の配慮を必要とする人々をいう」と定義されている．

　新ヶ江によれば，厚生省（当時）は指針のなかに特定の集団を明記することに躊躇があったが，ゲイ当事者自身が個別施策層という表現を盛り込むように提言したという．そこには，指針の内容を空文化させず，国や地方自治体に個別施策層への対策を行政施策として実施させ，予算捻出の根拠とする意図があったという（新ヶ江 2013：158）．予防指針の前文には，「同性愛者」にくわえて「青少年」，「外国人」等が個別施策層として示される（表 2）[3]．

　「個別施策層」という概念には，新ヶ江が指摘するようにゲイ男性等の当事者側からの積極的な関与がうかがわれる一方，セックスワーカーやトランスジ

表 2　エイズ予防指針における個別施策層の具体例

1999 年・2006 年	2012 年（下線は変更箇所）
・性に関する意志決定や行動選択に係る能力の形成過程にある青少年 ・言語的障壁や文化的障壁のある外国人 ・性的指向の側面で配慮の必要な同性愛者 ・性風俗産業の従事者及び利用者	・性に関する意志決定や行動選択に係る能力の形成過程にある青少年 ・言語的障壁や文化的障壁のある外国人 ・性的指向の側面で配慮の必要な MSM ・性風俗産業の従事者及び利用者 ・薬物乱用者

ェンダー女性における HIV・エイズ感染予防の研究を行ってきた東優子は「個別施策層が『エイズ施策推進の主体』であるという印象はなく，『薬物乱用者』という用語ひとつとっても，策定者の意図はともかく，一般的な感覚からすれば，いかにも『問題がある，何とかしなければならない人々』といった印象を受け」（東 2017: 2）るとも指摘している．

　このような東の指摘は，ゲイ男性をめぐる用語変更についても当てはまる．2012 年の予防指針改定では「対象とする層をより明確にするため，性的指向の側面で配慮の必要な男性間で性行為を行う者とするべきである」（エイズ予防指針作業班 2011: 7）として「同性愛者」から「MSM」へと文言が変更された[4]．MSM はあくまで行為によって定義されるカテゴリーであり，また，疫学者等の研究者や疫学研究と接点を有する当事者以外には使用されない用語であることからも，エイズ施策の推進主体としての印象は薄いといえよう．

2.3　個別施策層をめぐる予防研究

　エイズ予防指針の告示以前から厚生省（当時）エイズ対策研究事業の「HIV 疫学対策研究班（代表：木原正博）」によって行われてきた MSM 対策，検査体制などの諸研究は，2002 年以降，別個の研究班として独立していくことになる．図 3 は厚生省・厚生労働省エイズ対策研究事業のうち疫学や予防介入に関する研究課題を示し，そのうち個別施策層を対象とするものを色付きで示したものであるが，ここからは，1999 年の予防指針の告示以降，「同性愛者」以外の個別施策層についても予防介入，予防研究が拡大していったことがわかる．

　本稿では，このうち図中に ■ で示した，市川誠一を研究代表者とする「MSM 対策研究班」と関連するエイズ予防財団による研究事業（戦略研究）を中心に

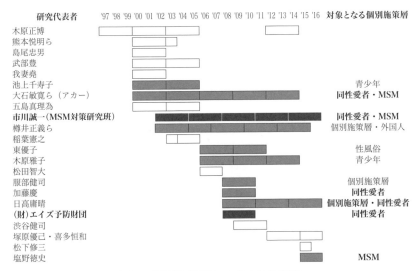

図3　個別施策層をめぐる予防研究

出所：厚生省・厚生労働省エイズ対策研究事業一覧より作成

表3　MSM 対策の概略（年表）

西暦年度	研究班の枠組み	ゲイ当事者との協働	コミュニティセンター
1995	疫学対策班の分担研究としてMSM対策開始	既存の団体の協力による疫学調査	
1998		大阪「MASH大阪」	
2000		東京「MASH東京」，名古屋「ALN」	
2001	改組		大阪「dista」
2002	MSM対策研究班開始	東京「R2」に改組	
2003		福岡「LAF」	東京「akta」
2004		仙台「やろっこ」	
2006	戦略研究開始		名古屋「rise」
2007		那覇「nankr」	福岡「haco」
2009	～2010年度		仙台「ZEL」，那覇「mabui」
2011			センター運営の事業化
2012		東京「akta」に改称	

みていきたい．なお，エイズ予防財団による戦略研究も研究リーダーは市川であり，これらは実質的には同一の研究者グループで行われた研究事業である．

3　MSM 対策における予防介入・予防啓発

3.1　MSM 対策の概略

　表3に研究班による MSM 対策の枠組み，各地のゲイ NGO との協働体制の構築，予防啓発活動の拠点としてのコミュニティセンターの設置の状況を年表として整理した．それらの活動の主な財源となった MSM 関連のエイズ対策研究費および事業費の推移（図4）を参照しつつ，その展開について確認したい．

　1995 年より HIV 疫学対策研究班の分担研究として，市川らによる MSM への予防介入・予防啓発が開始された．ここでは後述のとおり既存の HIV 関連の支援団体である「ぷれいす東京」[6] などの団体が協力し，調査研究が行われることとなった（新ヶ江 2013: 138-9）．

　1998 年には，研究班によってゲイ NGO「MASH 大阪」が組織されゲイ当事者と疫学者との協働体制が構築された．その後，東京では「MASH 東京」が，名古屋では「ANGEL LIFE NAGOYA（ALN）」が組織され，市川らの研究班と NGO との協働による予防啓発が大阪，東京，名古屋で展開されるようになった．2002 年度以降，市川を研究代表者とする MSM 対策研究班が組織され，2003 年には福岡，2004 年には仙台，2007 年には那覇において研究班と各地の NGO との協働がそれぞれ開始された（市川編 2004, 2005, 2006）．くわ

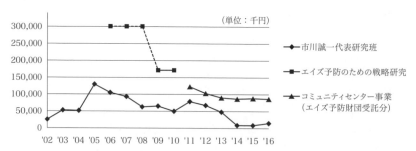

図 4　MSM 関連のエイズ対策研究費・事業費の推移 [5]

出所：厚生労働省エイズ対策研究事業一覧および厚生労働省調達資料より作成

えて，2006〜2010 年度には，厚生労働省エイズ対策研究事業「エイズ予防の
ための戦略研究」として首都圏と阪神圏を対象とした HIV 抗体検査の普及に
関する介入研究が行われ，ここでも大規模な活動が展開された．

　ゲイ NGO による予防啓発活動の拠点として順次設置されたコミュニティセ
ンターについて見ると，2002 年に大阪の「dista」，2003 年には東京の「akta」
が開設され，2006 年には名古屋の「rise」，2007 年には福岡の「haco」，
2010 年には仙台の「ZEL」，那覇の「mabui」がそれぞれ開設された．コミュ
ニティセンターの開設・運営は当初，エイズ予防財団が受託している厚生労働
省委託事業の「エイズ予防対策事業」の一環として「同性愛者向け啓発活動事
業」によって行われていたが，この啓発活動費は主にコミュニティセンターの
家賃・光熱費といったセンターの維持費に充てられており，専従スタッフ等の
人件費や，啓発資材等の作成費用は市川を代表とする研究班の研究費に依って
いた（市川 2013）．しかし，戦略研究の終了と時期を同じくして，2011 年度
より厚生労働省委託事業「同性愛者等の HIV に関する相談・支援事業」（いわ
ゆる「コミュニティセンター事業」）として事業化されたことにともない，当該
事業費によってセンターの運用だけでなく，スタッフの人件費，啓発資材等の
製作費が賄われることとなった．事業化にあたっては，研究班との協働体制に
ある 6 地域のコミュニティセンターについて，2016 年度まで公益財団法人エ
イズ予防財団が一括して事業を受託するかたちを取ってきた．事業化以降の委
託費は当初年々削減されていたが，ここ数年では一定の額で維持されている．
一方で，研究班の研究費はその規模を大幅に縮小させている．

　コミュニティセンターはゲイ NGO の事務局機能をもち，HIV・エイズ予防
啓発活動の拠点となるほか，週に 4 〜 5 日オープンスペースとして開放され，
勉強会や交流会，サークル活動，作品展など多様な活動が行われる場となって
いる．

3.2　協働体制の展開

3.2.1　疫学者の予防介入と当事者参加──消極的協働

　新ヶ江（2013）によれば，1994 年に横浜市において開催された国際エイズ
会議は HIV・エイズ対策に消極的であった日本に対する国際社会からの圧力

として大きな影響をもたらし，HIV 疫学対策研究班でも男性同性愛者を対象に積極的に予防介入をおこなう必要があるという言説が構築され，1995 年以降，市川らによる大規模かつ予防介入を前提とする疫学研究がおこなわれることとなった．

介入研究を行う以前，市川は厚生省が発表する『エイズ動向調査』を見て，日本では感染は拡大しないだろうと思っていたという（市川 [2004] 2006: 139）．しかし，当時来日していた外国人の研究者からハッテン場[7]を紹介する地図（風俗店ガイド）を見せられたことをきっかけに，ハッテン場を見学することを思い立つこととなった．以下は，市川がハッテン場への見学を回顧する語りである．

　　浴衣に着替え，外人と行った私は物好きに思われたのか，談話室でゲイのお客さんからいろいろ話を聞きました．コンドームのことを聞くと，「そんなの使わなくていいよ，欲しかったらマスターに言いな」．そして，実際にミックスルーム（乱交室）などをみて，この真っ暗な環境で予防ができるのだろうか，報告される数字は違うのではないか，と思いました．（市川 [2004] 2006: 143，括弧内原文）

そして 1996 年には，実際にハッテン場で廃棄されたティッシュによる HIV 抗体検査やハッテン場にコンドームを設置する介入調査を行った．この調査には，「ぷれいす東京」の砂川秀樹ら数人のゲイ当事者が参加していたが，それは「異性愛者である研究者が男性同性愛者の研究を勝手におこなうことへの危惧」（新ヶ江 2013: 139）によるものであり，いわば消極的な協働であった．1990 年代半ば頃より，関東を中心に男性の同性間性的接触による感染・発症の報告が増加し始めていたことから[8]，ここには，ゲイ当事者において HIV・エイズ問題の深刻化が認識され（砂川 2015: 267），感染拡大への危機感が高まっていたという背景もあったと思われる．

ただし，研究者による介入に対する反発からはじまった協働のなかに，のちの積極的な協働への萌芽があった．それはゲイ男性の当事者性への注目である．

　私たち研究者は，予防，予防と口では言うけれど，頭のなかは空っぽです．ゲイに必要な情報，その提示の仕方，なにもわからない．しかし，辛抱づよく意見を交換しあうなかで，私たちは当事者と組まないと事態は進まないことを知りました．……コンドームを配布するのでも，いっしょにローション（水溶性ゼリー．アナルセックスのさいの潤滑剤）がついてなければ有効に使われないなど，私たちはわからなかったですから．（市川 [2004] 2006: 144, 括弧内原文）

3.2.2　当事者目線での予防プログラムの構築──積極的協働

　このような介入調査を契機にして市川ら研究班は 1998 年の MASH 大阪の結成以降，オーストラリアの研究事例をふまえ，ゲイ NGO との協働による予防啓発体制の構築を模索していく．

　MASH 大阪は，「セクシュアルヘルス（性の健康）の視点から行動変容を促進することを目標にし，ゲイ・CBO，疫学研究者，行政それぞれの専門性と役割を連携する」ことで「有効な予防介入プログラムを構築する」[9]（市川 2003: 176）ことを目的に組織されたものであり，「ニーズアセスメント→プログラム立案→プログラムの実施→効果評価→情報のコミュニティへの還元」（市川 2003: 176）という過程によって予防介入を行うことが目指された．

　MASH 大阪やそれに続く各地域の協働プロジェクトでは，各地域のゲイ NGO がコンドームやポスターなどの啓発資材開発とその普及プログラムの開発と実施を担い，研究者が啓発資材，普及方法等の評価を目的にエイズ関連知識，予防行動，HIV 抗体検査行動等に関する調査の実施，分析を行う体制がとられた（市川編 2006: 3）．このような体制における，協働について市川は以下のように言及している．

　　ゲイの人たちも専門家の知見をうまく生かすことを学んでいったと思います．ゲイ向けのアンケートづくりでも，研究のイニシアチブはコミュニティがわに取ってもらって，研究者が独走しない．（市川 [2004] 2006: 144）

　さらに，予防啓発の普及のためにはゲイコミュニティが活性化していく必要

があるという認識が構築され[10]，直接的な予防啓発を行わない活動についても幅広く行われていた．

　このような協働体制を通じた当事者による啓発資材の開発と普及活動は，予防行動や検査行動を向上させており MSM への高い訴求力をもつとの評価がなされた（市川 2007）．

　また，2006 年以降，首都圏・阪神圏を対象とする予防介入である「戦略研究」が採択されたことにより，MSM 対策における予算規模が大幅に拡大し，各地域における活動が量的に増大し，予防啓発活動の拠点として各地にコミュニティセンターが設置・運営されていく．

　このような協働体制による予防啓発活動について福岡の事例に即して見てみたい．福岡での NGO（LAF）と研究班の協働体制では，地方都市である福岡はコミュニティが未成熟であり，キーパーソンも不在であるため，予防啓発を継続的に行うためには，行政や医療機関，研究者が NGO をバックアップする体制を構築し，また，同時にコミュニティを活性化する必要があるという啓発活動の方針がとられた（市川編 2004, 2005）．そのため，当初の活動はクラブイベントでの予防啓発（「Colors」），コミュニティ活性化のためのイベント開催を中心として始まり（「Wave 2003」等），それと並行してゲイバーで開催する勉強会（「studio」）などを通じて LAF のコアメンバーの育成が行われた．

　「Colors」は，本格的な協働に先駆けて開始された若年者にターゲットを絞ったクラブイベントであり，この時期 3 度開催されている．そこでは，「性行動が活発な」若年者に対して性感染症の存在の周知，予防方法の周知を行うことが目的とされ，ゲストパフォーマーによる啓発メッセージの発信などが行われたという（市川編 2005: 61）．そして，「studio」を通じた LAF のコアメンバーの定着にともない，大都市圏で行われてきたコンドームやコミュニティペーパーの作成・配布などが行われるようになっていった．また，このような活動の中で，他の地域と同様にコミュニティセンターの開設が期待されるようになった．

　コミュニティセンター haco の開設以降には，LAF とゲイタウンのコミュニティが連携を行い予防啓発を行う必要があるという認識が構築され，また，予防啓発を効率的に行うためにコミュニティのなかの予防啓発に興味のない人々

をLAFやコミュニティセンターに誘導するという方針がとられるようになった（市川編 2009）．ここでは，従来のコンドームやコミュニティペーパーの作成・配布に加え，ゲイタウンに集う人々をコミュニティセンターに来場させるためとして，センターで勉強会や啓発を直接の目的としないイベント，展示会などが開催されるようになる．また，2010年よりLAFとゲイバー店主らとの連携として600〜700人の参加者をもつ大規模な総合スポーツイベント「RED RIBBON GAMES」が開催され，参加者に対して疫学的調査が実施された（市川編 2011, 2012）ことも特筆すべき点である．

3.2.3　評価指標の不足と継続性の課題——当事者目線との乖離

　戦略研究の終了にあわせて，2011年よりコミュニティセンターの設置・運営が厚生労働省により事業化された．これは，戦略研究において，HIV抗体検査の受検行動への介入のアウトカムとしての新規エイズ発症者数の増加抑制が一部認められたとされたことによる（市川編 2012: 7）．

　しかし，事業化以降は事業費によって啓発資材の開発を行うこととなり研究費が大幅に減額され，また事業費についても年々削減される状況が続き，3.2.2でみたような規模での予防啓発活動の継続やその評価が難しくなっていく．さらには，MSM対策研究班やゲイNGOの間にはコミュニティセンター事業廃止の危機感も認識されるようになる（市川 2013）．

　くわえて，男性同性間の性的接触によるHIV・エイズの動向では，感染者に対する発症者の割合は高まりつづけ（厚生労働省エイズ動向委員会 2017），検査行動への介入効果も限定的なものであることが示されていく．また，予防行動についても，各地域によって動向は若干異なるが，全体としてコンドームの常用率は向上しているとは言い難く（金子ほか 2014），予防啓発活動とその評価は様々な面での行き詰まりをみせるようになる．

　しかし，このような状況においても，MSM対策研究班とゲイNGOの協働体制において，従来の予防啓発手法であるコンドーム等の資材開発による当該地域におけるネットワーク構築が予防啓発に有効性をもつとの主張がなされ続けることとなる（市川ほか 2017；塩野ほか 2017）．

　福岡地域のコミュニティセンターの委託費は事業化当初は年間約1,900万

円であったが，その後，約 800 〜 900 万円まで次第に減額されてきた．その
ような状況下にあって LAF の担い手は活動の方針を巡って研究班との対立を
経験することとなる．それは，限られた活動費のなかで従来どおりのコンドー
ムや資材の開発・配布を継続することをめぐる対立であった．

　以下は，従来の予防啓発の方針に則って行われた活動がゲイタウンのコミュ
ニティの側に予防啓発への問題関心を醸成しなかったことを指摘し，自身への
反省をこめて活動方針の転換を図ろうとする A 氏の語りである．

　　僕たちがする人であっちがされる人だったんだよね，向こう〔ゲイバー店
　主ら〕からしてみたら．それは，HIV・エイズのことを自分たちの問題とし
　て捉えるまで持っていけなかったってことなんだよ．〔NGO が〕モノを配
　り続けるだけで，受け取る側であり続けた結果さあ，「する人／される人」
　って構図になっちゃって．でも自分たちも作り出してしまったんだよね，そ
　ういう状況を．っていうすごい反省があってもうやめなきゃいけないねって
　話になったの．(A 氏，2016 年 9 月 23 日，〔　〕内は筆者による注，以下同じ)

　しかし，このような活動方針の転換は，研究班での研究者と NGO の議論の
場では批判されることとなる．

　　結局ね，ゲイコミュニティとの顔つなぎが大事っていう前提で，顔つなぎ
　のために配り続けるっていうのが重要で，そのために資材とかコンドームが
　必要ですって論理なわけ．……それおかしいですねって言っても，いや結局，
　コミュニティとの顔の見える関係が大事なんだ，みたいなところでおさめら
　れちゃうんだよ．(A 氏，2016 年 9 月 23 日)

　そして，このような対立の中で，研究班における疫学者とゲイ NGO との協
働体制が，ゲイ NGO の当事者性から乖離したものとして認識されるようにな
る．

　　当事者性とか地域性を大事にするっていうんだったら，現場にいる僕たち

がどう感じて，何を感じて，何をやりたいって思うかを，最重要視しなきゃ
いけないはずなのに……．私たちは NGO なんだから，自分たちが当事者と
して思うこと，感じてることをちゃんと言って，それを施策に反映するよう
な仕組みがそもそもこれ〔＝研究班と NGO の協働体制〕は売りだったじゃ
ないかって言っても，何でそんなことを言うんだみたいな……．（A 氏，
2016 年 9 月 23 日）

　医療系であったりとか研究者の先生とかは，当事者ではない，ゲイではな
いので，別に〔ゲイバーに〕飲みに出るとか，そういうことはやってないか
ら．どうもね，話をきいてると，私が知ってる昔のゲイバーのイメージのま
んま，プランを立てたりとか，作戦を練ったりしてるみたいなんだけれども．
（B 氏，2016 年 12 月 4 日）

　このようななか，LAF は従来の体制——厚生労働省委託事業，いわゆる「コ
ミュニティセンター事業」をエイズ予防財団が一括して受託し，研究班と協働
関係にある 6 団体がそれぞれコミュニティセンターを開設・運営している体
制——から離脱して，単独で委託事業を受託し，福岡のコミュニティセンター
を運営することをめざすこととなった．実際に，2017 年度以降の事業につい
ては，他の 5 地域のコミュニティセンターが引き続きエイズ予防財団を介し
て事業を受託する一方で，福岡のコミュニティセンターのみが財団を介した事
業受託の体制から独立し，LAF がかねてより支部関係にあった浜松市を拠点
とする認定 NPO 法人魅惑的倶楽部の福岡支部として受託し，活動を展開して
いくこととなった [11]．

4　考　察

　以下では，協働体制におけるゲイ NGO の当事者性に注目し，LAF の事例を
疫学者とゲイ NGO との協働体制の展開の全体像のなかに位置づける．その際，
本稿において取り上げる事例の特徴について考察し，新ヶ江の指摘の妥当性を
検討する．

4.1　疫学者による当事者性の「創出」

　疫学者とゲイ当事者との協働は，疫学者の予防介入へのゲイ当事者の危惧からはじまった消極的なものであったが，ここには，上述の市川の発言からもみてとれるように，疫学者による当事者性に対する気づきがあった．そして，ゲイ NGO との協働に至る過程では，予防介入にとって必要なものとして，つまり接近困難なハイリスク層に近づく手段として，疫学者によってゲイ NGO の当事者性が「創出」されていく．

4.2　当事者性の「獲得」の過程

　そのような枠組みからはじまった協働を通じて，ゲイ NGO は疫学者によって「創出」された当事者性を引き受け予防啓発のアクターになりつつも，その意味内容を書き換えながら，それとは異なるものとして当事者性を「獲得」し，発揮しようとしていく．

　そこでは，ゲイ NGO は疫学者による HIV・エイズ予防啓発を遂行しつつ，当該地域におけるゲイコミュニティを醸成することによって，ゲイ男性らの HIV 予防等のニーズを発見し，ゲイ男性らのアドボカシーを行う当事者性を獲得していった．しかし，当事者性を発揮しようとするゲイ NGO の活動においても，ゲイ男性向けの商業施設の利用者に対する啓発の場面において，MSM という言葉を使ってしまうこと（新ヶ江 2013: 151）や，アウトリーチ活動において「NGO の側もコンドームを何万個配りましたとか達成感に酔ってしまう」ということもあり [12]，疫学者が「創出」した当事者性に取り込まれてしまうこともあった．つまり，疫学者とゲイ NGO との双方の思惑が交錯しながら，活動が展開されていたのである．

4.3　LAF の事例の特徴とその位置づけ

　コミュニティセンターの事業化の後，予算の減額が進み従来の予防啓発活動が困難になっていくなかで，福岡のゲイ NGO である LAF は予防啓発の方針をめぐって研究班との対立を深めていくこととなった．その結果，LAF は研究班との協働の枠組みから独立するという選択をし，独自にコミュニティセンターの運営等を行っていくこととなる．この背景には，疫学者による対策に絡

め取られず，当事者性に立脚して疫学者の専門性のオルタナティブを提示しようとする当事者性の獲得があったのではないかと推測される．そして，この当事者性の獲得は，MSM 対策における疫学者とゲイ NGO との協働体制が，公衆衛生政策とゲイ男性というマイノリティ集団との間の権力関係を前提としていることを問い直すものでもあった．

　すでに概観したとおり，研究班による MSM 対策はゲイ男性らの当事者性を必要とし，当初その必要に応えるかたちでゲイ NGO との協働体制が成立し，展開していった．しかし，協働体制のもとでのゲイ NGO の活動は，研究者によって期待されるものとは異なった当事者性の獲得の過程ともなり，その結果，いわば，MSM 対策の意図せざる結果として，協働体制から独立して活動を行うゲイ NGO が誕生するに至ったのである．

4.4　新ヶ江による指摘の再検討

　研究班と協働体制にあるゲイ NGO・NPO の活動は，新ヶ江（2013）が国家による従順な主体形成と指摘した通り，国家や体制との「対抗」的な関係性から出発したものではない．しかし，LAF が疫学者らによる研究班から独立した事例を見れば，その主体化のあり方はたんに従順なものとはいいがたい．このように，新ヶ江の研究において十分に取り扱われていなかったエイズ対策に関与したゲイ当事者の語りに基づく検討を通じて，新ヶ江の説に対して異なる側面を提示することができたのではないだろうか．

　一方，新ヶ江が 2011 年頃までのゲイ NGO・NPO の活動を考察対象としているのに対し，本稿ではコミュニティセンターが事業化した 2011 年度以降，とりわけ，研究班の研究費が大幅に減額された 2014 年以降の活動に焦点を当てて考察した．このような時間的要因が新ヶ江の説との乖離を生じさせている可能性も考えられる．LAF の事例のように研究班との協働体制の枠組みから独立してコミュニティセンターを運営することは，コミュニティセンター事業が委託事業となり，研究班による研究事業からコミュニティセンターの運営が一定程度の独立性を有したことによってはじめて可能となるためである．

5　おわりに

　本稿では，日本のエイズ対策におけるゲイ男性をめぐる予防啓発について概観し，疫学者とゲイ当事者との協働体制の成立，およびその展開について考察を行ってきた．当初，疫学者によるエイズ対策はハイリスク層への接近手段としてゲイ男性の当事者性を必要とし，それに応えて協働体制が成立したが，協働体制下のゲイ NGO の活動は，疫学者の想定とは異なる当事者性の獲得をともなった．その結果，疫学者のエイズ対策が必要とした当事者性の意図せざる帰結として，協働体制から独立するゲイ NGO が誕生したことを指摘した．

　しかし，予防指針策定や改定をめぐる審議会議事録などについては検討することができておらず，予防指針等との関連における位置づけは十分に明らかにされたとはいえない．今後，これらの点について，ゲイ NGO の担い手の語りの検討と合わせて，さらなる考察を行っていきたい．さらに，研究班との協働を通じて当事者性を獲得したゲイ NGO の活動が今後どのように展開していくのかという点についても，引き続き調査を行っていく必要がある．

注

1）Men who have Sex with Men の略であり，公衆衛生学や疫学の分野で男性と性行為をする男性をさす語として用いられる．同性間における性行為を行為者のアイデンティティと切り離して捉える点に特徴がある．

2）福岡におけるゲイ NGO「LAF」の活動についての研究として井上（2018）がある．井上（2018）は厚生労働省のエイズ対策の枠組みのもとで組織された LAF が，疫学者ら研究班との協働の過程で，疫学者らと対立し，独自の理念にもとづいた活動を展開していることを指摘している．本稿は，日本において展開されてきたゲイ男性や MSM を対象とするエイズ対策を整理することを通じて，LAF の事例が協働体制において要請された当事者性の帰結として位置づけられることを主張する．

3）なお，2018 年改定指針では，個別施策層はたんに「施策の実施において特別な配慮を必要とする人々をいう」という定義に変更され，その具体例は「男性間で性的接触を行う者（Men who have sex with men），性風俗産業の従事者及び薬物乱用・依存者」とされた．

4）「性的指向への配慮」の必要性と，男性間において性行為を行う者を当人の性的指向と切り離して捉える「MSM」という用語法との間には，本来一定の乖離があるはずである．しかし，ここでは，「性的指向の側面で配慮の必要な MSM」との表現が

なされており，予防指針のなかにも概念の混乱があることがうかがえる．

5)「エイズ予防のための戦略研究」は，2006〜2010 年度の 5 か年度の戦略研究として，市川をリーダーとする研究課題を含む 2 つの研究課題が開始された．中間評価により，もう一方の研究課題が中止となったため研究費が大幅に縮小したように見える．

6)「ぷれいす東京」は「HIV と人権・情報センター東京支部」から分裂するかたちで 1994 年に結成された組織であり，ゲイの団体ではないが，そのなかにゲイグループ「Gay Friend for AIDS」をもつかたちで始まっていた（砂川 2015: 253）．

7) ゲイ男性が性交渉を目的として出会う場であり，公園等の公共施設を流用した野外型と使用料をとって営業される屋内施設とに大別される．市川らが見学し，のちに介入調査を行ったのは後者の屋内施設である．

8) 厚生労働省エイズ動向委員会（2017）に報告される資料（表 9-2）による．

9) CBO は Community Based Organization の略で，市川ら MSM 対策研究班の研究報告書等においては NGO と相互互換的に用いられている．

10) 例えば，MASH 大阪における「コミュニティ・ディベロップメントを志向する関連介入」（市川編 2004: 5）や LAF における「コミュニティ活性化プログラム」（市川編 2007: 150）などがある．

11) これに際して，LAF という団体名称は活動に用いられることはなくなり，コミュニティセンターの名称も「haco」から「Haco」へと改称された．ただし，本稿では混乱を避けるため従来の名称を使用することとする．

12) A 氏への 2016 年 9 月 23 日の聞き取りによる．

文　献

エイズ予防指針作業班，2011，『エイズ予防指針作業班報告書』．

東優子，2017，「ノーモア・リップサービス——『個別施策層』と『キーポピュレーション』の類似点と相違点」『NEWS LETTER』日本 HIV 陽性者ネットワーク・ジャンププラス（JaNP+），32: 1-2.

市川誠一，2003，「MSM（Men who have sex with men）における HIV 感染予防介入——プロジェクト MASH 大阪について」『日本エイズ学会誌』5(3): 174-81.

————，2004，「感染爆発を起こさせてはならない」『にじ』8.（再録：2006，「『ゲイと HIV』にかかわるとは——ある疫学研究者の歩み」永易至文編『レインボーフォーラム——ゲイ編集者からの論士歴問』緑風出版，136-51.

————，2007，「わが国の男性同性間の HIV 感染対策について——ゲイ NGO の活動を中心に」『日本エイズ学会誌』9(1): 23-9.

————，2013，「コミュニティセンター事業の灯を消すな——HIV／エイズ対策予算の削減を憂う」『NEWS LETTER』日本 HIV 陽性者ネットワーク・ジャンププラス（JaNP+），18: 1.

市川誠一編，2004，『男性同性間の HIV 感染予防対策とその推進に関する研究』2003 年度厚生労働科学研究費補助金エイズ対策研究事業総括・分担研究報告書，名古屋市立大学．

————，2005，『男性同性間の HIV 感染予防対策とその推進に関する研究』2004 年度厚生労働科学研究費補助金エイズ対策研究事業総括・分担研究報告書，名古

屋市立大学.

―――, 2006,『男性同性間の HIV 感染対策とその評価に関する研究』2005 年度厚生労働科学研究費補助金エイズ対策研究事業総括・分担研究報告書, 名古屋市立大学.

―――, 2007,『男性同性間の HIV 感染対策とその評価に関する研究』2006 年度厚生労働科学研究費補助金エイズ対策研究事業総括・分担研究報告書, 名古屋市立大学.

―――, 2009,『男性同性間の HIV 感染対策とその介入効果に関する研究』2008 年度厚生労働科学研究費補助金エイズ対策研究事業総括・分担研究報告書, 名古屋市立大学.

―――, 2011,『男性同性間の HIV 感染対策とその介入効果に関する研究』2010 年度厚生労働科学研究費補助金エイズ対策研究事業総括・分担研究報告書, 名古屋市立大学.

―――, 2012,『MSM の HIV 感染対策の企画, 実施, 評価の体制整備に関する研究』2011 年度厚生労働科学研究費補助金エイズ対策研究事業総括・分担研究報告書, 名古屋市立大学.

市川誠一・太田貴・伊藤俊広・荒木順子・岩橋恒太・石田敏彦・塩野徳史・町登志雄・新山賢・牧園祐也・山本政弘・玉城祐貴・健山正男, 2017,「CBO の予防啓発活動と商業施設および自治体との連携に関する研究」市川誠一編『男性同性間の HIV 感染予防対策とその介入効果の評価に関する研究』2014–2016 年度厚生労働科学研究費補助金エイズ対策研究事業総合研究報告書, 人間環境大学, 39–51.

井上智史, 2018,「HIV・エイズ予防啓発活動におけるゲイ NGO の運動性」『社会分析』45: 149–66.

金子典代・塩野徳史・健山正男・山本政弘・鬼塚哲郎・内海眞・伊藤俊弘・岩橋恒太・市川誠一, 2014,「MSM における HIV 感染の行動科学調査および介入評価研究」市川誠一編『MSM の HIV 感染対策の企画, 実施, 評価の体制整備に関する研究』2011–2013 年度厚生労働科学研究費補助金エイズ対策研究事業総合研究報告書, 名古屋市立大学, 172–92.

国立感染症研究所, 2018,「AIDS (後天性免疫不全症候群) とは」国立感染症研究所, (2019 年 9 月 1 日 取 得, https://www.niid.go.jp/niid/ja/kansennohanashi/400-aids-intro.html).

厚生労働省エイズ動向委員会, 2017,『平成 28 (2016) 年エイズ発生動向年報 (1 月 1 日〜12 月 31 日)』, (2019 年 9 月 1 日取得, http://api-net.jfap.or.jp/status/2016/16nenpo/16nenpo_menu.html).

志田哲之, 2014,「同性愛の 20 年――CiNii からみる日本の社会学分野の同性愛研究」『論叢クィア』7: 7–20.

新ヶ江章友, 2013,『日本の「ゲイ」とエイズ――コミュニティ・国家・アイデンティティ』青弓社.

塩野徳史・鬼塚哲郎・後藤大輔・町登志雄・宮田りりぃ・大畑泰次郎・伴仲昭彦・飯塚諒・新山賢・松本健二・半羽宏之・安井典子・柴田敏之, 2017,「商業施設

を利用しはじめる若年層 MSM を対象とした予防啓発介入の開発と効果評価
——初性交時周辺に焦点をあてた予防介入」市川誠一編『男性同性間の HIV 感
染予防対策とその介入効果の評価に関する研究』2014-2016 年度厚生労働科学
研究費補助金エイズ対策研究事業総合研究報告書，人間環境大学，105-23.
砂川秀樹，2015,『新宿二丁目の文化人類学——ゲイ・コミュニティから都市をまな
ざす』太郎次郎社エディタス.
ヴィンセント，キース・風間孝・河口和也，1997,『ゲイ・スタディーズ』青土社.

abstract

Collaboration Between Epidemiologists and Gay NGOs for HIV/AIDS Prevention in Japan

INOUE, Satoshi

Nakamura Gakuen University Junior College

The purpose of this article is to overview the development of anti-AIDS measures aimed gay men and men who have sex with men (MSM), and to clarify what kind of AIDS prevention has been developed for them in Japan. We focus more specially on the preventive system based on collaboration between researchers - mainly epidemiologists - and gay NGOs, and clarify the development of the preventive system, based on the case of activities in Fukuoka.

Anti-AIDS measures by epidemiologists initially require 'gayness' as an important parameter to approach this high-risk group which is difficult to get in contact with, therefore a collaborative system has been established and developed with gay NGOs in response to this need ('passive collaboration'). However, the activities of gay NGOs under the collaborative system imply a process of acquiring 'gayness' which is different from the one expected by epidemiologists, hence the collaborative system becomes more refined ('active collaboration').

By acquiring 'gayness' thanks to this collaborative system, the gay NGO - Love Act Fukuoka (LAF) - has experienced conflict with the anti-AIDS measures promoted by epidemiologists and decided to carry out activities independently from epidemiologists. This means that a gay NGO that acts independently is an unintended consequence of 'gayness' needed by epidemiologists for anti-AIDS measures.

Keywords：HIV/AIDS, collaboration, gaymen, NGO

| 自由論文 |

生活保護厳格化への支持の規定要因分析
——不正受給認識に着目したマルチレベル構造方程式モデリング

伊藤理史・永吉希久子

本稿の目的は，なぜ生活保護厳格化が支持されるのかを，不正受給認識に着目した上で明らかにすることである．日本では，生活保護制度が「セイフティネット」として十分に機能していないにもかかわらず，生活保護厳格化への支持が高い．その理由として先行研究では，制度利用者との社会的・地理的近接性やメディア利用の効果が指摘されているが，どのようなメカニズムにより生活保護厳格化が支持されているのか明らかではない．そこで本稿では，制度利用者との社会的・地理的近接性およびメディア利用が不正受給認識に影響を与え，その認識が生活保護厳格化への支持につながるというメカニズムを想定し，2014年に実施された全国対象・無作為抽出の社会調査である「国際化と政治に関する市民意識調査」を用いて，その分析枠組み（理論モデル）の有効性を明らかにする．ベイズ推定法によるマルチレベル構造方程式モデリングの結果，次の3点が明らかになった．(1)近接性について，社会的近接性（本人・親族・友人の生活保護制度利用）は不正受給認識を低めるのに対して，地理的近接性（市区町村別の生活保護受給率）は不正受給認識を高める．(2)メディア利用について，新聞利用は不正受給認識を低めるのに対して，テレビ利用やインターネット利用は不正受給認識に影響しない．(3)不正受給認識は，自己利益を統制した上で生活保護厳格化への支持を高める．以上より，本稿で提示した理論モデルの有効性が示された．

キーワード：生活保護，不正受給認識，近接性，メディア利用，マルチレベル構造方程式モデリング

1 問題の所在

生活保護制度は「最後のセーフティネット」としての役割を期待される一方，

いとう たかし｜同志社大学・助教｜takito@mail.doshisha.ac.jp
ながよし きくこ｜東京大学社会科学研究所・准教授｜nagayoshi@iss.u-tokyo.ac.jp

そうした役割を十分に果たせていない．その理由の1つが捕捉率の低さである．最低生活費未満の収入しか得ていない世帯のうち，実際に生活保護を受給している割合を示す捕捉率は15～20％との推計がなされている（駒村 2003；橘木・浦川 2006）．橘木・浦川（2006）では単純な比較はできないとしつつ，日本の捕捉率が諸外国と比べて相当に低いと評価している．

　捕捉率が低い原因としては，生活保護制度が選別主義的な制度であることを指摘できる．生活保護制度には補足性の原理があり，被保護者が利用しうる資産，能力，その他あらゆるものを活用した上でなお最低限の生活を送れない場合に，生活保護を受給することができる．そのため資産がある場合にとどまらず，稼働能力があるとみなされる場合や親族によって扶養を受けられるとみなされた場合には，生活保護を受給することが困難になる．

　しかし社会調査の結果からは，生活保護制度の選別性について根強い世論の支持が存在することがわかる．例えば2010年に実施された無作為抽出の全国調査では，67.4％の人が「たとえ貧しくとも，労働能力がある人は生活保護を受けるべきではない」という意見に賛成している（武川 2012）．また2014年に実施された登録モニターを対象とするウェブ調査でも，87.5％の人が「不正受給への罰則を強化すべき」という意見に賛成している（山田 2015）．さらに同調査では，漏給防止よりも濫給防止を重視する人が45.7％に対し，漏給防止をより重視する人が15.0％にとどまることも報告されている．2013年に受給原則の確認と親族扶養を強化する方向に生活保護法が改定された背景として，このような生活保護制度に否定的な世論が影響した可能性も指摘されている（山田 2015）．

　なぜ生活保護制度の選別性が支持され，むしろより厳格な運用が求められているのかについては，いまだ十分に解明されていない．日本の先行研究では，貧困リスクの高い層が手厚い保障を支持するという自己利益仮説が支持されてきた（友田 1984；川野 2012；山田・斉藤 2016）．それに加えて，近しい人に受給者がいるか（社会的近接性）や居住地域の生活保護受給率の高さ（地理的近接性），メディア利用の差異が生活保護制度の受給資格の厳格化（生活保護厳格化）への支持の規定要因として影響を与えることが示唆されている．

　先行研究は2つの点で，なぜ生活保護厳格化への支持が維持されるのかと

いう問いに答えるのに十分ではない．第1に，先行研究では社会的・地理的近接性やメディア利用の効果を示唆するにとどまり，それらがなぜ生活保護厳格化への支持に影響するのか明らかにされていない．第2に，先行研究のデータは，いずれも特定の地域やウェブ調査会社の登録モニターから得られたものである．特に登録モニターは，属性が偏っており新自由主義的志向であることから（本多・本川 2005；石田ほか 2009），得られた知見が日本全国の人に対しても適用できるのか明らかにされていない．

　そのため本稿は，社会的・地理的近接性やメディア利用が生活保護厳格化への支持に与える影響についての理論モデルとして，制度の「手続きの正当性」にかかわる不正受給認識を通じた効果に着目した上で，その妥当性を，全国対象の無作為抽出による社会調査から得られたデータの分析を通じて検証する．ここから生活保護厳格化への支持が生じる理論モデルの妥当性について，一般化可能性の高い知見を得ることができる．

　本稿の構成は以下の通りである．まず第2節では，生活保護厳格化に対する不正受給認識の重要性を確認した上で，不正受給認識の規定要因としての情報源（近接性とメディア利用）の効果に着目し，本稿の分析枠組み（理論モデル）を提示する．続く第3節の方法では，データ，変数と分析手法の説明を行う．第4節では，第2節で提示した分析枠組みをマルチレベル構造方程式モデリングによって検証し，分析結果と仮説の正否を整理する．最後に第5節では，得られた知見をもとにその含意を考察し，現代日本において生活保護厳格化への支持がなぜ高いのかについて議論する．

2　理論と先行研究・分析枠組み

2.1　不正受給認識への着目

　福祉意識研究によれば，ある対象への給付を支持するかどうかには，自己利益に加えて，制度のパフォーマンス（効率性や公平性，効果の大きさ）についての認識が影響を与える（Rothstein 1998；Svallfors 2013；Laenen 2018）．制度のパフォーマンスは手続き的な公正性にかかわる．人は，制度運用のあり方が公正かつ効率的・効果的である場合に，その制度を正当とみなし支持する．逆

に人がどれほど国による再分配や生活保障の理念そのものに賛同していたとしても，その理念を具体化した制度において不正が横行している場合や目的が十分に達成されていない場合には，その制度への支持は低下する．特に生活保護制度のような選別主義的な制度では，制度運用のあり方が問題となる場合が多い（Goul Andersen 2006；Van Oorschot and Roosma 2017；Laenen 2018）．

　そこで本稿では，生活保護制度への不正受給認識に着目する．不正受給認識は，国を問わず広がっており（Gilens 1999；Ervasti 2007；Roosma, Gelissen, and van Oorschot 2013；Roosma, van Oorschot, and Gelissen 2015），福祉国家への支持を低下させる主要な原因である．つまり不正受給認識は，福祉国家の支持者であるはずの労働者や低所得者の支持を低める「福祉国家の正当性にとってのアキレスのかかと」(Goul Andersen 1999: 20) となる．

　日本では，生活保護の不正受給が広く問題として認識されている．山田(2015) はウェブ調査の結果から，回答者が生活保護の不正受給割合を平均して 30％と推定していることを報告している．実際の不正受給割合が 2.7％程度であることをふまえれば（山田 2015），過剰な見積もりが行われていることがわかる．不正受給という語は，就労所得や年金の不申告等，虚偽の申告により当局をだまして保護を受給するという法的な意味での不正受給（fraud）にとどまらず，人の考える基準（補足性の原理や道徳観）等に照らして，「本来もらうべきでない人」がもらっているという「濫給」(abuse) と一体化している（菊地 2001；圷 2010）．不正受給割合の過剰な見積もりは，このような広い意味で「不正受給」が認識されていることを示唆する．本稿ではこうした広い意味での「不正受給認識」に着目し，それが生活保護厳格化への支持を高める原因になっていると考える．

2.2　不正受給認識の規定要因

　それでは，不正受給認識は何によって規定されているのだろうか．本稿では不正受給認識の規定要因として，制度についての情報源である受給者との近接性とメディア利用の影響を検討する．

2.2.1　近接性

　福祉意識研究では，制度利用者との近接性が福祉国家の諸制度への支持に影響を与えると考えられてきた（Soss and Schram 2007；Campbell 2012）．例えば制度利用者が，自身の社会ネットワークの中にいる場合（社会的近接性）や地理的に身近に暮らしている場合（地理的近接性），自身の直接的な経験から制度についての情報を得ることができる．また制度がより身近なものとなれば，自身もいつか制度を利用するかもしれないとの認識が生まれやすくなる．

　近接性が福祉国家の諸制度への支持に影響を与えるメカニズムは，以下の2つに区別される（Bailey et al. 2013）．第1のメカニズムは，「態度の伝播」を通じたものである．これは近隣住民との間に社会ネットワークが形成されている場合に生じる．人々は社会ネットワーク内部の他者と日々接することや，コミュニケーションをとることを通じて，その中の価値規範によって社会化される．第2のメカニズムは，「知識の集積」を通じたものである．これは必ずしも地域住民との社会ネットワークを必要としない．「観察や，感情的な交流を伴わない表面的な接触」（Bailey et al. 2013: 2158）からも情報を得ることが可能だからである．2つのメカニズムのうち，前者は社会的近接性に対応した効果であり，後者は地理的近接性に対応した効果といえる．

　ただし近接性は，常に公的扶助制度への支持に対して肯定的な影響を与えるわけではない．Bailey et al.（2013）の分析では，貧困地域に居住する人ほど再分配政策に肯定的になり，その効果は高階層でより顕著となる一方で，福祉受給者への評価（不正受給認識や怠惰なため仕事が見つけられないという意識等）には限定的な効果しかみられず，むしろ貧困地域に暮らすことで否定的になるとの結果が得られており，上記のメカニズムは必ずしも支持されていない．

　日本では，先行研究により近接性の影響が異なる．大阪市民を対象とする調査のデータを分析した川野（2012）では，専門・管理職の集住地域で地域内部に社会ネットワークを持つことが，生活保護厳格化への支持を高めるとの結果が示されている．これは受給者との「接触のなさ」が生活保護厳格化への支持を高めることを意味し，間接的ながら近接性の効果を示唆している．他方で登録モニターを対象とするウェブ調査のデータを分析した山田・斉藤（2016）では，身近に生活保護受給者がいることが生活保護厳格化への支持に影響しない[1]

との結果が示されている．したがって近接性の影響についてはさらなる検討が必要である．

2.2.2　メディア利用

　しかしながら生活保護制度は，多くの人にとって必ずしも身近なものではない．先行研究によれば，自分自身を含め過去または現在，生活保護を受給していた／いる人が身近にいる割合は2割に満たない（山田 2015）．生活保護制度のように制度利用者との近接性が低い場合は，メディアを通じた影響が大きい（Soss and Schram 2007；青木 2010）．実際にメディアは，人が貧困についての知識を得るための重要な情報源であり，メディア表象が公的扶助制度への支持に影響を与えることが明らかにされてきた（Gilens 1999；Sotirovic 2001）．

　社会問題に関するメディア表象については，主に2つの立場が存在する．1つは社会問題を社会全体と関連付けて論じる立場であり，もう1つは社会問題を個人や出来事に関連付けて論じる立場である（Iyenger 1991；Sotirovic 2001）．前者の場合はメディア利用者が社会問題の背景を考慮できるが，後者の場合は社会問題の背景に思い至らず個人の問題として考える．一般に新聞は前者の立場の報道を行いやすく，テレビは後者の立場の報道を行いやすい（Iyenger 1991；Sotirovic 2001）．ただしジャンルによる差もあり，Sotirovic（2001）はアメリカの調査から得られたデータの分析から，貧困や福祉を題材とした新聞記事の購読や報道番組の視聴が正しい認識に近づける一方，ケーブル・テレビのニュースや娯楽番組の視聴が制度利用者へのステレオタイプな見方（偏見）を高めることを明らかにしている．

　日本のメディアは生活保護制度についてどのような影響を与えているのだろうか．かつて1980年代には，新聞報道をきっかけとして生活保護厳格化の世論が高まったとされるが（菊地 2001），今日では状況が異なる．週刊誌や新聞における生活保護不正受給に関する記事は，2010～2013年にかけて増大しているが（堀江 2018），新聞の生活保護関連記事全体に占める不正受給に関する記事の割合は低く，冷静な報道がなされているという（青木 2010；堀江 2018）．近年，むしろ問題視されているのは，テレビやインターネットにおける「生活保護バッシング」と呼ばれる現象であり（圷 2010；水島 2012），「生

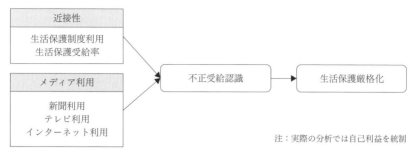

図1　本稿における生活保護厳格化の分析枠組み（理論モデル）

活保護バッシング」の過熱化が生活保護厳格化への支持につながることが危惧されている.

　ただし日本の先行研究によると, メディアの種類による影響は明確でない. 山田・斉藤 (2016) では, 30 歳代までの若年層でテレビよりもインターネットを信頼している人は, 生活保護厳格化への支持が高いことが報告されている. 反対に阿部 (2018) では, 新聞・テレビ・インターネットのどのメディアを利用していても, 生活保護厳格化について「わからない」よりも「支持する」確率が上がること, 多くのメディアは生活保護厳格化への支持も不支持も高めるが, 特にテレビ利用が支持を高める傾向にあることが報告されている. ただし両先行研究の知見は, いずれもウェブ調査のデータの分析から得られたものであるため, 特にインターネット利用の効果の解釈について留意が必要である.

2.3　分析枠組み

　本稿では, 上記の議論を参考に生活保護厳格化の規定要因について次のような分析枠組み（理論モデル）を想定する（図1）. 不正受給認識は, 制度との近接性やメディア利用によって規定される. そして生活保護厳格化は, 不正受給認識によって規定される.

　そして個々の具体的な効果については以下のような6つの仮説が立てられる.

不正受給認識

　仮説1-1：生活保護受給者との社会的近接性が高い人は不正受給認識が低い.

仮説 1–2：生活保護受給者との地理的近接性の高い人は不正受給認識が低い．

仮説 2–1：新聞を通じて情報を得ている人は不正受給認識が低い．

仮説 2–2：テレビを通じて情報を得ている人は不正受給認識が高い．

仮説 2–3：インターネットを通じて情報を得ている人は不正受給認識が高い．

生活保護厳格化

仮説 3：不正受給認識が高い人は生活保護厳格化への支持が高い．

3　方　法

3.1　データ

　本稿で使用するデータは，2014 年に実施した「国際化と政治に関する市民意識調査」[2] から得られたものである．この調査は，層化多段・無作為抽出にもとづいて選挙人名簿から選ばれた，全国 24 市区町村在住の 20〜79 歳の日本人男女 4,800 名を対象とする郵送質問紙調査であり，有効回答者数（有効回収率）は 1,777 名（38.2%）となった．またこの調査は，低い回収率を背景として年齢と学歴の分布に偏りがあり，特に男性で若年層の割合が低く，50 歳代以上の中高年層の割合が高い．さらに大卒層の割合が国勢調査の値（日本全体）よりも 7 ポイント程度高く，義務教育卒層の割合が 6 ポイント程度低い．つまり若年男性や義務教育卒層が過少に代表され，男性中高年層と大卒層が過剰に代表されている．したがって，この偏りが結果に影響を与えている可能性に一定の留意が必要である．詳細については永吉（2016）を参照されたい．そのうち本稿の分析では，使用する変数すべてに回答した 1,474 名を用いる．

3.2　変　数

　従属変数は，不正受給認識と生活保護厳格化である．不正受給認識は，「生活保護をもらっている人のほとんどは，本来もらう資格がない人だ」という項目に対する回答（5 件法）を反転させたもの（そう思わない＝1，あまりそう思わない＝2，どちらともいえない＝3，ややそう思う＝4，そう思う＝5）を用いる．生活保護厳格化は「生活保護の受給資格の厳格化」に対する支持の程度の回答（5 件法）を反転させたもの（支持しない＝1，あまり支持しない＝2，どちらともいえ

表 1　分析に使用する変数の記述統計

	変数名	Mean	S.D.	Min	Max
不正受給認識		3.029	0.986	1	5
生活保護厳格化		3.936	1.012	1	5
性別	女性	0.491	0.500	0	1
年齢	線形	53.910	14.472	21	79
学歴	教育年数	13.248	2.105	9	16
雇用形態	経営・自営	0.155	0.362	0	1
	正規雇用	0.361	0.480	0	1
	非正規雇用	0.172	0.377	0	1
	失業	0.040	0.196	0	1
	非労働力	0.272	0.445	0	1
収入	主観的経済状況	2.659	0.936	1	5
婚姻状態	有配偶	0.735	0.442	0	1
	離死別	0.106	0.308	0	1
	未婚	0.159	0.366	0	1
子ども	有り	0.735	0.442	0	1
メディア利用	新聞利用	3.294	1.013	1	4
	テレビ利用	3.674	0.621	1	4
	インターネット利用	2.729	1.185	1	4
近接性	生活保護制度利用	0.041	0.198	0	1
	生活保護受給率（対数）	0.309	0.744	-1.4	1.9

注：N（個人）＝1,474，N（地域）＝24

ない＝3，やや支持する＝4，支持する＝5）を用いる．

　独立変数は，近接性とメディア利用に関する変数である．近接性のうち社会的近接性については，自分自身や親族，親しい友人の生活保護制度利用の経験に対する回答（あり＝1，なし＝0）を用いる．地理的近接性については，24市区町村の各自治体に問い合わせた 2013 年の生活保護受給者数を自治体人口で除した上で 100 倍した市区町村別の生活保護受給率[3]（％）を用いる（外れ値の影響を除くため対数化）．メディア利用については，新聞・テレビ・インターネット利用の 3 種類を検討するが，それぞれ「新聞を読む」，「テレビを見る」，「インターネットのニュース，掲示板を読む」頻度に対する回答（4 件法）を反転させたもの（まったく行わない＝1，あまり行わない＝2，時々行う＝3，よく行

う＝4）を用いる.

　統制変数は，自己利益に関する変数（属性）である．具体的には性別（女性ダミー），年齢（線形），学歴（教育年数），正規雇用を基準カテゴリとする雇用形態5分類（経営・自営業／正規雇用／非正規雇用／失業／非労働力ダミー），主観的経済状況（世間一般と比べた自身の世帯収入に対する5件法の回答，平均よりかなり少ない＝1，平均より少ない＝2，ほぼ平均＝3，平均より多い＝4，平均よりかなり多い＝5），有配偶を基準カテゴリとする婚姻状態3分類（有配偶／離死別／未婚ダミー）と子ども（有りダミー）を用いる.

3.3　分析手法

　分析手法は，階層線形モデルの一種であるマルチレベル構造方程式モデリング（マルチレベル SEM）である（清水 2014）．マルチレベル SEM は，個人レベルの独立変数（社会的近接性，メディア利用）の効果と地域レベルの独立変数（地理的近接性）の効果をそれぞれ適切に分離した上で，複数の従属変数（不正受給認識・生活保護厳格化）を含む複雑なモデルを同時推定できるため，本稿の分析枠組み（図1）の検証に最適と考えられる．分析に使用するソフトウェアはMplus 8.3 (Muthén and Muthén 2017) であり，推定方法にはベイズ推定法[4]（マルコフ連鎖数＝4，サンプリング数＝100,000）を用いる.

4　分析結果

4.1　不正受給認識・生活保護厳格化の分布

　最初に，不正受給認識・生活保護厳格化の分布を確認しておこう（図2）.第1に，不正受給認識は，肯定（「そう思う」＋「ややそう思う」の合計）が29.8％，否定（「そう思わない」＋「あまりそう思わない」の合計）が26.8％であり，賛否が分かれている．第2に，生活保護厳格化は，肯定（「支持する」＋「やや支持する」の合計）が69.8％，否定（「支持しない」＋「あまり支持しない」の合計）が8.4％であり，過半数が賛成となっている．以上の結果より，分布は不正受給認識と生活保護厳格化で大きく異なる．ウェブ調査にもとづく先行研究と異なり，必ずしも多くの人が生活保護制度（受給者）に対して不信感を抱

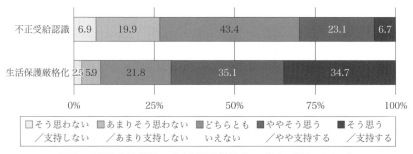

図 2　不正受給認識・生活保護厳格化の分布（$N＝1,474$）

いているわけではない．その一方で，生活保護制度の厳格な運用が多数の支持
を得ていることも示された（相関係数＝0.429, $p＜0.001$）．

4.2　不正受給認識・生活保護厳格化の規定要因

　次に，マルチレベル SEM[5] によって，近接性・メディア利用と不正受給認
識・生活保護厳格化の関連を検討する．事前に従属変数のみの分析を行い，地
域間のばらつきの程度を示す級内相関係数（ICC）の値を確認すると，不正受
給認識の ICC＝0.021，生活保護厳格化の ICC＝0.017 であった．つまり従属
変数の分散の 1.7〜2.1％は，個人に還元されない地域（市区町村）差から説明
できる．これらの結果は，大きな地域差があるわけではないものの，マルチレ
ベル SEM の採用に一定の妥当性[6] があることを示している．

　表 2 は，マルチレベル SEM[7] による分析結果をまとめたものである．トレ
ース・プロット（結果省略）によるマルコフ連鎖の重なりから，収束が確認さ
れた．また適合度指標の事後予測 P 値（PPP）＝0.319 であり，0.100 を上回
り十分な値を示している（Cain and Zhang 2019）．したがって本稿の分析枠組
みは有効[8] であり，データに適合しているといえる．図 3 は，表 2 の分析結
果を地域[9]（between）レベルと個人（within）レベルに分割した上で 95％信用
区間に 0 を含まない（影響のある）変数のみを示したパス図である．

　最初に，不正受給認識の規定要因を検討する．第 1 に，近接性のうち社会
的近接性を示す生活保護制度利用は不正受給認識に負の影響を与えているが，
地理的近接性を示す生活保護受給率は不正受給認識に正の影響を与えている．

表 2　ベイズ推定法によるマルチレベル SEM の分析結果

不正受給認識		EAP	S.D.	95%信用区間 下限	95%信用区間 上限	sig
性別	女性	0.016	0.057	−0.095	0.127	
年齢	線形	−0.004	0.003	−0.009	0.002	
学歴	教育年数	−0.072	0.013	−0.098	−0.046	*
雇用形態	経営・自営業	0.123	0.081	−0.036	0.282	
	正規雇用〔基準〕					
	非正規雇用	0.183	0.080	0.027	0.340	*
	失業	−0.102	0.135	−0.367	0.163	
	非労働力	0.076	0.081	−0.083	0.234	
収入	主観的経済状況	0.008	0.029	−0.049	0.065	
婚姻状態	有配偶〔基準〕					
	離死別	−0.004	0.087	−0.174	0.166	
	未婚	−0.178	0.104	−0.382	0.025	
子ども	有り	0.004	0.086	−0.164	0.173	
メディア利用	新聞利用	−0.094	0.028	−0.149	−0.038	*
	テレビ利用	0.029	0.041	−0.051	0.110	
	インターネット利用	0.028	0.026	−0.023	0.080	
近接性	生活保護制度利用	−0.252	0.129	−0.505	−0.001	*
	生活保護受給率（対数）	0.095	0.045	0.005	0.184	*

生活保護厳格化		EAP	S.D.	95%信用区間 下限	95%信用区間 上限	sig
不正受給認識		0.438	0.025	0.389	0.487	*
性別	女性	−0.042	0.052	−0.145	0.060	
年齢	線形	0.001	0.002	−0.004	0.005	
学歴	教育年数	−0.003	0.012	−0.028	0.021	
雇用形態	経営・自営業	0.013	0.076	−0.137	0.162	
	正規雇用〔基準〕					
	非正規雇用	−0.004	0.075	−0.151	0.143	
	失業	−0.222	0.127	−0.470	0.028	
	非労働力	0.011	0.076	−0.139	0.160	
収入	主観的経済状況	0.075	0.027	0.022	0.129	*
婚姻状態	有配偶〔基準〕					
	離死別	−0.072	0.082	−0.232	0.088	
	未婚	0.059	0.098	−0.134	0.253	
子ども	有り	0.122	0.081	−0.036	0.282	
Posterior Predictive P-Value		0.319				
DIC		8016.830				

注：N（個人）＝1,474, N（地域）＝24, マルコフ連鎖数＝4, サンプリング数＝100,000,
　　EAP ＝事後期待値（非標準化回帰係数の中央値）

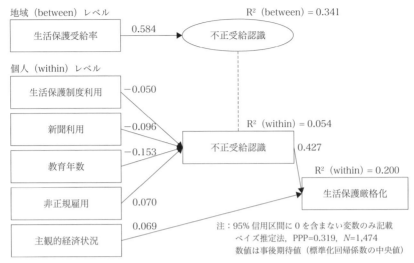

図3　近接性・メディア利用と不正受給認識から生活保護厳格化に至るパス図

　したがって自身や身近に生活保護制度利用者がいる人は不正受給認識が低いが（仮説 1-1 は支持），生活保護受給率が高い市区町村に居住している人は不正受給認識が高い（仮説 1-2 は不支持）．

　第 2 に，メディア利用のうち新聞利用は不正受給認識に負の影響を与えているが，テレビ利用とインターネット利用は不正受給認識に影響を与えていない．したがって新聞を通じて情報を得ている人は不正受給認識が低いが（仮説 2-1 は支持），テレビやインターネットを通じて情報を得ている人は不正受給認識が高いとはいえない（仮説 2-2・2-3 は不支持）．

　次に，生活保護厳格化の規定要因を検討する．不正受給認識は生活保護厳格化に正の影響を与えている．したがって不正受給認識の高い人は生活保護厳格化への支持が高い（仮説 3 は支持）．

5　考　察

5.1　分析結果の含意

　本稿では，全国対象の無作為抽出にもとづく社会調査のデータを用いて，近

接性とメディア利用によって規定された不正受給認識が，生活保護厳格化への支持を説明するという理論モデルの妥当性を検証した．以下では，分析結果の含意を考察する．

　第1に，近接性が不正受給認識に与える影響は，社会的近接性と地理的近接性で異なる．日本の場合，生活保護の受給者との個人的な近接（交流）は，不正受給認識を低めることに寄与するが[10]，単に近隣に受給者が居住している（居住する市区町村の生活保護受給率が高い）という地理的な近接は，むしろ不正受給認識を高める．この結果はどのような情報が蓄積されるかが重要であることを示唆する．すなわち単に受給者が多い地域に住んでいるというだけで直接のつながりがない場合，受給者に関する知識は獲得されないのではないか．その場合「受給者が多い」という情報は，制度運用の公平性や効率性への不信感を生む[11]．生活保護制度の利用にはスティグマを伴うため（橘木・浦川2006），受給者が利用していることを周囲に伝える可能性は低い．また生活保護の受給者は社会的なつながりを維持しにくいことも指摘されている（中川2004）．そのことが結果として不正受給認識を高めていくという負の連鎖が，本稿の分析から示唆される．

　第2に，メディア利用の不正受給認識に与える影響は，メディアの種類により異なる．そのうち新聞を通じた情報取得は，Iyenger（1991）やSotirovic（2001）の指摘通り，不正受給認識を低めることに貢献している．この結果は新聞が生活保護制度について冷静な報道をしているとする堀江（2018）の分析とも整合的である．他方でテレビやインターネットを通じた情報取得は，不正受給認識に影響を与えない．テレビやインターネット上の「生活保護バッシング」の影響を強調する論者の主張は（圷2010；水島2012），少なくとも利用者全体の傾向についていうならば，テレビやインターネットを通じた情報取得の影響を過大評価していることになる．今後は，視聴している番組ジャンルやインターネットのコンテンツの詳細も含めた詳しいメディア利用の影響を分析する必要があるだろう．

　第3に，自己利益[12]を統制した上でも，不正受給認識は生活保護厳格化への支持に影響を与える．生活保護制度が適切に利用されていないという認識は，制度の正当性への疑念を呼び，より厳格な制度運用を求める意識を高める．し

たがって，生活保護制度がセーフティネットとして機能するためには，何より
もまず不正受給認識の低減が重要となる．そしてそのためには，受給者につい
ての正しい情報を提供すること，また生活保護制度について社会全体と関連付
けた報道が行われることが期待される．

5.2　本稿の限界と今後の課題

　最後に，本稿の限界と今後の課題についても 4 点ほど言及しておこう．第 1
に，本稿の分析で使用したデータは，2014 年に実施された 1 時点の横断調査
から得られているため，個人の観測されない異質性（unobserved heterogene-
ity）が統制できておらず（中澤 2012），厳密な因果関係を検証できていないと
いう限界がある．特にメディア利用について，メディア利用そのものの影響な
のか，利用者の元々の特性によるものなのか判別できていない．今後は，同一
個人に複数回質問する縦断調査（パネル調査）の実施と分析が必要となる．

　第 2 に，本稿では不正受給認識の指標として，「生活保護をもらっている人
のほとんどは，本来もらう資格がない人だ」というワーディングの質問を用い
たが，対象者が「本来もらう資格がない」という言葉から何を想起したか明ら
かでないという限界がある．不正受給割合を推測してもらう等，他の指標も検
討して結果の頑健性を確認する必要がある．

　第 3 に，本稿の分析で用いた地理的近接性の指標としての生活保護受給率は，
市区町村を地理的単位としており，理論が想定する単位よりも大きいという限
界がある．先行研究では，川野（2012）が地理的近接性の地理的単位として町
丁目を採用した分析を行っている．町丁目を地理的単位とする生活保護受給率
の指標作成は現実的とはいえないが，社会調査の設計と指標作成の両面におい
て工夫の余地が残されているといえる．

　第 4 に，属性別のサブグループの分析が，主に分析結果の差異を説明する
理論の不在から，十分に検討できていないという限界がある．本稿の理論モデ
ルは，あくまでも近接性やメディア利用が属性によらずに均質な影響を与える
メカニズムを想定している．しかし日本の先行研究では，例えば年齢層により
生活保護厳罰化への支持の規定要因が異なることが確認されているため（山田・
斉藤 2016），属性別のサブグループごとにメカニズムが異なる可能性もある．

属性により近接性やメディア利用の効果が異なるのか，またなぜそのような差が生まれるのかを理論・実証の両面から精緻化することは，今後の課題となる．

　以上より限界はあるものの，なぜ現代日本では生活保護厳格化への支持が高いのかという問題について，制度利用者との近接性とメディア利用に規定される不正受給認識の影響に着目した理論モデルを提示し，その有効性を明らかにした本稿の意義は少なくないと考えられる．本稿が生活保護制度に否定的な世論を考える上での一助になれば幸いである．

※付記　本稿は JSPS 科研費 JP25780305，JP17K13844 の助成と，ひと・健康・未来研究財団 2016 年（第 16 回）の助成（福祉分野）を受けたものです．また本稿は，「なぜ生活保護受給者へのまなざしは厳しいのか？——受給阻害要因としての生活保護への否定意識の規定要因分析」『ひと・健康・未来研究財団 2016 年度研究成果報告書』の内容を大幅に加筆・修正したものです．最後になりましたが，社会調査にご協力いただいた回答者の皆様と各自治体の担当者様に御礼申し上げます．

注

1)「統計学的に有意ではないが（省略），身近に生活保護受給者がいる人と比べて，いない人の方が生活保護制度への厳格化志向が強い傾向にあることが示唆された」（山田・斉藤 2016: 112）との記述があるため，本稿では影響がないものとして紹介している．
2) 調査の実施にあたり，東北大学大学院文学研究科の研究倫理委員会の審査を受けた．
3) 生活保護受給率の効果は，高齢者人口比率の影響を受けるとも考えられるが，両者の相関係数は -0.074 と値が小さく，マルチレベル SEM で高齢者人口比率を統制しても，生活保護受給率の効果は変化しなかった．
4) 最尤推定法を用いた場合は，相関係数が 1 より大きい値を取り収束しなかった（不適解）．ベイズ推定法はこのような不適解を回避するためにも有効とされる（清水 2017）．また付言すると，不正受給認識・生活保護厳格化のマルチレベル重回帰分析を個別に最尤推定法で行った場合は，ベイズ推定法によるマルチレベル SEM の分析結果と同様の知見が得られた．したがって本稿の分析結果は頑健であると考えられる．
5) Mplus を用いたベイズ推定法によるマルチレベル SEM の実行については，Kaplan and Depaoli（2012）や Muthén and Muthén（2017）を参考としている．
6) 川野（2012）のマルチレベル重回帰分析ではヌルモデルの ICC$=0.019$ となり，本稿の値と同程度であることが分かる．
7) 分析に際しては，すべての独立変数・統制変数間に相関を引き，また統制変数から

は不正受給認識・生活保護厳格化の両方にパスを引いている．一方，図1に示したように，社会的・地理的近接性とメディア利用からは不正受給認識にのみパスを引いている．

8) 適合度指標より，理論モデル（DIC＝8016.830）と近接性・メディア利用から生活保護厳格化への直接効果のパスを追加したモデル（DIC＝8015.732）を比較すると，DIC の差分が3以下のため理論モデルより改善したとはいえない（Cain and Zhang 2019）．

9) マルチレベル SEM では，地域（between）レベルの従属変数（のランダム切片）を，地域ごとに異なる線形の潜在変数として定義している（Muthén and Muthén 2017）．

10) 社会的近接性の指標には自身の受給経験も含むため，この効果を自己利益から解釈する余地もある．しかし社会的近接性から生活保護厳格化への直接効果はみられなかった．また主観的経済状況等が効果を持たないことからも，不正受給認識は自己利益の影響を強く受けていないことが示唆される（Roosma, van Oorschot and Gelissen 2015）．以上より，自己利益よりも近接性にもとづく効果と考えられる．

11) ただし生活保護制度利用と生活保護受給率の交互作用効果はみられなかったため（結果省略），たとえ自身や近しい人が生活保護を受給していても，生活保護受給率の高い地域に暮らすと不正受給認識が高まる効果がある．

12) 本稿の分析結果から，社会的弱者（低学歴・非正規雇用層）は決して生活保護厳格化を支持している訳ではないが，不正受給を過大に認識する傾向にあることがわかる．つまり「貧困層内の対立」は，生活保護厳格化の側面では川野（2012）や山田・斉藤（2016）の指摘通り生じていないが，不正受給認識の側面では生じていることが示唆される．

文　献

阿部彩，2018，「メディアと生活保護に関する意識——ソーシャルメディアに焦点をあてて」『大原社会問題研究所雑誌』719・720：3-18.

青木紀，2010，『現代日本の貧困観——「見えない貧困」を可視化する』明石書店.

圷洋一，2010，「生活保護と差別」藤村政之編『福祉・医療における排除の多層性』明石書店，20-54.

Bailey, N., M., Gannon, A., Kearns, M. Livingston, and A. H., Leyland, 2013, "Living Apart, Losing Sympathy: How Neighborhood Context Affects Attitudes to Redistribution and to Welfare Recipients," *Environment and Planning A: Economy and Space*, 45(9)：2154-175.

Cain, M. K. and Z. Zhang, 2019, "Fit for a Bayesian: An Evaluation of PPP and DIC for Structural Equation Modeling," *Structural Equation Modeling: A Multidisciplinary Journal*, 26(1)：39-50.

Campbell, C., 2012, "Policy Makes Mass Politics," *Annual Review of Sociology*, 15：333-51.

Ervasti, H., 2007, "Civil Criticism and the Welfare State," *International Journal of Social Welfare*, 7(4)：288-99.

Gilens, M., 1999, *Why Americans Hate Welfare: Race, Media, and the politics of Antipoverty Policy*, Chicago: The University of Chicago Press.

Goul Andersen, J., 1999, "Changing Labor Markets: New Social Divisions and Welfare State Support," S. Svallfors and P. Taylor-Gooby, eds., *The End of the Welfare State?: Responses to State Retrenchment*, London: Routledge, 13–33.

———, 2006, "Political Power and Democracy in Denmark: Decline of Democracy or Change in Democracy?," *Journal of European Public Policy*, 13 (4): 569–86.

本多則惠・本川明, 2005, 『インターネット調査は社会調査に利用できるか――実験調査による検証結果』労働政策研究報告書 (No.17), 労働政策研究・研修機構, (2019年8月27日取得, https://www.jil.go.jp/institute/reports/2005/017.html).

堀江孝司, 2018, 「新聞報道に見る生活保護への関心」『大原社会問題研究所雑誌』719・720: 37–50.

石田浩・佐藤香・佐藤博樹・豊田義博・萩原牧子・萩原雅之・本多則惠・前田幸男・三輪哲, 2009, 『信頼できるインターネット調査法の確立に向けて』SSJ Data Archive Research Paper Series (No.42), 東京大学社会科学研究所, (2019年8月27日取得, https://csrda.iss.u-tokyo.ac.jp/rps/RPS042.pdf).

Iyenger, S., 1991, *Is Anyone Responsible?: How Television Frames Political Issues*, Chicago: University of Chicago Press.

Kaplan, D. and S. Depaoli, 2012, Bayesian Structural Equation Modeling, R. H. Hoyle ed., *Handbook of Structural Equation Modeling*, New York: The Guilford Press, 650–73.

川野英二, 2012, 「大阪市民の貧困観と近隣効果――貧困層は対立しているのか？」『貧困研究』9: 16–29.

菊池英明, 2001, 「『不正受給』の社会学――生活保護をめぐるモラル・パニック」『社会政策研究』2: 139–62.

駒村康平, 2003, 「低所得世帯の推計と生活保護制度」『三田商学研究』46(3): 107–26.

Laenen, T., 2018, "Do Institutions Matter? The Interplay between Income Benefit Design, Popular Perceptions, and the Social Legitimacy of Targeted Welfare," *Journal of European Social Policy*, 28(1): 4–17.

水島宏明, 2012, 「無自覚なマスコミが増産する生活保護の"スティグマ"」『賃金と社会保障』1566: 44–54.

中川清, 2004, 「貧困の性格変化と社会生活の困難さ――『社会生活に関する調査』の意義」『季刊・社会保障研究』39(4): 354–70.

中澤渉, 2012, 「なぜパネル・データを分析するのが必要なのか――パネル・データ分析の特性の紹介」『理論と方法』27(1): 23–40.

Muthén, L. K. and O. Muthén, B. 2017, *Mplus: Statistical Analysis with Latent Variables User's Guide 8th Edition*, Los Angeles: Statmodel.

永吉希久子, 2016, 「『国際化と政治に関する市民意識調査』調査概要」1-7.

Roosma, F., W. van Oorschot and J. Gelissen, 2013, The Multidimensionality of Welfare State Attitudes: A European Cross-National Study, *Social Indicators Research*, 113(1): 235-55.

Roosma, F., van Oorschot, W. and Gelissen, J., 2015, A Just Distribution of Burdens? Attitudes Toward the Social Distribution of Taxes in 26 Welfare States, *International Journal of Public Opinion Research*, 28(3): 376-400.

Rothstein, B., 1998, *Just Institutions Matter: The Moral and Political Logic of the Universal Welfare State*, Cambridge: Cambridge University Press.

清水裕士, 2014, 『個人と集団のマルチレベル分析』ナカニシヤ出版.

─────, 2017, 「二者関係データをマルチレベル分析に適用した場合に生じる諸問題とその解決法」『実験心理学研究』56(2): 142-52.

Soss, J. and F. Schram, 2007, "A Public Transformed? Welfare Reform as Policy Feedback," *American Political science Review*, 101: 111-27.

Sotirovic, M., 2001, "Media Use and Perceptions of Welfare," *Journal of Communication*, 51(4): 750-74.

Svallfors, S., 2013, "Government Quality, Egalitarianism, and Attitudes to Taxes and Social Spending: A European Comparison," *European Political Science Review*, 5(3): 363-80.

橘木俊詔・浦川邦夫, 2006, 『日本の貧困研究』東京大学出版会.

武川正吾, 2012, 「2000 年代の社会意識の変化──ネオリベラリズムか福祉国家か」武川正吾・白波瀬佐和子編『格差社会の福祉と意識』東京大学出版会, 11-32.

友田浩一, 1984, 「『一般国民』の生活保護意識」『地域研究』4: 67-96.

Van Oorschot, W. and F. Roosma, 2017, "The Social Legitimacy of Targeted Welfare and Welfare Deservingness," W. Van Oorschot, B. Meuleman, F. Roosma and T. Reeskens, eds., *The Social Legitimacy of Targeted Welfare: Attitudes to Welfare Deservingness*, Cheltenham: Edward Elgar Publishing, 3-33.

山田壮士郎, 2015, 「生活保護制度に関する市民意識調査」『日本福祉大学社会福祉論集』132: 53-67.

山田壮士郎・斉藤雅茂, 2016, 「生活保護制度に対する厳罰化志向の関連要因──インターネットによる市民意識調査」『貧困研究』16: 101-15.

abstract

Determinants of the Japanese Citizens' Support for Striker Eligibility Criteria for the Social Assistance Program: Multilevel Structural Equation Modeling for Effects of Perceptions of Welfare Abuse

ITO, Takashi
Doshisha University

NAGAYOSHI, Kikuko
The University of Tokyo

This study investigates the factors of support for striker eligibility criteria (SEC) for the social assistance program (SAP) in Japan with a focus on the effects of perceptions of welfare abuse. While the SAP is often criticized for its underuse in Japan, the Japanese citizens support the implementation of SEC for the SAP. Previous studies have found that social and geographical proximities to welfare recipients as well as media use affect the support for SAP; however, these studies have not explained the mechanism through which these factors impact the support. Based on this viewpoint, we test the validity of the assumed mechanism that proximity and media use affect the perceptions of welfare abuse, which in turn determines the support for SEC for the SAP. We observed the following results by using the multilevel structural equation modeling with Bayesian estimation: 1) social proximity (social network) to the welfare recipient reduces the perception of welfare abuse, whereas geographical proximity strengthens it. 2) Reading the newspaper reduces the perception of welfare abuse, whereas watching television and using the internet do not affect it. 3) Perceptions of welfare abuse strengthen the support for SEC for the SAP even after controlling the effects of self-interest. These results support the validity of our model.

Keywords : Welfare attitudes, Welfare abuse, Proximity, Media use, Multilevel structural equation modeling

| 自由論文 |

喧嘩に耐え〈ともに生きる〉
——富山型デイサービス，デイケアハウスにぎやかの事例研究

三枝七都子

　国主導のもと，「縦割り」の制度や「支え手」「受け手」という関係を超え，住民同士で地域をともに創っていくという地域共生社会が目指されている．その実践例として，富山県を中心に数を増やす富山型デイサービス——年齢や障害属性を区別することなく日中の生活を支援している民間の通所事業所——が注目されている．しかし実際は，「支え手」「受け手」が協働することは容易いことではない．にもかかわらず，そうした関わりを築くうえでの葛藤についてはこれまで十分に語られてこなかった．

　そこで，本稿は富山型デイサービスを名乗る「デイケアハウスにぎやか」（以下，にぎやか）を事例に，職員と利用者の喧嘩も含む〈ともに生きる〉という場のありように着目した．にぎやかでは，既存の福祉サービスから排除されてしまうような人たちを受け止めるため，長い時間をかけながら集まる人々と関係を模索し，時には喧嘩もやむを得ないとするような——〈ともに生きる〉——という場を築いていた．こうしたにぎやかの営みから，本稿は，地域共生社会の具現化を目指すうえでは，協働を目指すのみではなく，喧嘩しても関係が持続することを可能とするような場のあり方こそ目を向けるべきであると主張した．

　キーワード：ともに生きる，喧嘩，地域共生社会，感情労働，富山型デイサービス

1　問題の所在

　本稿は，富山型デイサービス[1]を名乗る通所施設「デイケアハウスにぎやか」（以下，にぎやか）で見られた，職員と利用者とが衝突しながらもなんとか関わり続けていくことを可能とするような〈ともに生きる〉という場のありように着目する．

　2016年に「ニッポン一億総活躍プラン」が閣議決定されて以降，「制度・

さいぐさ なつこ｜東京大学大学院新領域創成科学研究科・博士後期課程｜3saigusa7@gmail.com

分野ごとの『縦割り』や『支え手』『受け手』という関係を超えて，地域住民や地域の多様な主体が参画し，人と人，人と資源が世代や分野を超えつながることで，住民一人ひとりの暮らしと生きがい，地域をともに創っていく」地域共生社会が目指されている（厚生労働省 2017）．これ以前に，すでに 1970 年代初頭から，障害者たちが（施設に暮らすでもなく，家族と一緒に暮らすでもなく）地域で介助を受けながら生活をはじめていた．高齢者についても，1980 年代初めには認知症高齢者の暮らしを住み慣れた地域で支えていこうとする宅老所[2]の活動が盛んとなった．富山型デイサービスも宅老所の一形態であり，現在は地域共生社会のモデル事業とされている．このように，誰もが地域で暮らし続けることを目指す時流に沿って，ケアや支援[3]も模索されてきた．

　しかし，地域共生社会が目指す「支え手」と「受け手」の協働は容易く実現されるようなものではない．ケアや支援に従事する職員と利用者との間で衝突が起こることもある．たとえば，にぎやかでは以下のような場面が見られた．

　ヤマネくん（利用者）：「お前がチクるから！　俺が怒られたじゃないか！」大声でユウコちゃん（職員）に詰め寄る．ユウコちゃん，その場で 30 分ほど彼の言い分を聞くがヤマネくんの気持ちは収まらない．
　ユウコちゃん：「もうダメ！　喧嘩モードで私も対応する！」と声に出しながら筆談．(Fieldnotes, 2015 年 10 月 31 日)

　このように，職員が自らの感情を優先させて自己主張しているように見えることがあった．こうした職員の態度は，地域共生社会に逆行した，つまり，協働を崩壊させるような態度に見えるかもしれない．実際，従来のケアや支援ではこうした職員の態度は不適切な対応と見なされてきた．

　本稿では，こうした場面を職員たちの表現に倣って，にぎやかにおける職員と利用者の「喧嘩」と呼ぶ．喧嘩は怒鳴り合いの様相を示し，職員たちもそれをけっして楽なものとは認識していないにもかかわらず繰り返され，なおかつ職員と利用者の関係も壊れることなく続いていた．では，なぜにぎやかではこの喧嘩が見られ，それをどのように成立させている——離反せず関わり続けている——のだろうか．

2　先行研究と分析課題

2.1　ケアや支援と感情労働

　ケアや支援において，職員たちが自身の感情とどう向き合うかについては感情労働[4]という概念を用いて語られることが多い．崎山によれば，感情労働概念は，組織による労働者への精神的な抑圧に着眼する疎外論[5]であると言う（崎山 2005: 75-135）．こうした感情労働概念を用いることで，ケア労働に過剰に付与されがちな規範的要請——相手に対し共感的に接するべきだという要請——のもとで，ケアに従事する人が負う負担や疲労を描き出すことが可能となる．たとえば，春日は，2000 年の「医学モデル」から「生活モデル」の転換にともない，実際のユニットケアの実践現場における感情労働が高度化・複雑化したため，ケアする側の自己維持に配慮した労働環境が求められる現状を明らかにしている（春日 2003: 216-36）[6]．岡も，ユニットケアの実践現場で見られた「利用者とケアワーカーといった二者関係のみならず，利用者同士の関係を調整しつつ，自己と他者の感情の管理をする」というような働きを，「気づかい労働」と定義し「複雑で深化した感情労働」であると位置づける（岡 2016: 115）．こうして，感情労働論ではケアに従事する人が燃え尽きてしまわないように，感情管理の技術論や労務管理論が展開されてきた．

　他方，職員と利用者との衝突について，ただ職員たちが感情をコントロールするのとは異なる方法も探られてきた．たとえば，身体障害者の自立生活運動では，むしろ介助者と障害者が思いをぶつけ合うこと自体に意義を見出しているケースもある．岡原は「対立は，当事者の間にある差異を明確にして，当事者をコミュニケーションへと動機づけ，新たなる共存の地平へと導く契機でもあるだろう．……このように，プラスの意味を担うだろう行き違いや不満の顕在化を『コンフリクト』と呼ぶ（岡原 1990: 220）．コンフリクトは，支援の非対称性[7]を乗り越え両者の関係を深めるものとしてみなされている．

　こうした「感情を出すか出さないか」という感情のコントロールをめぐる議論では，にぎやかで見られるような喧嘩——日常的な営みの中で感情のコントロールが効かなくなるという状況で起こるもの——を理解することは難しい．

2.2　多様な障害者の自立生活の知見と課題

　最近では，自立生活運動の中での特に身体障害者を念頭においたものではなく，多様な障害者と介助者の関わりのあり方に着目した研究が見られるようになってきた．

　知的障害者の自立生活[8]に着目する三井は，自立生活における「ケア従事者と利用者は，あらかじめそう明確に定まっているというより」，「失敗」を繰り返しながら「それぞれがそうなっていくようなもの」だと捉えている（三井2019: 81）．そしてその「なかなか大変で，しんどい」過程の中では，職員も利用者も感情的になりやすい．そのため，両者の間の衝突は意図して管理できるようなものではなく，往々にして起こり得ると言う（三井 2019: 78-93）．

　一人の難病患者の語りに着目する時岡も，障害を持つ人が「介助者をもどかしく，はがゆく感じる日日を果てなく暮らす」自立生活の様子を描いている（時岡 2017: 167）．時岡は利用者が職員に腹をたて「発散」することもあると記している．しかし，同時にそうした利用者の「発散」は職員との関係が悪くなるという危険を負うものであり，最悪の場合は職員が介助することを止めてしまうことにもつながるため，両者の衝突は起こり得るが実際には「まれ」だと言う．「背景にある障害者─介助者の関係性からまったく独立して利用者が発散するのは至難である」現実を明らかにしている（時岡 2017: 175）．こうして，日常の営みの中で見られる職員と利用者との間の衝突は一義的に「良い」「悪い」と判断できるようなものではない．両者の衝突には，様々な理由と背景があることが示されてきた．また，職員と利用者の非対称性によって，利用者側が抱える葛藤はそもそも表面化し難く「発散」もままならない現状がある．

　両者に共通して見られる視点として，自立生活では「利用者の主体性」が強く問われ，利用者単独に向けた支援が主に取り上げられてきたことから，衝突についても二者間の一場面のみ切り取られ分析される傾向にある．しかし，利用者の生活全体を考えると，実際には複数の人々と関わりを持っており，衝突という行為自体もそうした複数の人々との関わりを背景に成り立つ．その人々の関係性のありようによって行為の捉えられ方も多様に変化し得るはずである．

　そこで，本稿はにぎやかという「場」──そこで人々が構築する関係や，ケアや支援の諸活動とその積み重ねによる場──を研究対象として分析していき

たい．とりわけ，職員と利用者の間の非対称性や，喧嘩することで職員が利用者を傷つけるかもしれないという危険に対し，にぎやかではどのように対処しているのか，にぎやかで成り立つ場のありようを〈ともに生きる〉と呼び探求していく．論点先取にはなるが，富山型デイサービスを運営する人々が頻繁に用いる「ともに生きる」という言葉は，「地域から排除しない」「誰でも受け入れる」という意味で使用されている．本稿も，そうした地域から排除されてしまうような人々を受け止めようと築いてきた――しかし無条件に相手を受け入れるのではなく，集団的かつ長期的な関わりを通して独自の条件を設けながら，時に喧嘩に耐えながらも関わり続けていこうとする――場として〈ともに生きる〉という概念を用いることとしている．

3　調査方法

3.1　対象施設の概要

　にぎやかは，当時老人保健施設に勤務していた理事長が，1997 年に富山市内で開所した民営の小規模な通所事業であった．2000 年には NPO 法人格を取得し介護保険の指定事業所となる．にぎやかが開所された発端には，「誰もが望んだ場所でその人らしく生きて行くことを支えたい」という理事長の思いがあり，富山型デイサービスという形態を名乗るのもその表れである．また，数ある富山型デイサービスの中でも，にぎやかは障害者を多く受け入れていることでも知られている．調査時点での登録利用者の内訳を見ると身体障害者が最も多く，次いで高齢者，知的障害児，精神障害者と続く．なかでも，精神障害のある利用者には，身体介護を必要とせず，かといって就労にも困難を伴い，日中の行き場に困る人々が目立つ．このように，既存の福祉サービスでは満足できない，または十分に支援が行き届かない人々が，にぎやかに通っている．

　にぎやかは開所以来，利用者やその家族，職員がともに生活を営む構成員として関係を育むことにこだわりを持つ．理事長は，「なんのしがらみもなく，受け止めてくれる場所であり，人たちであるっていうのがにぎやかだ」と語る（Interview，2016 年 5 月 22 日）．よって，にぎやかは介護保険法・障害者総合支援法・児童福祉法のもとで運営されている通所施設でありながら，福祉サー

ビスの提供のみを最終ゴールとしていない．利用者やその家族，職員，ボラン
ティア，地域住民など，にぎやかに集う人々が，各々できる範囲で力を出し合
いともに暮らしていこうとしている点が特徴的である．言い換えれば，そこに
集う人々は，大なり小なりそうした特徴を理解しており，にぎやかの総会や各
種イベントにも積極的に参加し，利用者以外も事業所に自由に出入りしていた．
なお，日々の様子はにぎやかのブログや閲覧自由の業務日誌などを通し構成員
の間で共有されている．

3.2　調査方法の概要

　フィールドワーク期間は 2015 年 10 月から 2016 年 8 月である[9]．調査手
法は参与観察及び非構造化インタビューを用いた．主な対象者（合計 36 名）は，
にぎやか職員全員（退職者も数名含む），有償ボランティア，一部の利用者とそ
の家族である．またにぎやかと関わりのある県職員や地域包括支援センター職
員，他の富山型デイサービス職員などにもインタビューを行った．インタビュ
ーは，対象者に対して調査内容と目的などについて事前に説明し承諾を得たう
えで行った．内容はレコーダーに記録し，逐語録を作成した．逐語録・参与観
察からの引用に際して，（　）は筆者の補足である．名前の記載については，
対象者の承諾を得たうえで，にぎやかの施設名は実名，それ以外は全て仮名で
表記した．また，にぎやかのブログや業務日誌も分析の参考としているが，対
象者の匿名性確保のため詳細な情報の記載は控えた．

4　〈ともに生きる〉という場の工夫と困難——喧嘩に至るまでの過程

4.1　喧嘩の一事例

　本稿は，にぎやかの取り組みをより良く理解するためにも，周囲と関係を築
くことが難しいとされる（周囲がそのようにみなす）利用者に対する対応に着目
する．なかでも，取り上げる男性利用者ヤマネくん（以下，ヤマネくん）は精
神障害を抱え，周囲に反発を繰り返し，他支援機関から対応が難しいと受け入
れを敬遠されてきた．このように，相手の生活を尊重し支え続けること自体に
困難を伴う事例を取り上げることで，にぎやかの試行錯誤が捉えやすいと考える．

　ヤマネくんは，児童養護施設で幼少期を過ごし，成人してからは精神科病院で長期間入院生活を送ってきた．国の地域移行支援政策の推進やヤマネくん自身の希望もあり，X年に退院し一人暮らしを始めた．ヤマネくんは強い孤独感を抱え地域生活を送るうえで安定した人間関係を必要としながらも，周囲にたびたび反発し「相談支援員も面倒みきれない」，長年生活してきた病院の職員たちからも「手がやけるナンバーワン患者」(Fieldnotes, 2016 年 2 月 17 日) とされ，他支援機関からも対応困難な事例とみなされてきた．なお，ヤマネくんは日常生活を送るうえで身体介護は必要としていない．ただし，子どものころより難聴があり，補聴器を使用し筆談と発話を交えながら会話する．

　にぎやかには一人暮らしを始めた翌月から通所を開始している．利用開始当時の業務日誌を見ると，にぎやかに馴染もうと積極的に掃除や他利用者の食事介助などを手伝う様子が記録されていた．しかし，利用半年を過ぎたあたりから，ヤマネくんの体調不良の申し送りが目立つと同時に，彼が起こす様々な騒動が記録されている．たとえば，貯金が底をつくまで散財を繰り返したり，自殺をほのめかしたり，体の不調を訴え頻繁に救急車を呼んだりを繰り返す（いずれも X＋1 年の業務日誌を参照）．さらに体調不良がピークに達した X＋2 年の夏には道端で意識不明となり ICU に運ばれ，以前入院していた病院に再入院する．しかし，ヤマネくんの素行は以前入院していた時と比べて，体調が悪いといえども「別人のようで気持ち悪い」と看護師から報告を受けるほど落ち着いていたそうである (Fieldnotes, 2016 年 2 月 1 日)．そのため，1 ヵ月後には退院が許可され，ヤマネくんは自ら望んでにぎやかに戻ってきた．

　詳細は次節に譲るが，にぎやかの職員は最初からヤマネくんと喧嘩をしていたわけではない．実際に喧嘩がにぎやかで見られ始めるのは，ヤマネくんが再入院する約半年前——X＋2 年の年始——からである．喧嘩という関わり方は，にぎやかの職員たちがヤマネくんとの付き合いを模索する中で現れ，調査時点においても続けられている．にもかかわらず，他支援機関から彼の変化が評価されており，かつヤマネくんはにぎやかに通い始めて 10 年弱経った今も一人暮らしを続けている．

4.2　契約に縛られない関わり方

　利用者を，ともに生活を営む構成員として見るにぎやかでは，ヤマネくんがにぎやかの仕事を手伝うことを歓迎していた．業務日誌には「ヤマネくんが掃除してくれました」という報告と同時に感謝の意が記されていた．また，通い始めて間もないころには，家族と疎遠であり，一人が「寂しい」と訴えるヤマネくんを気遣う職員たちの姿も見られる．たとえば，にぎやかで夕食をともにしたり，お昼のおかずを分けてあげたりする姿が過去のブログから窺える．

　さらに，にぎやかでは，X＋1年にヤマネくんを交えた「自助グループ」を結成している．にぎやかの自助グループとは，「日々苦しさや生きづらさ」を抱える人々（主に精神障害を抱える人々）の任意参加の交流会であり，うつ病の既往をもつ職員や，外部からも数名参加している．自助グループに参加する利用者によると，グループの活動はにぎやかの事業として動いている時もあれば，参加者同士が私的に集まることもあると言う（Interview，2016年8月2日）．一部の職員に限られるが，職員としてではなく自助グループの一参加者としてヤマネくんと私的に交流を持つ人もいた．このように，職員たちは制度的な福祉サービスという契約に準じた関わりに限定せず，時にはヤマネくんの友人として関わっていた．

4.3　不可解な行動に対する関わり方

　ヤマネくんの体調不良の訴えが頻回になり，自殺をほのめかしたり，散財したりといった不可解な行動が見られはじめたX＋1年には，上述した自助グループの結成だけでなく，にぎやか全体（全職員やヤマネくん本人に加えて，任意の利用者，家族，地域住民）で会議が2回開催された．議題は「ヤマネくんの寂しさについて」と「これまでの入院歴と治療経過を知ろう」であり，彼の話に耳を傾ける職員たちの姿が業務日誌，ならびに，ブログに記されている．たとえば，ブログにはヤマネくんの不可解な行動に対して理事長が「他人事ではなく，自分の心の中にも，同じような経験が大なり小なりある」と意見している．

　この会議では，①にぎやか全体でヤマネくんの話に耳を傾け，②一見すると不可解な彼の行動に対しその背景にある気持ちを知ることで，③相手を同じ生活の位相に据え対応可能となるという，集団的な共感作業が営まれている．ま

た，ヤマネくんも会議の最中では「自分の存在がわかってもらえたと安心感を抱いたようだった」(Interview，2016 年 2 月 13 日) と職員は見ており，両者が歩み寄るという点で意味があったと理解されている．

4.4　工夫ゆえに抱える困難と喧嘩の出現

しかし，ヤマネくんの底知れない孤独への不安は，会議の一時の安心感や歩み寄りで埋まるようなものではなかった．会議後も彼の不可解な行動は止むことなく続いた．にぎやかのブログには，それまでヤマネくんを迎え入れようと策を講じてきた職員たちの工夫が，皮肉にも彼の生活全てを，にぎやかに依存させるように仕向けてきたのではないかと，理事長が自問自答する様子が窺える．また当時を知る職員たちも，変わらない彼を前につい「いい加減にしてよと感じてしまう」ことや，ヤマネくんの膨れ上がる要望を前に「彼の存在を重く感じてしまうことがある」と言う (Fieldnotes，2016 年 2 月 1 日)．こうして，関わり方が「わからない」という苦悩が深まっていく．

X ＋ 2 年になると，年始から理事長や一部職員が彼と喧嘩する姿がブログに登場し始める．なかには，両者が口論から取っ組み合いに発展し，他職員が仲裁に入る様子が綴られている．それ以外に，入院直前（X ＋ 2 年の夏）に開かれたヤマネくんを囲んだ 3 回目の会議も，以前と違う様子が見られた．「障害者だから，親と疎遠だったから」と自己弁護を繰り返すヤマネくんに対し，喧嘩までならずとも職員側から「それを理由に逃げていていいのか」と彼に反論し，話し合う姿がブログに記されていた．

このように喧嘩は，当時の職員たちが彼とどう関わり続けていけばいいのか「わからない」と追い詰められた状況の中で登場している．その後も，記録されている限りでは，職員とヤマネくんの喧嘩は 2 回登場している（取っ組み合いに発展したのは上述の 1 件のみ）．次節に記すのは，その内の一つであり，偶然筆者が立ち会った喧嘩の場面である．

5　具体的な喧嘩の様子

5.1　詳　細

　これから述べるのは，にぎやかの見学事業の一幕である．見学事業とは，にぎやかの利用者が外部の人々に向け施設を紹介・案内する有料予約制の広報活動である．もともと，利用者の仕事づくりの一環として開始された活動であった．主な運営は案内役を務める利用者数名と，予約の調整や会計事務を補佐する職員1名で行われている．ヤマネくんは案内役を初期から務め，補佐を務めていたのは職員ユウコちゃんであった．ユウコちゃんは，日頃利用者たちが「どのようにしたら仕事にやりがいを持てるか，楽しんでもらえるか」(Field-notes, 2015年10月31日) を考えながら，積極的に事業に取り組んでいた．

　観察した見学事業当日は，案内役のヤマネくんが急遽体調不良を理由に欠席した．そこで別の利用者が案内役の代役として抜擢された．しかし，本番中に何故か体調不良のはずのヤマネくんが現れた．自分の代わりに活躍する他の利用者の姿を目の当たりにした彼は，見学事業を妨害するような態度を取り始める．たとえば，見学者の質疑応答中に割り込み，「時間が押しているから早く終わらせろ，理事長の命令だ」と説明を中断させたり，10分おきにユウコちゃんに話しかけ早く終わるよう急かしたりしていた．ユウコちゃんが理事長に事実を確認しにいくと，理事長はヤマネくんが来ていることも知らず彼の嘘が発覚する．見学事業終了後，ヤマネくんは理事長に呼び出され注意を受けた．しかし，注意を受けたことに納得のいかない彼は，後片付けをするユウコちゃんに詰め寄り「チクった！」と怒りをぶつけてきた．以下はフィールドノーツからの抜粋である．なお，ヤマネくんは発話で，ユウコちゃんは発話と筆談を交えながら応答している．

　　ヤマネくん：「お前がチクるから！　俺が怒られたじゃないか！」
　　大声でユウコちゃんに詰め寄る．ユウコちゃん，その場で30分ほど彼の言い分を聞くがヤマネくんの気持ちは収まらない．
　　ユウコちゃん：「もうダメ！　喧嘩モードで私も対応する！」と声に出しな

がら筆談.

ユウコちゃん，ヤマネくん，そして私は一旦昼食を食べるため場所を移動.
ユウコちゃんは不機嫌な様子である.（Fieldnotes, 2015 年 10 月 31 日）

　ヤマネくんの怒りに対し，ユウコちゃんは最初理性的に相手の主張を傾聴する姿勢を見せていた.彼女はヤマネくんからの責めに頷きつつ，代役の経緯の説明などをして 30 分もの間辛抱強く対応している.しかし，ヤマネくんの怒りは一向に収まらない.すると，ユウコちゃんは「喧嘩モード」への切り替えを宣言した.その後の展開は以下のように続く.

　昼食後の一室にて，周囲には他の利用者や職員がいつも通りに過ごしている.
ユウコちゃん：「そもそもヤマネくんは今日は来ない予定で（中略）後から来て嘘までついて講演中水差したんでしょ」（荒い筆談）.
ヤマネくん：「(見学事業) もう辞める！」
ユウコちゃん：「ならそれを直接自分で（理事長に）言ってきて」（荒い筆談）.
ヤマネくん：「お前が言え！　お前が全部報告するんだろ！」
議論は振り出しに戻る.1 時間近くこのやり取りが続く.最終的に意見は平行線のまま，ユウコちゃんは風呂掃除，ヤマネくんはその場でふて寝する.
私はユウコちゃんの後について行く.風呂場に向かう途中，
ユウコちゃん：「なんでだろ (沈黙).自分でもヤマネくんみたいになることある」と呟く.（Fieldnotes, 2015 年 10 月 31 日）

　昼食後，ユウコちゃんとヤマネくんは再度対峙する.その様子は両者あからさまに不機嫌で語気も強い.彼女は「チクった！」と言うヤマネくんの執拗な問い詰めに対し，「後から来て嘘までついて」ヤマネくんが見学事業を妨害したことを責め応戦している.双方冷静とは程遠く，互いの主張を 1 時間近くもぶつけ合っている.両者の主張は平行線のまま，最終的にユウコちゃんがその場を離れた（またヤマネくんもその後を追わなかった）ことで終了している.
　喧嘩は明確な結論には至らなかったが，その後ユウコちゃんは「なんでだろ」と呟き，冷静に考えを巡らそうとする姿勢が確認できた.続けて，「自分でも

ヤマネくんみたいになることある」と，自らの過去の経験とヤマネくんの一連の態度を重ね合わせ，その行為の背景にある彼の気持ちを汲み取ろうとしていた．

5.2　その後

　喧嘩から約3ヵ月後，ユウコちゃんは依然として見学事業の補佐を続けていた．そして当時の喧嘩を，「彼と全く同じ景色は見れんから，だから想像して．自分が必要ないって思うと面白くないし，彼もこうなんかなって．でも周囲にああいう態度は一緒にやっていくうえでは，ダメなもんは，ダメだし」(Interview，2016年2月1日) と逡巡していた．

　一方，ヤマネくんは，喧嘩の翌日から少なくとも調査期間の2015年11月2日まで姿を現すことはなく，電話やFAXなどを通じてにぎやかに対する非難を続けていた．しかし，ブログを見ると，筆者が調査を終了してから数日後，彼が再びにぎやかに通う姿が確認できた．また翌月の12月には案内役にも復帰している．筆者が2回目の調査 (2016年1月30日から2月19日) に訪れた際には，にぎやかの職員の半数以上がインフルエンザに罹り開店休業状態のなか，ヤマネくんが食事介助やトイレ介助，掃除洗濯などを手伝い職員をサポートする姿が確認できた．また，そうした彼の行動に対して感謝の言葉が業務日誌に記されていた．

　喧嘩のその後を追っていくと，ユウコちゃん・ヤマネくん双方ともになにか劇的に状況が好転しているとは言い難い．ユウコちゃんは依然としてヤマネくんとの関わり方に逡巡しているし，ヤマネくんについても喧嘩を経て特別態度が改められたわけではない．それでも，両者の関わりは継続しており，ヤマネくんもにぎやかに通い続けることができていた．

5.3　喧嘩に対する共通認識

　理事長は今回の騒動をどのように見ていたのだろうか．見学事業当日，ヤマネくんに対し理事長が行った注意を振り返る．理事長はヤマネくんに，「周囲からの承認を一方的に求めるだけでは関係性は築けない」と諭していた．彼がにぎやかに貢献している事実を認め感謝を示しながらも，ヤマネくん自身にも

「にぎやかから恩恵を受け生活が成り立っていることを認めて欲しい」と説く．もちろん，これまでの数々の騒動から，それが彼にとって難しい課題であることは承知しつつ，それでも「精神障害者だから本気で話しても伝わらないだろうと，向き合うことを事前に回避」はしたくないと，今回のような機会を狙ってはヤマネくんに現実を伝え続けていると言う（Interview，2016年2月20日）．ヤマネくんもそうした理事長の一貫した態度には信頼をよせており，たとえ理事長から厳しい現実を突きつけられても，彼はにぎやかに留まり続けている．

　また，理事長は，喧嘩についてユウコちゃんを咎めることはしていなかった．むしろ喧嘩が問題なのではなく，大事なのはユウコちゃんが喧嘩の後に巡らす思考だと言う（Interview，2016年2月20日）．理事長は，これまでにぎやかがヤマネくんに対し行ってきた数々の対応を踏まえたうえで，彼の抱える孤独に対し職員ができることは「ほぼない」と認識している．すでに見てきた通り，ヤマネくんは簡単には変わらない．それを認めたうえで，せめてできるのは「彼が自分自身と戦うリングサイドに居続けることだ」と言う（Interview，2016年2月20日）．つまり，ヤマネくん自身のリングでの戦い——彼自身が自らの孤独と向き合うという戦い——は，たとえそのリングサイドに誰がいようとも，彼自らが解決しないといけない問題なのである．ゆえに，職員がいくらヤマネくんに共感し彼の苦しみを知ったところで，ヤマネくんが抱える問題も，ともに生活するための問題も解決せず，職員にできることは彼のリングサイドに居続けること以外に「ほぼない」とされていた．

　また，こうした喧嘩という行為やヤマネくんに対する理事長の認識は，前節で見た会議やブログを通して共有されている．加えて，繰り返し職員たちが行ってきた今回のような喧嘩の経験を通して，職員をはじめ周囲の利用者や家族は明示的ではないにせよそれを各々が感じとって理解しているようだった．実際に，今回の喧嘩の最中でも周囲はいつも通り過ごしていたし，その後も喧嘩について「誰が悪い」といったような話題になることもなかった．自助グループのメンバーであり，にぎやかに長く通いヤマネくんとも親交の深い利用者は，「精神障害があるからってどう関わっていいかわからないと無視されるほうが辛い」と言い，「この人は問題も抱えているけど，にぎやかに貢献しようとしているとか，しているって姿を見て，認めようとしてくれる．それが，自分が

受け入れられているって感じるし相手（職員）を信頼できる」とにぎやかについて語っていた（Interview, 2016 年 8 月 2 日）.

6　喧嘩に耐え〈ともに生きる〉という場のありよう

　にぎやかは,「誰もが望んだ場所でその人らしく生きていくこと」を支えることを第一に, 既存の福祉サービスからこぼれ落ちてしまう人々——既存のサービスに満足の行かない人や, 既存のサービスでは十分にケアや支援が行き届かない人——を, ともに生活を営む構成員として積極的に受け入れていく施設である. また, そこで象徴的に見られたのが喧嘩という場面であった. 本節では, 先行研究に挙げた春日や岡が対象としたユニットケア（春日 2003; 岡 2016）, 及び三井や時岡が前提としていた自立生活支援センター(以下, CIL)（三井 2019; 時岡 2017）と, にぎやかを比べながら考察を進めたい.

　ユニットケアとは, 認知症高齢者を対象とした小規模の入所施設を指し,「(入居者) 一人ひとりの個性を知り, より柔軟な『心を汲むかかわり』をすることが, 認知症の人の心を落ち着かせ穏やかな生活を作り上げると意図された」（岡 2016: 15）ものである. CIL は「A：障害を持つ当事者が中心になって運営される, B：権利擁護／情報提供／介助（派遣）／自立生活プログラム, ピア・カウンセリング, 等, いくつかの種類のサービスを提供する組織」であり,「社会の支援を得ながら」「障害者が自ら選んだ生活を地域の中で送る」（立岩 1995: 414）ことの実現を意図している.

　いずれも入居者・利用者個々の生活のありようを尊重し, 長期的かつ継続的な付き合いを前提とした事業である. もちろん, 派遣, 通所, 入所というサービス形態の違いから単純な議論はできないが, これらを比較することによって, にぎやかの職員たちのふるまいの特徴や, 喧嘩しても関わり続けることを可能としている条件を明らかにすることができる.

6.1　喧嘩の位置付け

　ユニットケアと同様に, にぎやかにおいても, 職員たちは高度かつ複雑な感情労働を行っていた. すなわち, 相手の思いを汲み取るため職員が自らを深く

関わらせていくような姿（春日 2003: 216-36）があると同時に，周囲の利用者に対しても気を配り関係を調整していくような姿（岡 2016: 115）などが確認できた．たとえば，ユウコちゃんは，見学事業において事業に参加する利用者たちとの関係を取り持ちながら，同時にヤマネくんとも向き合っていた．ただし，そうした感情労働が見られる一方で，にぎやかの職員たちは感情を発露することもあった．しかもそれは，コンフリクトのように職員と利用者の非対称性を乗り越えることを意図したものでもない．

　にぎやかの職員たちは，対応が難しいと周囲からみなされてしまうような人とも関わりを築くために，制度上規定されたサービスを超えて働きかけを行っていく．それは同時に，①利用者は職員に対し要望が言いやすいというメリットを生む一方で，②職員側は，利用者の要望に対して歯止めなく対応してしまう．そうした状況の中で，にぎやかでは，5.2 に記したように大部分の場面では利用者と話し合いながら物事を進めていく．ただし，そうした工夫は，相手をにぎやかに過度に「依存」せしめてしまうというジレンマを招いていた．また，職員は利用者と密な関わりを築いているからこそ，相手の言動によって抑制しきれないほどに強い感情が喚起されやすい．

　こうした状況において，従来通りに職員側が感情を管理し対応していくことは困難であった．むしろ，無理にでも感情を管理しようとするならば，職員は自らの身を守るために相手と関わることを放棄してしまうだろう．そうした結末に陥らないためにも，にぎやかの職員たちは感情が管理され得ないということを自覚し喧嘩をしていたのである．これまで見てきた通り喧嘩は容易に対処し得るものではなく，職員たちはそれをやりたくてやっているのでもなかった．すなわち，岡原（1990）の言うような肯定的なものとして感情を素直に表しているものではない．喧嘩は関係を深めるものというよりも，相手と関わり続けるためにはやむを得ないものとして位置付けられていた．

　一方，利用者であるヤマネくんが喧嘩をどのように理解していたかは観察の範囲では十分に知り得ない．ただし，5.3 で見た自助グループの仲間であり，長年にぎやかに通う利用者の言葉——「精神障害があるからってどう関わっていいかわからないと無視されるほうが辛い」——の通り，利用者側からも関わりを続けたいという強い思いが窺えた．

6.2 喧嘩が成立する条件

　相手と関わり続けるうえで喧嘩が起こることはやむを得ないとしても，それは無秩序に起こっているわけではない．喧嘩がエスカレートして，離反することもあり得る．にぎやかでは，喧嘩はいくつかの条件のもとで成立していた．

　第一に，にぎやかの事業の特徴が，そこに関わる人々の間で了解されていた．その特徴とは，3.1で紹介した通り，例えばユニットケアでは認知症の高齢者を，CILでは障害者を主に対象とした事業であるのに対して，にぎやかは高齢者から，ヤマネくんのような精神障害を抱える人，さらには障害を抱える子どもや，乳幼児まで利用している．このように，色々な人が集まるがゆえに，ケアや支援の方法は統一されず，利用者やその家族，さらには近所の人々の手を借りながら日々が営まれていた．にぎやかは利用者の「心を落ち着かせ穏やかな生活を作り上げる」（岡 2016: 15）ことを目指すのではなく，そこに関わる人々が構成員となり，ともに日々の生活を送ることが目指されている．その様子は，4.2で見た自助グループが成立していたり，職員と利用者が互いを「くん」「ちゃん」づけで呼び合っていたりすることからも窺える．

　また，CILのように事業を「障害を持つ当事者が中心になって運営」（立岩 1995: 414）するまではいかないとしても，にぎやかでは，運営総会への参加は希望するものが自由に参加でき，見学事業の運営などにも利用者が関わっていた．他にも，毎朝行われるその日の予定や前日の申し送りを伝えるミーティングには，当日の利用者ならびに居合わせた家族や近所の人も参加し意見を出し合いながら一日の過ごし方が決められていた．構成員が抱える問題についても，4.3にあるように全体で共有することもあり，たとえ会議に居合わせることができなかったとしてもブログや業務日誌を通して情報を得ることができる．こうして積極的に構成員に対する情報公開が行われているため，にぎやかの日常や，構成員同士についての理解が共有されていた．そうであるからこそ，たとえ喧嘩をしたとしても，職員に対するクレームが殺到するような事態は起こっていない．

　また，利用者を，サービスを提供される客としてだけではなく，構成員として位置付けているにぎやかでは，多様な関わりが築かれていた．たとえば，ヤマネくんについて見ると，自助グループでは互いに悩みを打ち明けるピアとい

う関わりに加え友人としての付き合いも生まれている．見学事業では仕事仲間という関わりを築くと同時に，にぎやかの看板利用者的な存在として運営に貢献しており，それを周囲も認めている．このように「障害者―介助者の関係」（時岡 2017: 175）に限定されず，多様な関わりがあるからこそ，喧嘩も起こり得るのである．つまり，たとえ喧嘩が起こったとしても，利用者は他の関わりを通して信頼を回復し関係を継続する機会が存在するため，利用者にとって「発散」（時岡 2017）するハードルが通常より低いと言えるだろう．

　第二に，喧嘩は仲裁する人が必ず脇に控えた状態で行われていた．5.3 で確認したように喧嘩がヒートアップした時には周囲が止めに入っていた．また，そうして人の目があるからこそ，職員も完全に理性を失うことにはなりにくい．「喧嘩モード」のユウコちゃんも，荒々しくではあるが筆談を続けており，ヤマネくんに対する最低限度の配慮は保持していた．喧嘩は確かに激しいものであったが，暴力や，過度な誹謗中傷などは認めないという不文律が存在する．また，その不文律は過去に繰り返されてきた喧嘩の積み重ねによって成立している．そういう意味でも，複数人が一つの場所に通い集まるという事業形態や，日々の情報公開の徹底は重要な意味を持つ．

　最後に，理事長のとる態度も大きく関与している．喧嘩という行為自体に対し，理事長は，ユウコちゃん，ヤマネくん双方に対し肯定も否定も示さない．すでに見た通り，ヤマネくんが見学事業を妨害したこと自体に対しては意見するものの，だからといって喧嘩した二人をにぎやかから締め出すことはしなかった．むしろ，今回の喧嘩も含め，それを繰り返していくことで，結果として，リング内で戦えるのは彼自身でしかないということを間接的に伝えると同時に，「彼が自身と戦うリングサイドに居続ける」という言葉通りセコンドとして応援し続けるという一貫した態度が示されていた．そうした理事長のもとだからこそ，職員たちは相手をどうすることもできないということを認めたうえで，さらに言えば，一緒にはやっていけないと嫌悪すら抱いてしまう事実があることも認めたうえで，付き合い続けていこうとしていたのである．

　こうして〈ともに生きる〉という場には，多様な関わりを含みながら，職員と利用者とが喧嘩に「耐える」姿があった．すなわち，喧嘩しても離反せずに関わりは続いていた．この「耐える」とは，ユウコちゃんにとっては，相手の

力になりたいと思いながらも嫌悪を抱いてしまい面と向かって非難するような姿と向き合うことであり，さらに，相手に対してできることは「ほぼない」という自らの無力さに耐え相手と付き合い続けることを意味する．同時に，「彼が自身と戦うリングサイド」から離れない態度を取り続けることも含まれる．

　一方，ヤマネくんについては，観察の範囲では彼が自らの醜い姿——他の利用者に嫉妬する姿や周囲を責め，怒りをぶつけてしまう姿——と向き合っていたかは定かではない．しかし，彼がにぎやかで過ごしてきた経過を踏まえるならば，ヤマネくんが全く自らの問題と向き合っていないとも言い切れない．彼は入院しても理事長に叱咤されてもにぎやかと関わり，地域で暮らし続けている．すなわち，このような状況に鑑みれば，彼が自らの醜い姿に耐えているという心情を推察できる．

7　結論と今後の課題

　本稿は，にぎやかを事例に，既存のケアや支援では不適切とみなされるような，職員と利用者との喧嘩を軸に〈ともに生きる〉という場のありようを分析／考察してきた．「誰もが望んだ場所でその人らしく生きていくこと」を目指すにぎやかは，既存の福祉サービスでは支えきれない人々に対しても，職員と利用者という違いが必ずしも自明ではない密な関わりを持ちながら相手を受け止めていこうとしていた．そのため，時に相手の依存を招いてしまうというジレンマにも直面する．そうしたなかで，職員は相手の要望に従い疲弊したり，さもなければ「精神障害があるからしかたない」と相手の存在を低くみたり，関わることを止めてしまったりという対応をとりがちである．そうならないためにも，にぎやかでは一定の条件のもとでの喧嘩をやむを得ないものとしていた．また，周囲の人々も，公開される情報を通してそうした難しさを知るがゆえに〈ともに生きる〉という場であるという認識を共有し喧嘩を了解していたのだった．それは，結果として，困難事例とみなされてしまうような利用者を受け止め，関わりを維持していくことにつながっていたのである．ただし，喧嘩は利用者との関係維持に有効なものとして保証された行為ではない．そもそも，喧嘩の事例で見た通り，職員は先を見越して対応できるほどの余裕があ

るわけではなく，喧嘩することで相手に対する理解が深まるとも言い切れない．
取っ組み合いに発展する危険性もある．つまり，喧嘩は関係維持に直結するプ
ロセス——喧嘩することで関係は維持される——と確証されたものではない．
にぎやかではそうした点も承知のうえで喧嘩をし，困難事例とみなされてしま
う利用者ともとりあえず関わり続けることの可能性を信じ〈ともに生きる〉と
いう場を周囲の人々と築いていたのである．

　この因果関係が必ずしも約束された行為ではないという点で，にぎやかで見
られた喧嘩はコンフリクトや「喧嘩できるほど仲が良い」といったポジティブ
な意味あいを持つ関わりに収まるものではなかった．職員たちは，感情を我慢
するのでもなく，かといって感情を出すことをコンフリクトとして肯定するも
のでもない．喧嘩とは，その間でバランスを取り，〈ともに生きる〉という場
に存在する．すなわち，既存の福祉サービスでは十分に支えることができない
人々となんとか日常を営み関係を続けていくなかで起こる関わりの一つとして
考えられていたのである．こうしたにぎやかのありようは，社会学における感
情のコントロールをめぐった議論では描かれてこなかった．また，多様な障害
者の自立生活を考えるうえでも，〈ともに生きる〉という基盤があってこそ「利
用者の主体性」も問えるのではないだろうか．

　最後に，この〈ともに生きる〉という場を念頭に，冒頭の地域共生社会の議
論を振り返る．誰もが地域で暮らす現実においては，「支え手」と「受け手」
が協働する場面だけではなく，相手に嫌悪を感じ関係から排除したくなる／し
てしまう場面も存在する．そうした厳しい現実を前提としたうえで，誰もが地
域で暮らすことを支えていこうとした時には喧嘩という行為も起こり得る．社
会から排除されがちな人々とともに地域で生きていくことを目指すのであれば，
喧嘩に耐えつつ〈ともに生きる〉という場にこそ目を向けていくべきではなか
ろうか．でなければ，地域共生社会が進展するほど，社会の中で行き場を失っ
た人々がにぎやかのような特定の場所へと集中することになり，地域共生社会
を目指していたはずの事業が，その負担の重さから逆に立ち行かなくなってし
まうかもしれない [10]．ところが，こうして喧嘩をしながらもなんとか関わり
を保っていくようなあり方が，従来の地域共生社会の議論の中でどれだけ想定
されていたかは疑わしい．

　よって，次なる課題として，〈ともに生きる〉という場が，一ヵ所のみに限局するのではなく，どのようにしたら複数の支援機関に，さらには社会に広げていくことが可能なのかを検討していきたい．

注

1) 助けを必要としている人に対し，年齢や障害属性で区別することなく利用を受け入れる民間の通所施設事業である．富山県内を中心に1993年以降数を伸ばしてきた．多くは利用者の生活を支えるために，介護保険法や，障害者総合支援法，児童福祉法のもと地域密着型通所介護／自立機能訓練・自立生活訓練／放課後等デイサービスなどの通所系サービスを軸にしながら，必要に応じて自主事業で自宅訪問を行うなどして柔軟にサービスを提供している．富山型デイサービスについては平野編(2005)による研究を参照のこと．

2) 1980年代初頭，認知症高齢者の在宅生活を支える制度が不足するなか，家族の会や地域住民が相互扶助を基盤として立ち上げた民間の在宅福祉サービスを指す（田部井1994；下村2013；渡辺2008）．宅老所の実践は地域によってそれぞれ異なる形で進展しており，包括的に定義することは難しいとされているが「小規模・多機能・地域密着」の3つを代名詞として語られることが多い（宅老所・グループホーム全国ネットワーク他編2011: 10-3）．

3) 高齢者の介護現場では，身体介護や精神的なサポートも含めてケアという表現が用いられる．一方，障害者については支援という表現が用いられることが多い．本稿は，富山型デイサービスという年齢や障害属性にかかわらず利用可能であるという事業形態を念頭に置き，ケアと支援両方の表現を文脈に合せて用いている．

4) ホックシールドが明らかにした概念であり，「公的に観察可能な表現と身体的表出を作るために行う感情の管理という意味で用い」，またその労働は「賃金と引き換えに売られ，したがって〈交換価値〉を有する」ものだと言う（Hochschild 1983＝2003: 7）．

5) 崎山は，ホックシールドの議論は二重の意味で自己が疎外される姿を描いていると言う．一つには，「感情労働という公的領域で，感情管理を定める主体が企業組織となること」により「それが自律性である／あった，という感覚から自己が疎外される」．二つには，「感情労働の進展から反転的に生じる感情管理の自律性の称揚とその回復の試みが，結局は循環構造であるとともに，結局は心理学的な知への従属をもたらす」と論じている（崎山2005: 77）．

6) 春日によれば，「生活モデル」における新しいケアとは，ケアする側の自己感情の質が重要で，深く自己を関わらせること——相手の悲しみを自分も悲しむなど——の必要が規範力をともなって求められると言う（春日2003: 220）．

7)「あることを自分はできて，かつ，それをできない人がいて，自分がその人に代わってそれをする」時に非対称性が現れる（岡原1990: 218）．一般的には，こうした非対称性を念頭にケアや支援に従事する人は利用者に対して否定的な感情を出すことは虐待に転じる恐れがあるため回避する．ただし岡原は，そうして回避される

権力関係ではなく「できる人ができない人に配慮する」というかたちの権力関係もあると言う．たとえば，支援するなかで見られる利用者の不満を，ケア従事者が「言ってはいけないだろう」とか，「ここで話してもしょうがいない」というふうに「配慮という形式の中で，介助者は行き違いを表面化せずにすましてしまう」ことがあると言う（岡原 1990: 219）．

8) 自立生活とは，「しばしば，そこに込められている独立・自律への希求を具体化した生活の形として，日常的に介助＝手助けを必要とする障害者が，『親の家庭や施設を出て，地域で生活すること』を指し示す．」（安積・岡原・尾中・立岩 1990: 3）．

9) フィールドワークは 2015 年 10 月 30 日から 11 月 2 日，2016 年 1 月 30 日から 2 月 19 日，2016 年 7 月 24 日から 8 月 4 日と 3 回に分け，いずれもにぎやかの一室に泊まり込み実施した．

10) にぎやかは，本調査が終了した 4 ヵ月後に 1 年間休業した．休業を機に，ユウコちゃんをはじめ多くの職員は退職し，利用者も他の富山型デイサービス事業所へと移動した．その後，2018 年 3 月に事業は再開された．

文　献

平野隆之編，2005，『共生ケアの営みと支援——富山型「このゆびとーまれ」調査から』CLC．

Hochschild, Arlie Russell, 1983, *The Managed Heart: Commercialization of Human Feeling*, California: University of California.（＝2003，石川准・室伏亜希訳，『管理される心——感情が商品になるとき』世界思想社．）

春日キスヨ，2003，「高齢者介護倫理のパラダイム転換とケア労働」『思想』11: 216-36．

厚生労働省，2017，「『地域共生社会』の実現に向けて」，厚生労働省ホームページ，（2019 年 7 月 3 日 取 得，https://www.mhlw.go.jp/stf/seisakunitsuite/bunya/0000184346.html）．

三井さよ，2019，『はじめてのケア論』有斐閣ストゥディア．

岡原正幸，1990，「コンフリクトへの自由——介助関係の模索」安積純子・岡原正幸・尾中文哉・立岩真也『生の技法　第 3 版——家と施設を出て暮らす障害者の社会学』生活書院，191-231．

岡京子，2016，『ユニットケアとケアワーク——ケアの小規模化と「ながら遂行型労働」』生活書院．

崎山治男，2005，『「心の時代」と自己——感情社会学の視座』勁草書房．

下村恵美子，2013，『生と死をつなぐケア——宅老所よりあいの仕事』雲母書房．

田部井康夫，1994，『18 坪のパラダイス——デイセンターみさと奮闘記』筒井書房．

宅老所・グループホーム全国ネットワーク・小規模多機能ホーム研究会・地域共生ケア研究会，2011，『宅老所・小規模多機能ケアのすべてがわかる——宅老所・小規模多機能ケア白書』筒井書房．

立岩真也，1995，「自立生活センターの挑戦」安積純子・岡原正幸・尾中文哉・立岩真也『生の技法　第 3 版——家と施設を出て暮らす障害者の社会学』生活書院，414-98．

時岡新，2017，『〈不自由な自由〉を暮らす——ある全身性障害者の自立生活』東京大学出版会．

渡辺靖志，2008，『宅老所運動からはじまる住民主体の地域づくり』久美．

安積純子・岡原正幸・尾中文哉・立岩真也，1990，『生の技法　第3版——家と施設を出て暮らす障害者の社会学』生活書院 13-16．

abstract

The relationship of *co-living* through enduring a quarrel
A case of Day Care Center Nigiyaka,
Toyama-Style day care service

SAIGUSA, Natsuko

The Tokyo University Graduate school of Frontier Sciences

In recent years, the Japanese government has promoted a care-centered society with a focus on collaboration of care between the residents to strengthen ties within the community and to overcome an inflexible, compartmentalized public administration. One example is known as Toyama-Style day care service. This reference provides care to people with or without handicaps, regardless of age, in a home-like facility. However, under government promotion, collaboration through care does not fully acknowledge conflicts within this relationship style.

In this paper, I examine the place for *co-living* of care between care-workers and uncooperative residents, using the care practices found at Toyama-Style day care service Day Care Center Nigiyaka as an example. This research analyzes the actuality of *co-living*, in which a quarrel as performed in certain conditions is inevitable for the residents to accept having been excluded from the existing care system. Certainly, a quarrel is an intense expression of a relationship, but through forming a place of trust with other people over a long time, care-workers are better able to sustain the relations of care. Finally, to enhance the promotion of care-centered society, I suggest the necessity of imagining a long-term collective work mechanism which includes quarrel in relationships.

Keywords : Co-living, Quarrel, Care-centered society, Emotional labor, Toyama-Style day care service

| 自由論文 |

福祉国家に対する態度の多次元性
——ISSP のデータを用いた構造方程式モデリング

池田　　裕

　福祉国家に対する態度は，一次元的に測定されることが多い．一次元性の仮定は，特定の福祉国家プログラムの支持者が，他のすべての福祉国家プログラムをより強く支持すると予測する．しかし，いくつかの研究は，福祉国家に対する態度が多次元的であることを示唆している．すなわち，特定の福祉国家プログラムをめぐる対立は，他の福祉国家プログラムをめぐる対立と質的に異なるかもしれない．本稿は，国際社会調査プログラム（ISSP）のデータを用いて，日本の福祉国家に対する態度の構造と規定要因を検討する．福祉国家に対する態度の構造を正確に表現し，福祉国家をめぐる対立にプログラム間の差異があるかどうかを明らかにするのが目的である．

　カテゴリカル確証的因子分析によれば，福祉国家に対する態度は完全に一次元的ではなく，プログラム間の差異を考慮する必要がある．構造方程式モデリングの結果は，疾病と老齢に関する政策をめぐる対立が，失業と貧困に関する政策をめぐる対立と質的に異なることを示している．たとえば，疾病と老齢の次元では等価所得の効果が統計的に有意でない一方で，失業と貧困の次元では等価所得が有意な負の効果を持つ．低所得者が福祉国家をより強く支持するのは，彼らが疾病と老齢に関する政策ではなく，失業と貧困に関する政策をより強く支持するからである．このように，本稿の知見は，個人が福祉国家を支持する理由を理解するのに役立つ．

キーワード：福祉国家，態度，構造方程式モデリング

1 目　的

　有権者の中には，政府はすべての人の福祉に対して責任があると思う人もいれば，国による福祉の提供は最小限に抑えるべきだと思う人もいる．有権者の態度が重要な研究対象であるのは，集計された態度としての世論が政策に影響すると考えられるからである．実際に，高水準の社会支出は，福祉国家に好意

いけだ ゆう｜京都大学・非常勤講師｜ikepu1989@gmail.com

的な世論を反映している（Brooks and Manza 2006）．世論が重要であるなら，有権者の態度の源泉を調べる必要がある．福祉国家に対する態度の社会学は，社会的属性による態度の違いに関心を持つ．教育や所得などの社会的属性は，社会構造における個人の位置を表す．加えて，社会的属性による態度の違いは，集団間の対立の兆候とみなされる．それゆえに，この分野の研究は，社会的属性による態度の違いを理解することによって，福祉国家をめぐる対立を社会構造の観点から説明することを目指す．

　態度の規定要因を正確に理解するためには，信頼できる妥当な方法で態度を測定する必要がある．福祉国家の活動には，年金・医療保険・失業給付などがある．それゆえに，福祉国家に対する態度を測定するためには，福祉国家プログラムを構成するさまざまな政策についての意見を聞く必要がある．最近の研究では，福祉国家に対する態度が，仕事の提供・物価の安定・医療の提供・高齢者援助・失業者援助・格差の是正・大学生援助・住居の提供についての意見に基づいて測定される（池田 2016）．この方法は，欧米の研究に基づいている（Svallfors 2004）．単一ではなく複数の質問で態度を測定することによって，福祉国家の活動の範囲を考慮することができる．これらの研究は，8項目の合計得点を従属変数とする．すなわち，すべての福祉国家プログラムに懐疑的な態度から，すべての福祉国家プログラムに好意的な態度までの尺度が使われる．この方法は，福祉国家に対する態度が一次元的だと仮定する．

　一次元性の仮定は，特定の福祉国家プログラムの支持者が，他のすべての福祉国家プログラムをより強く支持すると予測する．しかし，いくつかの研究は，福祉国家に対する態度が多次元的であることを示唆している．すなわち，特定の福祉国家プログラムをめぐる対立は，他の福祉国家プログラムをめぐる対立と質的に異なるかもしれない．本稿は，日本の福祉国家に対する態度の構造と規定要因を検討する．日本の福祉国家は，欧米の福祉国家と多くの点で異なる．日本では，企業と家族が福祉の提供において重要な役割を果たす（Esping-Andersen 1997）．先進国の中で，福祉国家への支持が最も低いのは日本である（池田 2016; 村田 2019）．欧米の研究の結果が，福祉国家の制度的特徴の点で異なる日本で再現されるかどうかは，重要な研究課題である．

　日本でも，福祉国家に対する態度は一次元的だと報告されている（Arts and

Gelissen 2001：291）．しかし，先行研究では，因子数が異なる複数のモデルが考慮されていない．それゆえに，福祉国家に対する態度を一次元的に測定するのが最善であるかどうかはわからない．福祉国家に対する態度が一次元的であるなら，態度の規定要因の研究は，単一因子をさまざまな変数に回帰するだけでよい．他方で，福祉国家に対する態度が多次元的であるなら，態度の規定要因は次元によって異なるかもしれない．本稿は，1 因子モデルと 2 因子モデルを比較することによって，一次元性の仮定を検証する．福祉国家に対する態度の構造を正確に表現し，福祉国家をめぐる対立にプログラム間の差異があるかどうかを明らかにするのが目的である．

　本稿の構成は以下のとおりである．次節で，先行研究における一次元性の仮定を検討する．加えて，一次元性の仮定と一致しない，多次元性を示唆する証拠を集める．続いて，データと方法を説明し，カテゴリカル確証的因子分析と構造方程式モデリングを行う．最後に，新たな知見を要約し，研究の含意を議論する．

2　先行研究における一次元性の仮定

　国際社会調査プログラム（ISSP）は，比較態度研究に必要なデータの源泉の一つである．第一に，1992 年の ISSP のデータは，再分配に対する態度の研究に用いられる．Svallfors は，格差の是正・仕事の提供・最低所得保障についての意見の合計得点を従属変数とする．分析によれば，ノルウェー・ドイツ・オーストラリア・アメリカでは，女性と労働者が再分配をより強く支持する（Svallfors 1997：293）．一見すると，福祉国家の制度的特徴にかかわらず，態度に男女差と階級差がある．しかし，その後の研究の結果はまちまちである．ある研究は，格差の是正・仕事の提供・最低所得保障についての意見をまとめる因子を抽出する．分析によれば，東西ドイツ・ノルウェー・アメリカでは，女性と低学歴者が再分配をより強く支持するが，態度の男女差と学歴差は東ドイツで最も小さい．ノルウェー・西ドイツ・アメリカの場合と異なり，東ドイツでは，低所得者と失業者が再分配をより強く支持するとはいえない（Andreß and Heien 2001：350）．別の研究は，Svallfors と同様に，3 項目の合計得点を

従属変数とする．分析によれば，ノルウェー・アメリカ・ドイツ・オーストラリアでは，低所得者と低学歴者が再分配をより強く支持する．しかし，オーストラリアでは，女性が再分配をより強く支持するとはいえない．加えて，「階級亀裂はノルウェーとドイツよりもアメリカで強いように見える」(Linos and West 2003: 400)．

　第二に，1996 年の ISSP のデータは，福祉国家に対する態度の研究に用いられる．ある研究は，仕事の提供・医療の提供・高齢者援助・失業者援助・格差の是正・大学生援助・住居の提供についての意見をまとめる因子を抽出する．確証的因子分析によれば，多くの国で，1 因子モデルはデータによく適合する．日本では，因子負荷量が 0.65 から 0.82 までの値を取り，RMSEA の値は 0.090 で，RMR の値は 0.082 で，GFI の値は 0.98 である（Arts and Gelissen 2001: 291）．Svallfors は，8 項目の合計得点を従属変数とする．分析によれば，スウェーデン・イギリス・ドイツ・アメリカでは，女性と労働者が福祉国家をより強く支持するが，態度の男女差と階級差の大きさは国によって異なる．男女差が最も大きいのはアメリカであり，最も小さいのはスウェーデンである．加えて，「階級差はスウェーデンで最も大きく，ドイツで最も小さい」(Svallfors 2004: 126)．ガットマン基準によれば，どの国でも，福祉国家に対する態度は一次元的である（Svallfors 2004: 136）．別の研究は，仕事の提供・医療の提供・高齢者援助・失業者援助についての意見をまとめる因子を抽出する．確証的因子分析によれば，アメリカ・イギリス・ドイツ・スウェーデンでは，1 因子モデルがデータによく適合する（Ariely and Davidov 2012: 370）．

　福祉国家に対する態度が一次元的であるなら，態度の規定要因の研究は，単一因子をさまざまな変数に回帰するだけでよい．社会的属性による態度の違いを説明する理論的視点の一つは，自己利益の仮定である．自己利益の仮定とは，「個人の選好は経済的自己利益に還元できるという先験的仮定」(Dion and Birchfield 2010: 316) を指す．個人が政策を支持するかどうかは，その政策が費用よりも大きな利益をもたらすかどうかに依存する．福祉国家の費用を負担するために，個人は社会保険料と税金を払う．それにもかかわらず，個人が福祉国家を支持するのは，福祉国家が費用よりも大きな利益をもたらすと期待されるからである．社会経済的に不利な立場にある人ほど，福祉国家から利益を

得る可能性が高いので，福祉国家に好意的だと考えられる．それゆえに，多く
の研究は，態度を「自己利益の代理変数」(Sanders 1988: 316) としての人口
学的変数に回帰する．前述のとおり，実際には，先行研究の結果はまちまちで
ある．社会経済的に有利な立場にある人が，そうでない人と同じ程度に福祉国
家を支持する国もある．自己利益の仮定が成り立つかどうかは，依然として重
要な経験的問題である．

3　多次元性を示唆する証拠

　福祉国家に対する態度は，一次元的に測定されることが多い．しかし，先行
研究の結果の一部は，一次元性の仮定に不利な証拠として用いられる．Svall-
fors によれば，8 項目の階級差を調べると，仕事の提供と格差の是正について
の意見に大きな階級差がある一方で，医療の提供と高齢者援助についての意見
に関しては，「階級差がはるかに小さい」(Svallfors 2004: 123)．すなわち，福
祉国家プログラムには，階級間の鋭い対立を引き起こすものもあれば，そうで
ないものもある．これは，潜在的に，福祉国家に対する態度が多次元的である
ことを意味する．老齢は個人の責任ではないが，失業は個人の責任だと思う人
は，高齢者援助を支持する一方で，失業者援助に反対するかもしれない．その
ようなプログラム間の差異は，福祉国家に対する態度を一次元的に測定する研
究では完全に無視される．

　前述のとおり，日本でも，福祉国家に対する態度は一次元的だと報告されて
いる (Arts and Gelissen 2001: 291)．しかし，先行研究では，因子数が異なる
複数のモデルが考慮されていない．それゆえに，福祉国家に対する態度を一次
元的に測定するのが最善であるかどうかはわからない．欧米の研究によれば，
仕事の提供・医療の提供・高齢者援助・失業者援助についての意見をまとめる
因子を抽出すると，医療の提供と高齢者援助についての意見の誤差相関がある
(Ariely and Davidov 2012: 370)．疾病と老齢に関する政策をめぐる対立は，
失業に関する政策をめぐる対立と質的に異なるかもしれない．

　実際に，初期の研究は，福祉国家をめぐる対立におけるプログラム間の差異
を考慮する．分析によれば，拠出制プログラムへの支持と資力調査に基づくプ

ログラムへの支持を区別すると，「さまざまな独立変数の説明力に重要な差異
がある」（Hasenfeld and Rafferty 1989: 1041）．1996 年の ISSP のデータを用
いて，福祉国家に対する態度を多次元的に測定する研究もある．この研究は，
医療の提供と高齢者援助についての意見の合計得点と，仕事の提供と失業者援
助についての意見の合計得点を従属変数とする．分析によれば，失業者は，仕
事の提供と失業者援助のみならず，医療の提供と高齢者援助もより強く支持す
る．現在の受給者は将来の受給者である可能性が高いので，これは意外なこと
ではない（Blekesaune and Quadagno 2003: 421）．

　ある研究によれば，医療・失業・教育・年金の中で，支出についての意見に
対する所得の効果が最も大きいのは失業である（Busemeyer et al. 2009）．別の
研究では，労働市場関連プログラムとしての失業保護が，ライフコース関連プ
ログラムとしての医療と区別される．理論的には，所得は失業のリスクと負に
相関する一方で，疾病のリスクとほとんど相関しない．それゆえに，所得は失
業に関する政策への支持と負に相関する一方で，疾病に関する政策への支持と
ほとんど相関しないと考えられる（Jensen 2012: 278）．疾病のリスクは，所
得よりも年齢の影響を受けやすい．老齢のリスクの普遍性のために，多くの人
にとって，疾病に関する政策の重要性を理解するのは簡単である．加えて，費
用の不確実性のために，比較的高い所得を得る人も国による医療の提供を支持
すると期待される．それに対して，所得が高い人ほど失業保護を利用する機会
が少ないので，失業保護に好意的でないと考えられる．このように，福祉国家
に対する態度が多次元的であるなら，態度の規定要因は次元によって異なるか
もしれない．本稿は，疾病と老齢に関する政策をめぐる対立が，失業と貧困に
関する政策をめぐる対立と質的に異なると仮定する．具体的には，階層間の対
立が，疾病と老齢の次元では鮮明でない一方で，失業と貧困の次元では鮮明だ
と仮定される．

4　方　法

　本稿は ISSP のデータを用いる．具体的には，2016 年の「政府の役割」の
モジュールが選ばれる（ISSP Research Group 2018）．分析の対象は日本の回答

者である．日本では，16 歳以上の全国代表標本に基づく留置調査が行われ，回収率は 67.1％である．一連の質問に関して，無回答を選択した人は分析から除外される．

　従属変数は福祉国家に対する態度である．これは，医療の提供・高齢者援助・仕事の提供・失業者援助・格差の是正・大学生援助・住居の提供についての意見に基づいて測定される．先行研究で使われた物価の安定についての意見が含まれないのは，物価の安定を疾病・老齢・失業・貧困に関する政策とみなすことができないからである．回答者は，「病気の人々に必要な医療を施すこと」，「高齢者がそれなりの生活水準を維持できるようにすること」，「働く意志のあるすべての人に仕事を提供すること」，「失業者がそれなりの生活水準を維持できるようにすること」，「富む者と貧しい者とのあいだの所得の格差を少なくすること」，「収入の少ない家庭の大学生に経済的な援助を与えること」，「家を持てない人にそれなりの住居を提供すること」を政府の責任だと思うかどうかを尋ねられる．回答カテゴリは，「政府の責任である」，「どちらかといえば政府の責任である」，「どちらかといえば政府の責任ではない」，「政府の責任ではない」である．福祉国家の責任の範囲を広く定義する人ほど，多くの政策を政府の責任だと思う可能性が高い．それゆえに，多くの政策を政府の責任だと思う人は福祉国家の支持者だと考えるのが自然である．本稿は，政策に好意的な人ほど高い値を取るように，回答者に 0 から 3 までの点数を割り当てる．「わからない」と回答した人は分析から除外される．

　独立変数はジェンダー・年齢・教育・就業状態・所得・配偶関係である．ジェンダーに関しては，回答者が女性であるかどうかを示す二値変数が使われる．年齢に関しては，「30 歳代」，「40 歳代」，「50 歳代」，「60 歳代」，「70 歳以上」の五つの二値変数が使われる．参照カテゴリは「29 歳以下」である．2016 年の ISSP のデータを用いた研究によれば，年齢の効果は線形でない（荒牧ほか 2017: 56）．しかし，有意差があるかどうかはわからない．本稿は，年齢を連続変数ではなくカテゴリカル変数として扱うことによって，働き盛りの人と高齢者が若者と異なる態度を取るかどうかを調べる．教育に関しては，「中学卒」，「高専・短大卒」，「大学・大学院卒」の三つの二値変数が使われる．参照カテゴリは「高校卒」である．就業状態に関しては，「失業者」と「非労働力」の

二つの二値変数が使われる．参照カテゴリは「就業者」である．所得に関して
は，等価所得が使われる．単位は 100 万円である．配偶関係に関しては，「離
別」，「死別」，「未婚」の三つの二値変数が使われる．参照カテゴリは「有配
偶」である．

　態度が順序変数で測定されるので，本稿はカテゴリカル確証的因子分析を行
う．具体的には，1 因子モデルと 2 因子モデルが比較される．1 因子モデルは，
単一因子が 7 項目のあいだの相関を説明すると仮定する．単一因子は，福祉
国家プログラムを構成するさまざまな政策についての意見をまとめるので，福
祉国家への支持とみなされる．2 因子モデルは，互いに相関する 2 因子が 7 項
目のあいだの相関を説明すると仮定する．第 1 因子は，医療の提供と高齢者
援助についての意見をまとめるので，疾病と老齢に関する政策への支持とみな
される．第 2 因子は，仕事の提供・失業者援助・格差の是正・大学生援助・
住居の提供についての意見をまとめるので，失業と貧困に関する政策への支持
とみなされる．加えて，誤差相関があるかもしれない．本稿は，仕事の提供と
失業者援助についての意見の誤差相関と，格差の是正と大学生援助についての
意見の誤差相関を仮定する．前者は失業に関する潜在的次元を表し，後者は低
所得者への援助に関する潜在的次元を表す．構造方程式モデリングでは，カテ
ゴリカル確証的因子分析で抽出された因子が人口学的変数の関数として表され
る．

　適合度指標として，CFI と RMSEA が使われる．RMSEA に関しては，90%
信頼区間も使われる．本稿は，CFI の値が 0.9 を下回るか，RMSEA の値が
0.1 を上回る場合に，モデルがデータにうまく適合しないとみなす．パラメー
ターを推定するために，ロバスト重み付き最小二乗法（WLSMV）が使われる．
WLSMV は，多変量正規性からの逸脱に対して頑健な推定量の一つである
(Beaujean 2014: 157)．モデルを識別するために，本稿は因子の分散を 1 に固
定する．ソフトウェアは R version 3.6.2 である（R Core Team 2019）．

5　結　果

　表 1 は，記述統計量を示している．政策についての意見の平均値を見る限り，

表 1　記述統計量

	観察数	平均値	標準偏差	最小値	最大値
医療の提供	994	2.030	0.832	0.000	3.000
高齢者援助	994	1.997	0.866	0.000	3.000
仕事の提供	994	1.373	0.948	0.000	3.000
失業者援助	994	1.524	0.915	0.000	3.000
格差の是正	994	1.780	1.020	0.000	3.000
大学生援助	994	1.790	0.947	0.000	3.000
住居の提供	994	1.218	0.915	0.000	3.000
女性	994	0.465	0.499	0.000	1.000
29 歳以下（参照カテゴリ）	994	0.113	0.316	0.000	1.000
30 歳代	994	0.122	0.327	0.000	1.000
40 歳代	994	0.210	0.408	0.000	1.000
50 歳代	994	0.178	0.383	0.000	1.000
60 歳代	994	0.189	0.392	0.000	1.000
70 歳以上	994	0.188	0.391	0.000	1.000
中学卒	994	0.142	0.349	0.000	1.000
高校卒（参照カテゴリ）	994	0.428	0.495	0.000	1.000
高専・短大卒	994	0.182	0.386	0.000	1.000
大学・大学院卒	994	0.248	0.432	0.000	1.000
就業者（参照カテゴリ）	994	0.637	0.481	0.000	1.000
失業者	994	0.018	0.133	0.000	1.000
非労働力	994	0.345	0.476	0.000	1.000
等価所得	994	3.446	2.229	0.378	14.142
有配偶（参照カテゴリ）	994	0.681	0.466	0.000	1.000
離別	994	0.055	0.229	0.000	1.000
死別	994	0.046	0.210	0.000	1.000
未婚	994	0.217	0.413	0.000	1.000

最も人気がないのは，住居の提供と仕事の提供である．7 項目が 0 から 3 まで
の値を取ることを考慮すると，平均的回答者は住居の提供と仕事の提供にやや
懐疑的である．最も人気があるのは，医療の提供と高齢者援助である．この結
果は，一つには受給者の規模によって説明される（Sanders 1988: 314）．多く
の人にとって，多くの人に利益をもたらす政策の重要性を理解するのは簡単で
ある．老齢のリスクの普遍性のために，長期的には誰でも国による医療の提供

表2　政策についての意見の相関行列

	(1)	(2)	(3)	(4)	(5)	(6)	(7)
(1) 医療の提供	1.000						
(2) 高齢者援助	0.542	1.000					
(3) 仕事の提供	0.369	0.336	1.000				
(4) 失業者援助	0.405	0.509	0.401	1.000			
(5) 格差の是正	0.302	0.339	0.327	0.457	1.000		
(6) 大学生援助	0.297	0.301	0.233	0.394	0.444	1.000	
(7) 住居の提供	0.323	0.345	0.312	0.487	0.363	0.408	1.000

と高齢者援助から利益を得ると考えられるので，疾病と老齢に関する政策への支持が高いのは自然である．それに対して，国による住居の提供から利益を得るのは低所得者だけである．日本では，市場と家族が住居の提供において重要な役割を果たす（村上 2008）．失業に関する政策への支持が低いのも，受給者の規模が小さいからだと考えられる．先進国の中で，福祉国家への支持が最も低いのは日本だという事実は，一つには日本の低い失業率によって説明される（池田 2016）．2016 年の ISSP のデータを用いた研究も，同じ結論に達する（村田 2019: 91）．低い失業率は規範的に望ましいが，福祉国家の重要性の過小評価につながる．

　表 2 は，政策についての意見の相関行列を示している．7 項目のあいだに，すべての組み合わせで，有意な正の相関がある．特定の政策の支持者は，他のすべての政策をより強く支持する．この結果は，一次元性の仮定と一致する．しかし，相関係数にはばらつきがある．特に，医療の提供と高齢者援助についての意見のあいだに強い相関がある．これは，疾病と老齢のリスクの類似性を反映していると考えられる．高齢者援助と失業者援助についての意見の相関が強いのは，一つには「それなりの生活水準を維持できるようにすること」という同じ質問ワーディングが使われたからだと考えられる．

　表 3 は，カテゴリカル確証的因子分析のモデルの適合度を示している．モデル 1 は，誤差相関がない 1 因子モデルであるが，CFI の値が 0.9 を上回る一方で，RMSEA の値が 0.1 を上回るので，データにうまく適合しない．これは，単一因子だけでは 7 項目のあいだの相関を説明できないことを意味する．こ

表 3　カテゴリカル確証的因子分析のモデルの適合度

	因子数	誤差相関数	χ^2	df	p	CFI	RMSEA	(90% 信頼区間)
モデル 1	1	0	225.847	14	0.000	0.951	0.123	[0.110, 0.138]
モデル 2	1	1	106.882	13	0.000	0.978	0.085	[0.071, 0.101]
モデル 3	1	2	105.284	12	0.000	0.978	0.088	[0.073, 0.104]
モデル 4	1	2	67.472	12	0.000	0.987	0.068	[0.053, 0.085]
モデル 5	2	0	106.882	13	0.000	0.978	0.085	[0.071, 0.101]
モデル 6	2	1	105.284	12	0.000	0.978	0.088	[0.073, 0.104]
モデル 7	2	1	67.472	12	0.000	0.987	0.068	[0.053, 0.085]

の問題を解決するためには，誤差相関を許すか，因子数を増やす必要がある．
モデル 2 は，医療の提供と高齢者援助についての意見の誤差相関を仮定するが，
RMSEA の信頼区間が 0.1 を含むので，データによく適合するとはいえない．
モデル 3 は，モデル 2 の誤差相関に加えて，仕事の提供と失業者援助につい
ての意見の誤差相関を仮定するが，全く改善されない．それゆえに，失業に関
する潜在的次元があるとはいえない．モデル 4 は，モデル 2 の誤差相関に加
えて，格差の是正と大学生援助についての意見の誤差相関を仮定するが，RM-
SEA の信頼区間の上限が 0.1 を下回るので，データによく適合する．確かに，
誤差相関はあるが，福祉国家に対する態度を一次元的に測定することができな
いわけではない．しかし，福祉国家に対する態度は完全に一次元的ではなく，
プログラム間の差異を考慮する必要がある．モデル 5 は，誤差相関がない 2
因子モデルであるが，RMSEA の信頼区間が 0.1 を含むので，データによく適
合するとはいえない．モデル 6 は，仕事の提供と失業者援助についての意見
の誤差相関を仮定するが，全く改善されない．モデル 7 は，格差の是正と大
学生援助についての意見の誤差相関を仮定するが，RMSEA の信頼区間の上限
が 0.1 を下回るので，データによく適合する．このように，モデル 4 とモデ
ル 7 が支持される．

　表 4 は，モデル 4 の結果を示している．因子負荷量は 0.581 から 0.823 ま
での値を取り，平均は 0.655 である．それゆえに，単一因子はすべての項目
とよく相関する．前述のとおり，単一因子は福祉国家への支持とみなされる．

　表 5 は，モデル 7 の結果を示している．第 1 因子に関して，因子負荷量は

表4　モデル4の結果

	係数	標準誤差	p	標準化係数
（単一因子に対する因子負荷量）				
医療の提供	0.612	0.024	0.000	0.612
高齢者援助	0.673	0.022	0.000	0.673
仕事の提供	0.581	0.025	0.000	0.581
失業者援助	0.823	0.016	0.000	0.823
格差の是正	0.634	0.023	0.000	0.634
大学生援助	0.584	0.025	0.000	0.584
住居の提供	0.678	0.022	0.000	0.678
（誤差相関）				
医療の提供と高齢者援助	0.219	0.024	0.000	0.374
格差の是正と大学生援助	0.143	0.025	0.000	0.228

表5　モデル7の結果

	係数	標準誤差	p	標準化係数
（第1因子に対する因子負荷量）				
医療の提供	0.758	0.020	0.000	0.758
高齢者援助	0.833	0.019	0.000	0.833
（第2因子に対する因子負荷量）				
仕事の提供	0.581	0.025	0.000	0.581
失業者援助	0.823	0.016	0.000	0.823
格差の是正	0.634	0.023	0.000	0.634
大学生援助	0.584	0.025	0.000	0.584
住居の提供	0.678	0.022	0.000	0.678
（誤差相関）				
格差の是正と大学生援助	0.143	0.025	0.000	0.228
（因子間相関）				
第1因子と第2因子	0.808	0.022	0.000	0.808

0.758 と 0.833 であり，平均は 0.795 である．第2因子に関して，因子負荷量は 0.581 から 0.823 までの値を取り，平均は 0.660 である．それゆえに，2因子は対応する項目とよく相関する．前述のとおり，第1因子は疾病と老齢に関する政策への支持とみなされ，第2因子は失業と貧困に関する政策への支持とみなされる．

表6　モデル4の単一因子を回帰する構造方程式モデルの結果

	係数	標準誤差	p	標準化係数
女性	0.054	0.077	0.487	0.026
30歳代	−0.042	0.165	0.800	−0.013
40歳代	0.000	0.159	0.998	0.000
50歳代	0.103	0.162	0.527	0.038
60歳代	0.117	0.167	0.485	0.045
70歳以上	−0.021	0.174	0.905	−0.008
中学卒	0.219	0.113	0.051	0.075
高専・短大卒	0.079	0.103	0.443	0.030
大学・大学院卒	−0.025	0.097	0.798	−0.010
失業者	0.687	0.271	0.011	0.089
非労働力	0.031	0.094	0.743	0.014
等価所得	−0.048	0.017	0.004	−0.105
離別	0.154	0.163	0.345	0.034
死別	−0.187	0.155	0.227	−0.038
未婚	0.260	0.118	0.027	0.105
決定係数	0.049			

　表6は，モデル4の単一因子を回帰する構造方程式モデルの結果を示している．測定モデルの結果が省略されるのは，カテゴリカル確証的因子分析の結果とほとんど変わらないからである．CFIの値は0.980で，RMSEAの値は0.029で，RMSEAの信頼区間は0.023から0.036であるので，モデルはデータによく適合する．福祉国家への支持に関しては，失業者と未婚が有意な正の効果を持ち，等価所得が有意な負の効果を持つ．失業者は福祉国家に依存する可能性が高いので，彼らが福祉国家をより強く支持するのは自然である．配偶者の収入に頼ることができない未婚者は，自身の生活経験から，福祉国家の重要性を理解する可能性が高い．等価所得が高い人ほど福祉国家に好意的でないのは，高い生活水準が福祉国家の重要性の過小評価につながるからだと考えられる．

　表7は，モデル7の2因子を回帰する構造方程式モデルの結果を示している．CFIの値は0.980で，RMSEAの値は0.032で，RMSEAの信頼区間は0.025から0.039であるので，モデルはデータによく適合する．2因子を回帰するモ

表 7　モデル 7 の 2 因子を回帰する構造方程式モデルの結果

第 1 因子	係数	標準誤差	p	標準化係数
女性	−0.001	0.083	0.992	0.000
30 歳代	0.088	0.174	0.615	0.028
40 歳代	0.240	0.163	0.142	0.096
50 歳代	0.279	0.169	0.099	0.105
60 歳代	0.200	0.174	0.250	0.077
70 歳以上	0.092	0.184	0.617	0.035
中学卒	0.111	0.127	0.380	0.038
高専・短大卒	0.031	0.109	0.778	0.012
大学・大学院卒	−0.071	0.103	0.493	−0.030
失業者	0.699	0.337	0.038	0.092
非労働力	0.078	0.100	0.434	0.037
等価所得	−0.023	0.019	0.223	−0.050
離別	0.182	0.173	0.291	0.041
死別	−0.283	0.175	0.106	−0.059
未婚	0.275	0.123	0.025	0.112
決定係数	0.036			

第 2 因子	係数	標準誤差	p	標準化係数
女性	0.073	0.079	0.356	0.036
30 歳代	−0.093	0.170	0.582	−0.030
40 歳代	−0.111	0.167	0.505	−0.044
50 歳代	0.013	0.169	0.941	0.005
60 歳代	0.066	0.173	0.701	0.025
70 歳以上	−0.070	0.179	0.694	−0.027
中学卒	0.247	0.113	0.029	0.084
高専・短大卒	0.094	0.105	0.373	0.035
大学・大学院卒	−0.002	0.100	0.988	−0.001
失業者	0.636	0.269	0.018	0.083
非労働力	0.007	0.097	0.946	0.003
等価所得	−0.055	0.017	0.001	−0.119
離別	0.126	0.161	0.435	0.028
死別	−0.123	0.154	0.423	−0.025
未婚	0.230	0.120	0.056	0.092
決定係数	0.053			

デルの適合度は，単一因子を回帰するモデルの適合度と同じくらい高い．福祉
国家をめぐる対立におけるプログラム間の差異を考慮するモデルは，そうでな
いモデルと少なくとも同じ程度に重要である．実際に，態度の規定要因は次元
によって異なる．これは，疾病と老齢に関する政策をめぐる対立が，失業と貧
困に関する政策をめぐる対立と質的に異なることを意味する．第一に，疾病と
老齢の次元では，失業者と未婚が有意な正の効果を持つ．疾病と老齢に関する
政策の最大の受益者は高齢者であって，失業者でも未婚者でもない．それにも
かかわらず，失業者が疾病と老齢に関する政策をより強く支持するのは，「失
職に伴う生涯所得の低下」（大竹 2005: 124）のために，彼らが疾病と老齢の
リスクに敏感であるからかもしれない．配偶者の収入に頼ることができない未
婚者も，疾病と老齢のリスクに対処するのが難しいと思うかもしれない．裏を
返せば，有配偶者の支持が低いのは，「結婚がセーフティネットとして機能する」
（Linos and West 2003: 400）からである．

　第二に，失業と貧困の次元では，中学卒と失業者が有意な正の効果を持ち，
等価所得が有意な負の効果を持つ．労働市場で不利な立場にある傾向が強い中
学卒の人は，失業と貧困に関する政策の重要性を理解する可能性が高い．失業
者は国による仕事の提供と失業者援助から直接利益を得るので，彼らが失業と
貧困に関する政策をより強く支持するのは自然である．等価所得が高い人ほど
失業と貧困に関する政策に好意的でないのは，高い生活水準が失業と貧困のリ
スクからの保護を提供するからだと考えられる．

　他方で，両方の次元で，ジェンダーと年齢の効果は統計的に有意でない．表
6 が示すように，福祉国家への支持に男女差と世代差があるとはいえない．こ
の知見は，プログラム間の差異に対して頑健である．日本では，再分配への支
持に男女差があるとはいえない（Nagayoshi and Sato 2014; Sumino 2014）．本
稿の結果も，福祉国家をめぐる男女間の対立が鮮明でないことを示している．
女性と比較すると，男性は労働市場で有利な立場にある傾向が強い．しかし，
日本の男性を福祉国家の反対者とみなすことはできない．加えて，世代間の対
立は，失業と貧困の次元のみならず疾病と老齢の次元でも鮮明でない．疾病と
老齢に関する政策の最大の受益者は高齢者であって，若者ではない．それにも
かかわらず，若者が高齢者と同じ程度に疾病と老齢に関する政策を支持するの

は，老齢のリスクの普遍性のために，長期的には誰でも国による医療の提供と高齢者援助から利益を得ると考えられるからかもしれない．

6 結 論

カテゴリカル確証的因子分析によれば，誤差相関がない 1 因子モデルはデータにうまく適合しない．日本では，厳密には，一次元性の仮定が成り立たない．これは，福祉国家に対する態度を一次元的に測定するのは間違いだという意味ではない．本稿の結果は，医療の提供と高齢者援助についての意見の誤差相関と，格差の是正と大学生援助についての意見の誤差相関を仮定すると，1因子モデルがデータによく適合することを示している．確かに，誤差相関はあるが，福祉国家に対する態度を一次元的に測定することができないわけではない．しかし，福祉国家に対する態度は完全に一次元的ではなく，プログラム間の差異を考慮する必要がある．構造方程式モデリングの結果も，一次元性の仮定に不利な証拠として用いられる．態度の規定要因を見る限り，疾病と老齢に関する政策をめぐる対立は，失業と貧困に関する政策をめぐる対立と質的に異なる．

第一に，疾病と老齢の次元では中学卒の効果が統計的に有意でない一方で，失業と貧困の次元では中学卒が有意な正の効果を持つ．表 6 が示すように，中学卒が福祉国家への支持に影響するとはいえないが，すべての次元で，態度の学歴差がないわけではない．第二に，疾病と老齢の次元では等価所得の効果が統計的に有意でない一方で，失業と貧困の次元では等価所得が有意な負の効果を持つ．表 6 が示すように，等価所得は福祉国家への支持と負に関連するが，すべての次元で，高所得者の支持が低いわけではない．第三に，疾病と老齢の次元では未婚が有意な正の効果を持つ一方で，失業と貧困の次元では未婚の効果が統計的に有意でない．表 6 が示すように，未婚は福祉国家への支持と正に関連するが，すべての次元で，有配偶者の支持が低いわけではない．

他方で，両方の次元で，失業者は有意な正の効果を持つ．表 6 が示すように，失業者は福祉国家をより強く支持する．この知見は，プログラム間の差異に対して頑健である．失業者は，失業と貧困に関する政策のみならず，疾病と老齢

に関する政策もより強く支持する．失業は，福祉国家に対する態度の形成にお
いて特に重要な役割を果たす．

　他の条件が同じなら，単純なモデルは複雑なモデルよりも優れているので，
因子数が少ないモデルほど望ましいと考えるのは自然である．しかし，福祉国
家をめぐる対立におけるプログラム間の差異は，福祉国家に対する態度を一次
元的に測定する研究では完全に無視される．福祉国家に対する態度を多次元的
に測定することによって，一次元性の仮定のもとではわからないことを調べる
ことができる．たとえば，低所得者が福祉国家をより強く支持するのは，彼ら
が疾病と老齢に関する政策ではなく，失業と貧困に関する政策をより強く支持
するからである．このように，本稿の知見は，個人が福祉国家を支持する理由
を理解するのに役立つ．

　それにもかかわらず，本稿には限界がある．本稿の結果は，福祉国家に対す
る態度に二つの次元があることを示しているが，これは福祉国家に対する態度
の次元が二つしかないという意味ではない．疾病・老齢・失業・貧困に関する
政策は，主に男性稼得者を対象とする福祉国家の伝統的政策とみなされる．し
かし，福祉国家の活動はほかにもある．たとえば，本稿では，公的保育などの
家族政策について尋ねた質問がない．家族政策の目的の一つは，仕事と家庭の
両立を支援することによって，女性の労働市場参加を促進することである．ジ
ェンダーに配慮した政策をめぐる対立は，福祉国家の伝統的政策をめぐる対立
と質的に異なるかもしれない．今後の研究は，より多くの政策についての意見
を分析の対象に含めることによって，福祉国家に対する態度のより完全なモデ
ルを構築する必要がある．

文　献

Andreß, Hans-Jürgen and Thorsten, Heien, 2001, "Four Worlds of Welfare State Attitudes? A Comparison of Germany, Norway, and the United States," *European Sociological Review*, 17(4): 337-56.

荒牧央・山本佳代・村田ひろ子，2017，「教育への期待と高齢者福祉に向けられる厳しい目──ISSP 国際比較調査『政府の役割』・日本の結果から」『放送研究と調査』67(5): 54-69.

Ariely, Gal and Eldad, Davidov, 2012, "Assessment of Measurement Equivalence with Cross-National and Longitudinal Surveys in Political Science," *Europe-*

an Political Science, 11(3): 363-77.

Arts, Wil and John, Gelissen, 2001, "Welfare States, Solidarity and Justice Principles: Does the Type Really Matter?," *Acta Sociologica*, 44(4): 283-99.

Beaujean, A. Alexander, 2014, *Latent Variable Modeling Using R: A Step-by-Step Guide*, New York: Routledge.

Blekesaune, Morten and Jill, Quadagno, 2003, "Public Attitudes toward Welfare State Policies: A Comparative Analysis of 24 Nations," *European Sociological Review*, 19(5): 415-27.

Brooks, Clem and Jeff, Manza, 2006, "Social Policy Responsiveness in Developed Democracies," *American Sociological Review*, 71(3): 474-94.

Busemeyer, Marius R., Achim, Goerres and Simon, Weschle, 2009, "Attitudes towards Redistributive Spending in an Era of Demographic Ageing: The Rival Pressures from Age and Income in 14 OECD Countries," *Journal of European Social Policy*, 19(3): 195-212.

Dion, Michelle L. and Vicki Birchfield, 2010, "Economic Development, Income Inequality, and Preferences for Redistribution," *International Studies Quarterly*, 54(2): 315-34.

Esping-Andersen, Gøsta, 1997, "Hybrid or Unique? The Japanese Welfare State between Europe and America," *Journal of European Social Policy*, 7 (3): 179-89.

Hasenfeld, Yeheskel and Jane A. Rafferty, 1989, "The Determinants of Public Attitudes toward the Welfare State," *Social Forces*, 67(4): 1027-48.

池田裕, 2016,「政治的信頼と福祉国家への支持――調整変数としての失業率」『ソシオロジ』61(1): 3-21.

ISSP Research Group, 2018, *International Social Survey Programme: Role of Government V – ISSP 2016*, Cologne: GESIS Data Archive. ZA6900 Data file Version 2.0.0, doi:10.4232/1.13052

Jensen, Carsten, 2012, "Labour Market- versus Life Course-Related Social Policies: Understanding Cross-Programme Differences," *Journal of European Public Policy*, 19(2): 275-91.

Linos, Katerina and Martin, West, 2003, "Self-Interest, Social Beliefs, and Attitudes to Redistribution: Re-Addressing the Issue of Cross-National Variation," *European Sociological Review*, 19(4): 393-409.

村上あかね, 2008,「住宅取得のタイミングと職業・家族の役割――離散時間ロジットモデルによる分析」『理論と方法』23(1): 39-55.

村田ひろ子, 2019,「日本人が政府に期待するもの――ISSP 国際比較調査『政府の役割』から」『放送研究と調査』69(7): 90-101.

Nagayoshi, Kikuko and Yoshimichi, Sato, 2014, "Who Supports Redistributive Policies in Contemporary Japan? An Integrative Approach to Self-Interest and Trust Models," *International Sociology*, 29(4): 302-23.

大竹文雄, 2005,『日本の不平等――格差社会の幻想と未来』日本経済新聞社.

R Core Team, 2019, *R: A Language and Environment for Statistical Computing*, Vienna: R Foundation for Statistical Computing.

Sanders, Arthur, 1988, "Rationality, Self-Interest, and Public Attitudes on Public Spending," *Social Science Quarterly*, 69(2): 311–24.

Sumino, Takanori, 2014, "Escaping the Curse of Economic Self-Interest: An Individual-Level Analysis of Public Support for the Welfare State in Japan," *Journal of Social Policy*, 43(1): 109–33.

Svallfors, Stefan, 1997, "Worlds of Welfare and Attitudes to Redistribution: A Comparison of Eight Western Nations," *European Sociological Review*, 13(3): 283–304.

———, 2004, "Class, Attitudes and the Welfare State: Sweden in Comparative Perspective," *Social Policy & Administration*, 38(2): 119–38.

abstract

The Multidimensionality of Public Attitudes toward the Welfare State: Structural Equation Modeling Using ISSP Data

IKEDA, Yu

Kyoto University

Public attitudes toward the welfare state are often measured one-dimensionally. The assumption of one-dimensionality predicts that supporters of a certain welfare state program are more in favor of all other programs. However, some studies suggest that attitudes toward the welfare state are multidimensional. That is, conflicts over certain welfare state programs may be qualitatively different from conflicts over other programs. Using ISSP data, this article examines the structure and determinants of welfare state attitudes in Japan. The purpose is to accurately represent the structure of attitudes and to reveal whether there are cross-program differences in the welfare state conflict.

Categorical confirmatory factor analysis shows that attitudes are not completely one-dimensional and that cross-program differences need to be considered. Structural equation modeling results indicate that conflicts over the policies on illness and old age are qualitatively different from conflicts over the ones on unemployment and poverty. For example, while the effect of equivalent income is not statistically significant in the dimension of illness and old age, equivalent income has a significant negative effect in the dimension of unemployment and poverty. People with lower incomes are more in favor of the policies on unemployment and poverty instead of the ones on illness and old age. In this way, the findings help understanding of why individuals support the welfare state.

Keywords：Welfare state, Attitudes, Structural equation modeling

| 書　評 |━━━━━━━━━━━━━━━━━━━━━━━━━━

麦倉泰子著

『施設とは何か

──ライフストーリーから読み解く障害とケア』

中根　成寿

　施設とは何か．もちろんこの問いには「誰にとって」「どの次元で」という多くのバリエーションが存在する．麦倉はこの多面的な「施設とは何か」という問いに，障害当事者（第2章・第4章），家族・親（第3章），施設職員（第5章）へのライフストーリーインタビューを通じて，答えに迫っていく．

各章の概要

　序章と第1章では，障害学における重要なキータームである「無力化 disablement」と「社会的抑圧 social oppression」を使って，施設が本人をどのように無力化し，抑圧を成立させていくか，が整理される．

　第1章では，マルクス主義の影響を強く受けたイギリスの障害学の誕生がいかに施設という名の隔離装置を批判の対象としていったかが描かれる．福祉国家・能力主義・優生思想，市民権・リベラリズム・周縁化などの概念装置を駆使して，施設という装置を維持・温存するメカニズムが整理されていく．施設とは障害者を社会から隔離し，無力化の装置であると同時に「アセスメント」という手続きを通して専門性によって当事者，支援者双方の「希望」を「ニーズ」を変換していく具体的なフィールドとなる．障害学にとって「『施設』とは，物理的な建築物としての存在ではなく，社会制度や意識における隔離のシンボルとして位置づけられた」（p. 47）と麦倉は整理する．その上で，本書の独自性は施設を「隔離のシンボル」として「否定的」に整理したあとで，障害当事者，家族，施設職員の声から，「隔離のシンボル」としての施設が個人にとってどのように受け止められ，読み替えられていくか，を明らかにしている点である．

なかね なるひさ｜京都府立大学公共政策学部・准教授｜naruhisa@kpu.ac.jp

　第2章は障害当事者によって，施設入所の経験が「私から切り離される─脱私化」として語られる．調査者にとって障害当事者本人は「調査対象者」として出会うことが多い．そこではすでに親や支援者にとって「カテゴライズされた」存在としてしか出会うことができない．第2章は障害当事者自身による「カテゴリ」の移行や修正を図る行為を追うことによって，カテゴリが相対的なものにすぎないことを明らかにする．

　第3章は家族，特に親の視点から見た施設はどのような存在かが明らかにされる．日本における入所施設はかつて親によって切望された（堀 2006；立岩 2018）．親が自分の子のケアを担いきれなくなった時（これはいわゆる「親亡き後」よりも早くやってくる），どのように子の生活を守るのかという手段を，かつての親たちの運動は入所施設に求めた．知的障害者家族の親子関係の「成人期のモデルストーリーの不在」という状況が入所施設を必要としたのである．その意味での施設とは親自身が親の「物語の終わり」（p. 111）を迎える意味をもつ．子の施設入所後に，親の物語はそこで終わる．しかし，障害当事者の生活は連綿と続いていく．

　第4章では，再び障害当事者により，脱施設の経験が語られる．本の帯に書かれている「『施設』とは単なる物理的な構造物ではない」ということの第一義的な根拠はこの章に書かれている．施設で生活する，ということは本人のアイデンティティを鋳型にはめ，作り変え，その後の生活にも確かな影響を残す．「社会への適応能力を奪い」，「地域生活への移行を困難」にする．それでも施設を出た当事者たちからは「意外と死なない」ことが語られ「施設は安心」という神話が相対化されていく．「施設は安心」だが地域でも生きていけるのだ．

　では，一体誰が施設を望んでいるのだろうか．第5章では施設で労働者として働く施設職員に焦点が当てられる．福祉国家として生存の保障のために，家族の負担軽減のための施設であることが官僚の議事には残っている．家族のためにできた施設で過ごす当事者と関わる施設職員へのインタビューが本章では記述される．当事者からは「個別的な相互行為」が求められていることが提示されつつ，「待つ」こと，支援者にとっては「待たせること」が日常的にある．「介護の中にかろうじて生活がある」（p. 168）のであって，生活の中に介

護があるわけではない．それは支援者にとっても同じである．

　第 6 章からは，これまでの施設への批判をどのような社会変革につなげて
いけるかの可能性について，主にイギリスの動向を踏まえて紹介される．キー
ワードは「パーソナルアシスタンス」「ダイレクト・ペイメント」「パーソナラ
イゼーション」「パーソナル・バジェット」「パーソナル・ヘルス・バジェット」
である．イギリスの 1990 年代から 2010 年頃までの矢継ぎ早の医療・社会ケ
アサービスの変革を象徴するキーワードが紹介される．評者がかなり乱暴に整
理するとすれば，「現物給付のみから現物給付も現金給付も選べるように」「制
度による縦割りをやめて，個人が使える社会保障給付費をひとまとめにして，
個人のための制度を作ろう」「社会ケアサービスの予算だけじゃなくて慢性医
療の予算もくっつけて効率化しちゃおう」となる．制度ごとの現物給付しか経
験していない日本社会からみれば「なんと思い切った政策だ」と思われるかも
しれないが，福祉国家の先輩であるイギリスは日本の 30 年先を走っている．
第 6 章の最後には新しい制度の弊害が 2 点，ケアをマネジメントするワーカ
ーのキャパシティの限界と，ケア労働が周縁化された労働として，女性，有色
人種，エスニックマイノリティによって担われていく問題が紹介される．

　第 7 章はイングランドの北部における「脱施設化」のプロセスに関わった
支援者・家族の経験が語られる．病院・施設における劣悪な環境を放置できず，
だからといって利害関係者である病院・施設関係者に期待もできない状況で地
区（District）の担当者たちが分担して，施設の外に入所者の生活を再構築する
様子が描かれる．地域移行に反対する専門職や家族の声がもちろんある．それ
は「どの社会」でも普遍的で正常な反応なようである．「軽度の人はできるか
もしれないが重度の人は…」「他の子はできるかもしれないが，私の子は…」
という言葉で入所者の間に線を引き，入所施設を間接的に保全してしまう支援
者や親の姿は「どの社会」にも存在する．カネが足りないならカネの使い方を
変え，不安が大きいなら話をし，地域での生活を実際に見てもらう．入所施設
では当たり前だった「官僚的」な仕組みを柔軟な仕組みに変えていく．柔軟な
カネと人の使い方が，当事者と支援者の「関係性」を育てていく．最初から完
璧な地域生活など存在せず，時間が地域生活を育てていく様子が描かれる．こ
のテーマは鈴木良（2019）にも詳しい．

本書の評価

　本書のタイトルは『施設とは何か』であるが，本の後半は「施設でない生活」が描かれる．麦倉はなぜ「施設とは何か」を描くために「施設でない生活」を記述したのであろうか．評者はその理由を以下のように考えた．

　これまで入所施設の批判をすれば「それはあまりにも施設を悪者にしすぎだ」とか「日々努力している施設関係者に失礼だ」「施設も地域に開かれたものに変わってきている」「施設にもいいところがある」という話に流れてきた．施設にはすでにステークホルダーがいる．かつて親たちが運動と陳情の末，施設を増やしてきた．そして施設を労働や経営の場とする人々がいることも現実である．

　「施設とはなにか」を描くためには「施設でない生活」を描かなければならないほど，私たちの社会は隔離主義に染まっている．それは知的障害者だけの話ではない．

　それでも本書前半における麦倉の記述は，施設への北風ではない．関係者から見えた施設の「現実」を記述する．同時に地域生活には太陽を当てるが，施設にたくさんの現実があるように，地域生活もその現実は一様ではない．常に心地の良い日々が流れるわけではないことは，地域で支援を行う介助者たちの声から私たちはすでに知っている（渡邉 2018）．

　日本社会において入所施設は依然として知的障害者の主流な生活形態としてある．確かに，障害福祉計画では障害者の地域移行が目指され，数値目標によって「施設入所支援」の利用者数は減少傾向である．障害者総合支援法のすべてのサービスにおいて，その利用者数が減少しているのは「施設入所支援」だけである．

　では，施設を出た／選ばなかった障害者たちはどこで暮らしているのか？一部は親元にもどり，依然として親元で暮らし，一部はグループホーム（共同生活援助）に移行し，そしてほとんど統計的には現れていないが，居宅介護・重度訪問介護を利用した支援付き自立生活を営んでいる．だが，多くの成人した知的障害者たちは「デイセンター方式」（p. 268）によって日中のみ支援を受け，夜間は親元で過ごしている．評者はこの生活形式を「通所施設中心生活」と呼んでいる（中根 2017）．

　麦倉が本書で「デイセンター方式」を乗り越えるためのモデルとして提唱している「個別的な支援システム＝パーソナルアシスタンス」は日本において，身体障害者たちの運動が生み出し，育て，そしてその成果を知的障害者たちの生活に「輸出」しつつある．その「輸出」は残念ながら道半ば，というところである．

　本書の執筆期間は 2003 年から 2017 年に及ぶが，この間に日本の障害政策は支援費制度，障害者自立支援法とその違憲訴訟，障害者権利条約，障がい者制度改革推進会議総合福祉部会の骨格提言と，目まぐるしく変化した．一方で津久井やまゆり園の事件後の「施設をどうするか」を巡っては，行政，事業所，家族，当事者運動の利害が改めて確認された．「施設とはなにか」という問いは，決して「これまで」のテーマではない．私たちの社会は入所施設を必要とし，地域や家族から弾きだされた人々を施設に押し込め続けるのか？という「これから」の問いである．「施設でない生活」の具体的な道筋を麦倉はすでに示した．後はどう，私たちが構造物としてだけではない「施設（的なもの）」に向き合っていくか，である．

（A 5 判・288 頁・本体 3000 円・生活書院・2019 年）

文　献

鈴木良，2019，『脱施設化と個別給付化——カナダにおける知的障害福祉の変革過程』現代書館．

立岩真也，2018，『病者障害者の戦後——生政治史点描』青土社．

中根成寿，2017，「『通所施設中心生活』を超えて——『ケアの社会的分有』とパーソナルアシスタンス」岡部耕典編『パーソナルアシスタンス——障害者権利条約時代の新・支援システムへ』生活書院，45-64．

堀智久，2006，「高度経済成長期における重症児の親の陳情運動とその背景」『社会福祉学』47(2)：31-44．

渡邉琢，2018，『障害者の傷，介助者の痛み』青土社．

| 書 評 |━━━━━━━━━━━━━━━━━━━━━━━━━━━━━

立岩真也著

『病者障害者の戦後
──生政治史点描』

田中耕一郎

1. 病と障害の現代史を「点描する」ということ

　副題に用いられている「点描」という言葉が，本書の特徴を端的に表している．「点描」とは絵画において，点または短いタッチを用いる画法であり，東洋画では樹木や岩山などを表現する「米法山水」という画法で知られている．

　本書において著者が行った作業は，戦後という近い歴史において，病・障害を有する人たちの主張や運動の研究から零れ落ちてきた言説の断片を掘り起こす作業であり，それはまさに病・障害をめぐる運動の裾野において埋没し，取りこぼされてきた「小さな声」を発掘し，「点描する」という作業であった．

　なぜ，当該分野の研究において，また，他ならぬ著者において，この作業が必要だったのか．そこには「障害・病を有する人たちの主張・運動の大部分が記録も考察もされていない」（立岩 2015: 16）という研究の空白と，「資料の散逸は進み　今後しばらく長く活動してきた人の声を聞く最後の機会となる」（立岩 2015: 16）という著者の切迫感があったからだ．

　そして，この作業が「点描」とならざるを得なかったのは，病・障害をめぐる現代史の広大な裾野において，未踏の記録を満遍なくすべて集めることがもはや不可能だからである．できることは，既に研究されてきた歴史の傍らにあったこと，そして，その後に生起したことで重要と思われる言説を，散逸しつつある史料・資料の収集と生存者たちへの聴き取り調査による「記憶の文字化」によって拾い集め，検証するという，「点描」の作業だったのである．

2. 本書の構成

　本書はⅢ部6章の構成となっている．Ⅰ部では，歴史の事実を振り返る作

たなか こういちろう｜北星学園大学・教授｜tanakoh@hokusei.ac.jp

業の意義と，本書の構図の持つ意味が解説され，Ⅱ部の3章から6章では，国立療養所を舞台とした政治，病者・障害者の歴史において「偉人」と称される医療者や福祉従事者をめぐるストーリー，また，国立療養所で暮らした幾人かの当事者たちや，施設のあり方をめぐって闘った人たちの逸話などが取りあげられている．そして最後のⅢ部は，歴史に埋もれた言葉や声を集めることの意味・意義とともに，本書に関係する本や資料が紹介され，また，筆者らが「来る研究」のために作成し続けている（宝庫のような）ホームページが紹介されている．

　本書のメインとなるⅡ部の内容について少し触れておこう．

　第3章「国立療養所で」では，結核やハンセン病他の人々の収容施設として設立された国立療養所が，戦後，結核療養者の減少とともに，筋ジストロフィーや重症心身障害児を収容するに至る経緯が記されている．そこでは，施設収容対象の範囲拡大の進行に対する施設運営者・職員・組合・入所者たちの結託・同調・共闘・反目の断片と，これらの動きと並行しつつ展開された患者運動，重症心身障害児や筋ジストロフィー患者の親たちの運動，そしてこれらの運動の要求や請願に呼応したジャーナリズムや政治家たちの動きが詳細に辿られている．

　ここでの著者の作業は，単なる歴史資料の紹介ではない．それは時系列に沿って当時の共時的現象を，出来事の因果性，政治的駆け引き，当事者たちの対立や怒りなどとともに，生々しく浮かび上がらせる作業である．

　歴史に功績を遺す大きな運動だけが時代を切り開いてきたわけではない．それと関わりを持ちつつも，それとは区別されるべき別の流れがあり，そして，そうした別の流れがどのような範囲・限界のもとで動いたのか，「歴史の功績」はこの「別の場」からはどのように見えていたのか，また，ミクロの対話や対立にマクロの時代状況がいかに宿っていたのか．著者は病・障害の現代史を読み解くためのこうした問いを自らの作業の中にちりばめていく．すべての問いが深く掘り下げられているわけではないが（しかし，中には相当の深みに立ち入っている問いもある），これらの問いは，今後なされるべき研究の輪郭，素材，フィールドを指し示すことで，「来るべき研究」を誘（いざな）っている．

　第4章「70年体制へ」において，著者は先ず，歴史を極端に単純化してし

まっている言説や研究の「短絡」、そして、それを（ただの怠惰によって）継承し、反復してきた言説や研究を戒める（なんと耳の痛い）。そのうえで著者は、「偉人」と称されてきた人たちや、ある分野で障害者・家族側に立った人たちが「肯定されるべき人たちである」という「短絡」の文脈とは別の文脈を例示しつつ、「できごとをほぐしていくことから何が見えてくるのか」（p. 204）を問いかける。

　例えばそこでは、糸賀一雄の「この子らを世の光に」という言葉や、重症心身障害児を守る会の「決して争ってはならない」という原則の意味を再検証するための問いが発せられ、また、筋ジスや ALS 患者の支援、スモンの被害の解明などに尽くした人々が水俣病の認定基準の厳格化を主張した事実が述べられる。このような作業を通して、著者は「偉人」「肯定される人々」を称賛する文脈・空間の閉塞性から脱し、「意図的に無視され、或いは単に気づかれないから、書かれない」（p. 203）歴史を紐解いてゆくための素材を提示してゆく。

　第 5 章「1981・82 年・2017 年」では、前章までで言及された「肯定される人々」によって管理・運営された国立療養所で暮らした高野岳志や福嶋あき江ら、筋ジスの当事者たちの施設退所・地域生活の現実が詳細に辿られ、また、その周辺で生起した戦後病者・障害者運動史におけるエポックメイキングな幾つかの出来事（『自立生活への道』の発行、『東京八王子自立ホーム』の開所、『ありのまま舎』の開設など）が取りあげられている。

　この章での主要なテーマは重度障害者（時に医療や医療的ケアを要する障害者たち）の施設退所・地域生活であるが、そこで著者は、施設退所・地域生活に反対する当事者の親たちの切実な思い、それに対峙する当事者と支援者たちの覚悟の言葉を辿り、また幾つかの問いを投げかける。

　療養所を出て、地域で暮らそうとする筋ジス当事者に対して、その親は支援者たちがいつか「手を引いてしまう」（途中で投げ出し逃げ出す）ことを懸念し、地域移行に反対した。「周りの人間がおまえをそそのかして、自分たちの運動の実験材料にしている」（p. 303）のだと。この親の言葉に対して著者は「（支援者たちが）無責任であってよい」（p. 389）という。確かに当事者の生涯に堅固な責任を覚悟し表明する稀有な人しか地域移行支援に関われないとするなら、多くの障害者は施設から出ることはできない。しかし、「無責任であってよい」

という著者は決して無責任にそれを言うわけではない．一部の支援者たちが「責任を負わされることによって，かえって責任から逃れてしまう」ことを回避するために，（広い意味での）「ケア」に対する「金のかけ方」（施設ケアの偏重と地域ケアの軽視）を問題視するのである．

　これに続けて著者は，筋ジス等，医療・医療的ケアを要する障害者の地域移行において，残る問題の一つとして「医療の必要」をあげる．著者はこれを認めつつも，それが患者を外に出さない「言い訳だとも言い切れないこともなくはなく」（p. 390），それを制約の理由にしている人たちも「自らそれを信じているところ」が「厄介」である，と述べる（p. 391）．そのうえで，本書で取り上げた事例（地域で何とかなった事例，施設でも十分な看護を受けられず，身体の辛さが継続した事例）を振り返りつつ，地域において「病院と同等のあるいはそれよりよい対応は可能である」（p. 391）と主張する．

　著者のこの議論は，未だ所与運に左右されざるを得ない「地域移行」や「医療的ケア」をめぐる議論の更なる活性化を触発するものだと言えるだろう．そこには障害者・親・支援者というそれぞれ位相の異なる「当事者性」の間に生起する相克や，固有の文脈から生成された病・障害（者）をめぐる規範的言説の汎用化がもたらす新たな対立や抑圧など，多くの争点が胚胎しているのだが，この「微妙なところ」をめぐって何が争われたのかを見ていくことは必要であり，現在，それが隠蔽・不可視化されているところを見る必要がある（p. 266）という著者の問題意識は明確である．かつてのように，相克する当事者性において，（操作された）二項対立の図式から脱し，考え続け，対話し続けるためにも，この「微妙なところ」の発掘作業が不可欠であり，そこに研究の一つの使命があるのだと思う．

3.　本書の意義

　本書が持つ重要な意義は，病者障害者をめぐる戦後史において，無知や断絶，空隙の故に反復・維持されてきた，いわば「制度化された歴史」のもつ閉鎖性から脱し，さまざまな出来事や経験の断片を編み直しつつ，脱中心的な歴史を再構成しようとしている点にある．著者のこの作業は，歴史を語る者たちが繰り返し用いてきた単色のマスター・ナラティブの陰に不可視化されてきた当事者たちの活動や主張を「多声的なテクスト」として蘇らせようとする作業だった．

　おそらく，この困難な作業に取り組んできた著者の問題意識は，「現在の運動や行動を肯定するために，過去の運動史が一面的で平板な形で語られ，意味づけられている」（大野 2019: 48）ことに危機感を持つ，近年の社会運動史における問題意識と共振していると思う．

　中心化された主体の物語として（都合よく）単色化された歴史の叙述は，大野が指摘するように，過去と現在を「接続」するよりも，むしろ「切断」していくことにつながる（大野 2019: 49）．病者障害者の戦後史におけるこの「切断」は，今後の病・障害をめぐる実践や思考にとって大きな損失に他ならない．この意味において，本書における著者の作業は，病・障害をめぐる過去と現在を接続しつつ，過去に培われた思考と現在を生きるわれわれとの対話を促すとともに，今後の病・障害をめぐる実践や思考にとって必要な資源を豊かにしてゆくための作業であったとも言えるだろう．

（Ｂ6判・512頁・本体 3000 円・青土社・2018 年）

文　献

大野光明，2019，「運動のダイナミズムをとらえる歴史実践——社会運動史研究の位置と方法」大野光明他編『運動史とは何か』新曜社．

立岩真也，2015，「病者障害者運動研究　生の現代のために・6」『現代思想』43(18)．

| 書 評 |

遠藤久夫・西村幸満監修
『地域で担う生活支援
──自治体の役割と連携』

永井　彰

　本書は，国立社会保障・人口問題研究所が 2014 年度から 2017 年度までの 4 年間にわたり実施した「社会保障サービスの受益・業務負担軽減に向けた地域組織の空間的配置・人的連携の基礎的研究」プロジェクト（著者らは「窓口プロ」と略称）の研究成果の一部をまとめたものであり，社会保障制度の枠組みが子ども・高齢者支援・生活困窮者支援・ひとり親就労支援などの多角的かつ包括的な支援へと変容するなかで，自治体が直営するか・委託するかの判断をどのようにおこなっているのか，窓口へのアクセシビリティとサービスの利便性がそれぞれにおいてどのようになされているのか，自治体間連携の課題がどのように浮上しているのかという問いを，各地でおこなったヒアリング調査をもとに解明したものである．

　本書では，全体の構成を示す序章と，共同研究の結論部分にあたる終章のあいだに，12 の章が設定されているが，そのうち第 1 章と第 2 章が総論部分にあたる．これらの章では，今日の福祉サービスや生活支援がいかなる文脈のもとで理解されるべきかの見取り図が示されており，読者にとってきわめて有益な記述がなされている．他方，第 3 章から第 12 章までは各論にあたる．これらの章は，それぞれ独立した論考として記述されており，単独の章だけを読んでも十分に理解できる内容になっている．読者の一定数は，自分にかかわりのある分野についてだけ知りたいと考えるであろうから，そうした読者にも十分に配慮した構成になっている．

　この共同研究は，今日的な課題に鋭く切り込んでおりきわめて興味深い．もともと福祉行政は，定型化されたメニューにもとづいて支援をおこなってきた

ながい あきら｜東北大学大学院文学研究科・教授｜akira.nagai.c4@tohoku.ac.jp

が，現在では，さまざまな困りごとをかかえたひとびとに個別の状況におうじた支援をおこなうことが求められている．そこで重視されるようになったのが，総合窓口的な機能である．ここで総合窓口的と書いたのは，そこには，総合窓口を設置することだけでなく，どの窓口に行っても適切な機関に繋いでもらえることとか，窓口に行かないけれども困りごとを抱えているひとの存在を察知し適切な支援に繋げていくことなどが含まれるからである．

　この共同研究について疑問に感じることがある．それは，事例について匿名化するという手続きをとったことである．この疑問には，二つの意味がある．それはまず第一に，研究遂行上，匿名化が不可避な手続きであったのかという意味である．本書では，「協力をいただいた自治体の名前は，1つの例外を除いて匿名になっている．窓口プロの開始当初から，自治体名の匿名性は担保することを決めていた．窓口プロの調査研究目的に沿って，事業負担について自治体職員と関係団体の職員・従業員の方から忌憚のない意見をいただくためである」(p. 3) と説明されている．しかし，実名であることに調査遂行上の支障が実際にあるのだろうか．

　もう一つの意味は，読者にとって固有名は不要な情報なのかということである．事例の説明を読むときに，固有名が示されていると，理解がそれに影響される懸念がある．読者に予断を与えるという点において，固有名はむしろ余計な情報なのかもしれない．あるいは個々の事例を超えて通用する一般解を探求しているため，固有名は不要なのかもしれない．しかし，今日の福祉行政を理解するにあたって，個別事例相互の差異がきわめて重要である．というのも，今日の福祉行政は，基礎自治体に一定の裁量を認める制度設計になっており，つまりは基礎自治体に創意工夫を求める形になっている．だからこそ，この調査研究プロジェクトでは，個別自治体へのヒアリング調査を実施したわけである．そこで重要になるのは，自治体ごとの差異はいかなる事情のもとで形成されるのかの理解である．この理解にあたって事例が匿名化されていると，参照される記述は，実質的には自治体の規模に限定されるように思われる．もちろんそれ以外のさまざまな地域事情についても言及されてはいるが，事例が特定化されない程度の記述であるので，当該事例について既知の読者以外には意味のある情報ではない．自治体の規模は，財政事情や職員配置ともかかわってお

り，福祉行政のあり方を左右する重要な制約条件である．本書でも，「各自治体の人口規模が生活支援・福祉サービスに影響を与えるということが切実な実感を伴って語られてきた」(p. 281) と記されている．しかし，自治体の規模に代表されるような制約条件によって各自治体の福祉サービスのあり方が決定されるかというと，そういうわけでもない．本書のなかでもキーパーソンの存在など個別の事情の重要性が言及され，それが，先進事例を他の自治体が導入することの困難さに繋がっていることが語られている．「どの事例においても，確認された優れた特質は，同時に，他の自治体でも導入可能か否かについては，一様に疑義が提示されている．県の広域的な相互支援は，他の都道府県でも実施されているものではなく，この県の住民同士の合意形成のもとで構築された仕組みであり，これとは異なり政令市の相談支援は，提案型の NPO による強いリーダーシップに自治体が牽引された仕組みである．この NPO 自体が複数の福祉支援サービスの集合体によるという経緯も他市が容易に導入できない根拠となっている．また一般市の事例では，支援体制の構築に強力なリーダーシップをもつキーパーソンの存在が大きいことを指摘している．キーパーソンの登場は，（中略）個人的資質の影響が大きいと考えられ，その登場には偶発性が伴っていることを否定できなかった」(p. 283)．この記述は，事例の理解にあたって個別の事情の理解が不可欠であることを示唆している．つまり，自治体を，都道府県，政令市，一般市と類型化しているわけではなく，その県，その政令市，その一般市それぞれの個別の事情を強調しているわけである．もしそうだとするなら，むしろ固有名を明示したうえで，その個別の成果や課題を開示すべきだということにはならないだろうか．そして，そこから何を学び取りうるかは，個々の読者の判断に委ねるという考え方もできるはずである．

　行政機関における政策遂行においてキーパーソンが関与しているということは，行政の現場では広く認識されている．ここでいうキーパーソンとは，評者なりに定義すれば，次のような人物である．すなわち，現場の事情に精通しかつ一定の政策立案能力を持ち，それを実行させうる立場にある（典型的には係長や課長補佐クラスの）人物が，当該の政策の実現に向け熱意を持ち努力することにより，一定の成果を達成したとき，その人物はキーパーソンと認知される．キーパーソンがまさにキーパーソンである理由は，その行為が立場性によ

っては規定されないということに求められる．この同じ立場に立ちながらも，その人物が政策実現に向け努力するとは限らないし，かりに努力したとしても成果が達成できるとは限らない．しかし，キーパーソンでないことは，組織人としては決してマイナス評価ではない．行政職員に求められていることは，その職務を誠実に遂行することだけだからである．この事情から，行政組織は，そもそもキーパーソンが存在するということをあまり表に出したがらない．行政の仕事は，あくまでも組織としての仕事であって，個人としての仕事ではないからである．しかし，にもかかわらず，現場の公務員たちは，キーパーソンの関与を十分に認識している．このような事情があるがゆえに，キーパーソンの存在を連携達成のための一般解とするわけにはいかないのはそのとおりである．しかし，キーパーソンの存在を含めた個別事情を記述・分析することには，一定の研究上および実際上の意義があるのではないだろうか．研究目的での事例分析は，ある種の第三者評価であり，事例の意義や限界を研究者の観点から記述・分析することを目的としている．そのなかには，ある人物がキーパーソンとしての役割を果たしているということの認定も含まれる．今日の福祉行政では，基礎自治体に創意工夫を求める制度設計になっていることについてはすでに言及した．この制度設計は，自治体間には差異が生じうることを示唆するが，それが深刻な問題にならないためには，自治体それぞれが創意工夫の競争をすることで住民にとって必要なサービス提供を実現させていくということが必要であろう．本書は，そのための素材提供という意味があるものと思われるが，そのためには実名表記のほうが望ましいということにはならないのだろうか．

　最後にもう一つ，疑問点を示しておきたい．それは，本書では地域住民自治組織との連携や地域生活支援の問題がほとんど触れられていないことである．著者たちは，医療や介護との連携の問題が十分に取り扱えていないことを気にかけている．ただ，医療との関係に踏み込むことは論点を拡散させるので，医療・介護との連携についての分析を避けるのには合理的な理由があるように思われる．しかし，自治会やあるいはより広域な自治組織との連携の問題は，現在の生活支援サービスの構築にあたって不可避の論点であろう．それとの関連において，コミュニティソーシャルワーカーの役割についての考察がないのも

不思議である．この書評の冒頭に総合窓口的機能の重要性に言及したが，窓口に行かないが支援を必要とするひとを察知するためには，地域住民自治組織との連携や，コミュニティソーシャルワーカーの活動が不可欠となる．地域支援の問題は，今日の福祉を考えるうえで必須の論点であるはずである．この点も含めて，この共同研究の成果が，よりいっそう読者によって有益なものとして公表されることを期待したい．

（A 5 判・304 頁・本体 4800 円・東京大学出版会・2018 年）

| 書　評 |

駒村康平・田中聡一郎編

『検証・新しいセーフティネット──生活困窮者自立支援制度と埼玉県アスポート事業の挑戦』

小林　勇人

1.　はじめに

　本書は，埼玉県アスポート事業と同事業を一つのモデルとして創設された生活困窮者自立支援制度（以下，生困制度）を中心に，生活困窮者支援についてこれまで書かれた論文に書き下ろしを加えて再構成したものである．生困制度の創設は，生活保護制度（以下，生保制度）の大幅な改正とセットで行われ，2018 年には両制度の改正がセットで行われた．生活困窮者の増大が予測され両制度の今後の改革動向に注目が集まるなかで，生困制度の創設・改正議論に関わった編者によって本書が刊行された意義は大きい．本書は，生活困窮者支援政策の今後の方向性を把握し，日本の社会保障制度の将来像を議論するうえで重要な書となるであろう．

2.　本書の構成と特色

　本書の目的は，「2000 年代に展開した生活困窮者支援の歩みと将来像を描く」（19 頁）ことであり，構成は以下の通りである．

第 1 部「2000 年代以降のセーフティネットの再編」
　第 1 章「生活保護制度と生活困窮者自立支援制度の改革動向」（書き下ろし）
第 2 部「データから見た生活困窮者像──埼玉県アスポート事業から」
　埼玉県アスポート事業とは
　第 2 章「埼玉県アスポートの取り組み」（書き下ろし）
　第 3 章「アスポート就労支援の成果」
　第 4 章「アスポート住宅支援の成果」

こばやし はやと｜日本福祉大学・准教授｜kobayasi@n-fukushi.ac.jp

　本書の特色は, 生困制度を, 2000 年代に実施された様々な生活困窮者支援の取り組みを吸収し総合化した制度としてとらえ, 就労・住宅・学習の 3 支援を中心に生活困窮者支援の歴史的経緯を振り返り, 現状と将来展望を検討している点にある. 特にアスポート事業を紹介した第 2 章は, 事例を織り交ぜ支援の実態を分かりやすく描くとともに, 生困制度創設後に同事業を市に移管する際の課題を指摘するなど, 先進的な自治体の取り組みと全国的な制度化の相互関係を考えるうえで示唆に富む.

　生困制度は, 2000 年代の生活保護自立支援プログラムや第 2 のセーフティネット (求職者支援制度, 住宅支援給付, 総合支援資金貸付など), ホームレス自立支援, 子どもの貧困対策などを束ねるような性格をもつとされる. 実際に同制度は, 「生活保護に至る前の段階での自立支援強化を図り, 生活保護を脱却した者が再び受給することがないよう各支援を実施」するもので, 必須事業として①自立相談支援事業, ②住居確保給付金の支給, 任意事業として③就労準備支援事業, ④一時生活支援事業, ⑤家計相談支援事業, ⑥子どもの学習支援事業などがある. 同制度を創設し生保制度と連携させることで, 日本の社会保障制度は多様な困窮問題に対してセーフティネットを再編成したとされる (19-21 頁).

3.　論　評

　生活困窮者支援は，経済的困窮問題のみならず多様な問題を（複合的に）抱える者（や家族）を対象とし，対応する制度領域も雇用・社会保障・教育・住宅など広範囲に及び，地域間の格差も大きい．そのような困難なテーマに挑む意欲作であるが故に，本書は主題や分析視角がやや不明瞭になってしまったように思われる．本書の鍵は，アスポート事業が生活保護受給者の自立支援事業であったことからも，生保制度と生困制度の関係にあると考えられる．以下では両制度の関係に着目し，今後の研究の分析視角の精緻化に役立たせるための論点を指摘したい．

3-1.「セーフティネット」概念の曖昧さと問題点

　一般的に社会政策においてセーフティネットとは社会保障制度を指すことが多い．だが本書の主題にある「新しいセーフティネット」が何を指すのかは不明瞭であり，考察対象が生困制度なのか再編成後の社会保障制度全般なのか分かりにくかった．前者ならば，第3部各章で生活困窮者支援の展開のなかで部分的に分析が行われているものの，実際に検証を行ったのは二次資料を用いて初年度の評価を行った9章のみであり不十分であろう．後者ならば，生困制度以外では，生保制度（や雇用保険制度もある程度）は論じられているものの，他の社会保険制度や社会福祉制度はほとんど論じられておらず，生保制度に力点を置く理由を明示する必要があるのではないか．

　加えて，セーフティネットを社会保障制度に限定し雇用保障制度と分離して用いることは，「支える側」と「支えられる側」の二分法を強化し連帯を困難にするという問題点がある．一般的に，相対的に安定した就労者などの「支える側」が，生活保護受給者などの「支えられる側」を支えてきた点が強調される傾向がある．しかし，雇用保障の仕組みを通して「支える側」も支えられてきたのであり，制度の谷間で困難を抱える生活困窮者への支援は，雇用保障と社会保障を組み合わせた生活保障の視点（宮本 2017）から考察することが望ましいのではないか．

3-2.　生活保護制度事業の変化

　本書で生困制度は三つの時期に区分される（224-5頁）．第一に，民主党時代に生活困窮者への新たな支援策が検討された検討期，第二に，自民党・公明

党へ政権交代がなされ生活保護法改正と生活困窮者自立支援法の制定が同時に
なされた制定期，第三に，現在は普及期にあり，制度を利用しやすくし自治体
の積極的な事業展開を支えるなど実効性の確保を主題とした改正が行われてい
る．生困制度は，検討期に生活保護受給者の自立にも活用されることが想定さ
れていたが，法案審議の過程で生保制度との役割分担の明確化が求められ，制
定期には対象者が「『現に経済的困窮状態』でありながら生活保護を受給して
いない」者に限定され（225頁），大きな課題とされた．

　しかし，生保制度の捕捉率は22.6％（2016年，所得比較，国民生活基礎調査）
と低く，実際には生困制度と生保制度の対象者は交錯する．例えば，生困制度
の中核的事業である就労準備支援事業で考えてみると，収入要件は生活保護基
準より低く，対象者は「生活保護基準すれすれの収入状況であるが，わずかの
貯金を持っているため生活保護に該当しない人，あるいは生活保護基準以下の
収入しかないが自動車を保有しているために生活保護を利用できない人や，生
活保護のスティグマのために生活保護の利用を忌避する人など」となる．その
ため就労支援については両制度で同様の事業を行うこととされ，第一に，生困
制度の自立相談支援事業に対応して，生保制度に被保護者就労支援事業が創設
され，第二に，生困制度の就労準備支援事業に対応して，生保制度に被保護者
就労準備支援事業が創設された．その結果，両制度に基づく事業を一体的に行
える枠組みとなり，半数程度は一体的に実施された（吉永2019）．

　生困制度の創設は生保制度の改正とセットで行われ，両制度は運用面でも交
錯する領域をもつ．本書は，生保制度における学習支援事業が生困制度創設後
に生活困窮者に拡大されたと記述するなど，生保制度事業の連続性に着目して
いると考えられる．しかし，同じようにみえる事業であっても，異なる制度で
運用される場合や，異なる制度の事業と一体的に運用される場合，異同に留意
する必要があるのではないか．本書はアスポート事業や生活困窮者支援の歴史
的経緯の分析に力点を置くが故に，生困制度創設前後における生保制度事業の
非連続性についての考察が後景化してしまったといえる．

3-3．生活保護制度と生活困窮者自立支援制度を貫く論理

　本書は，非正規・非婚が多く年金保険料の納付実績や持ち家率も低い団塊ジ
ュニア世代が退職すると，高齢の生活保護受給者数が増大し，社会保障制度が

機能しなくなる危険があるとし，生活困窮の拡大に対して生困制度の拡充を期待する．しかし，「厳しい財政制約のもとでは，生活困窮者制度と生活保護の両方を拡充することは難しい状況」（37頁）を指摘する．実際，生困制度は，「生活保護の引き締め，抑制とセットで成立し，生活困窮者支援と生活保護の抑制という『光と影』の二面的な性格」をもつと見られ，生活保護受給を妨げる「公的な水際作戦」になると批判も受けた（27-28頁）．また2018年改正による生困制度の改善は，生活扶助の引き下げなど生保制度のさらなる機能縮小を伴った．

　本書は，検討期から制定期にかけて総選挙で生活保護の引き締めを主張した自公に政権交代したため，生困制度の性格が分かりにくくなった点を強調する．しかし，民主党政権であれば生保制度の縮小なしに生困制度の創設や拡充を行い得たであろうか．むしろ両政権の違いを超えて両制度には，公的扶助費用の増大を防ぐために就労可能な者が働くことを「選択」するよう公的扶助の受給を冷遇し働くことを相対的に優遇するという論理が，作用しているのではないか（小林2020）．本書は，生困制度から生保制度に繋ぐ機能を指摘し，2016年5月新規相談件数（19,009件）の11.4％が繋がれたことを紹介する（215頁）．しかし，上述したように生保制度の捕捉率は依然として低いままであるし，繋ぎ先の生保制度が劣化していくことは大きな問題である．生保制度の劣化を問う分析視角が求められているといえる．

　将来展望として，本書は住宅手当と居住支援の拡充に期待する一方で，「一般扶助型の生活保護制度を困窮のタイプ別・カテゴリー別に見直し，生活困窮者自立支援制度とより連携した形でのカテゴリー扶助型生活保護制度」（38頁）の可能性を指摘する．生活困窮者支援の拡充が，就労不可能な者や困難な者にとって「最後の砦」である生保制度のさらなる劣化を伴わないか，今後の改革動向が注目される．

（四六判・264頁・本体2500円・新泉社・2019年）

文　献

小林勇人，2020，「生活困窮者の就労意識の一考察──ワークフェア時代の矛盾」山田壮志郎編『生活困窮者の地域生活を支える──ホームレス経験者のパネル調

査から（仮題）』ミネルヴァ書房（近日刊行予定）.

宮本太郎，2017，『共生保障――〈支え合い〉の戦略』岩波書店.

吉永純，2019，「『半福祉・半就労』と生活保障，生活保護」『社会政策』11(1)：11-25.

| 書 評 |————————————————————

岩永理恵・卯月由佳・木下武徳著

『生活保護と貧困対策
——その可能性と未来を拓く』

堅田香緒里

1. はじめに

　貧困や生活保護をめぐって書かれたテキスト・教科書である本書は，2013年から刊行が始まった有斐閣ストゥディアのシリーズ本の一冊として出版されたものである．同シリーズは，「大学での『勉強』は，『答え』はひとつではなく，課題を自分から探さなければな」らないようなものであり，そのような「学問と高校までの知識がどう結びつくのかを理解しながら，じっくり思考を深めるためにまず手に取ってほしい」という趣旨から，「『考える力』を養おう」をコンセプトに刊行されている．本書もそうしたコンセプトに即し，高校生・大学生にもわかりやすい記述でありながら，同時に，深く考えさせられるような「問い」を与えてくれるようなものになっている．

　ところで，そもそも教科書という性質上，それぞれテーマの異なる 14 もの章によって構成されている本書の全体を包括的に評することは，評者の力量を越えており難しい．そこで，以下ではまず，各章の概要を整理したうえで，最後に本書の魅力について評者なりに若干のコメントをしてみたい．

2. 各章の概要

　まず第 1 章「『食うに困る』が貧困か？」では，①ブースやラウントリー，タウンゼントによる貧困調査や貧困の概念の紹介，②現代日本における貧困の論じられ方や生活保護基準の変遷の説明，③保護基準をめぐる様々な議論の提起がされている．本書全体のベースになるような章である．

　続く第 2 章〜第 4 章は，主に生活保護制度の基本原理である「無差別平等の原理」と「補足性の原理」に焦点を当てた内容になっている．順にみていこ

かただ かおり｜法政大学社会学部・准教授｜kaorikatada@hosei.ac.jp

う．第2章「働いている人は生活保護を利用できない？」では，①旧法にあった欠格条項が廃止され「無差別平等原理」が導入されていく過程，②生活保護における「自立」と「補足性の原理」に定める保護の要件としての稼働能力，③生活保護利用世帯の多くが非稼働世帯であること等に関して解説されている．第3章「生活保護を利用すると，自動車・家はもてないのか？」では，①保護の補足性について，ミーンズテスト・収入認定・資産活用の観点から説明，②「申請保護の原則」について，保護請求権や「水際作戦」の事例から説明，③「不正受給」の実態等について説明されている．第4章「家族や親族がいると生活保護は利用できない？」では，①扶養義務の意味および扶養義務者の範囲等，②「世帯単位の原則」および生活保護利用世帯の多くが単身世帯であるという実態，③生活保護世帯の子どもの進学状況等について解説されている．以上は，各章のタイトルにもなっている「働いている人は生活保護を利用できない？」「生活保護を利用すると，自動車・家はもてないのか？」「家族や親族がいると生活保護は利用できない？」といった，生活保護にまつわるお馴染みの「誤解」を，制度の原理・原則に関する説明を通して解きほぐしていく過程であるといえよう．

　続いて第5章〜第7章では，生活保護の具体的な実践や展開に光が当てられる．まず第5章「ケースワーカーとはどんな人？　福祉事務所はどんな職場？」では，①福祉事務所とその職員の役割，ケースワーカーの専門性等から，生活保護の実施体制についての説明，②生活保護の監査やオンブズマンといったチェック機能の説明，③アメリカやスウェーデンの福祉事務所との比較を通して日本の福祉事務所の特徴の説明をしている．第6章「生活保護の増大で財政は破綻する？」では，①社会保障費全体に占める生活保護費の割合が低いこと，②生活保護の費用負担をめぐる国と地方自治体のバランスや支出抑制の動き等が説明され，③最後に，イギリスやスウェーデンとの比較から，日本の公的扶助の費用負担の在り方について考察されている．第7章「生活保護はどのように展開してきたか？」では，①恤救規則から救護法，そして旧法から新法までの展開が関連法と共に説明され，②新法以降の生活保護基準および保護率の変遷，③ホームレス自立支援法や生活困窮者自立支援法の成立過程等について解説されている．これらの章では，海外の公的扶助の仕組みや，日本の

公的扶助の歴史の単なる紹介にとどまらず，それらを参照することで，現代の
日本の生活保護の運用・実践上の特徴を，縦（歴史）と横（海外）の広がりの
中から非常によく描き出しているといえよう．

　第8章「生活保護で対応しきれない貧困？」では，①貧困の測定方法，貧
困線の設定方法，貧困率等について説明したうえで，統計から貧困の実態を読
み解き，②インプット指標およびアウトカム指標の両方をふまえたエビデンス
に基づく政策形成の在り方について論じ，③貧困の要因と帰結のそれぞれにど
のようにアプローチし得るのかが考察される．第9章「現金給付か，現物給
付か？」では，①公的扶助の方法として，現金給付と現物給付，そしてバウチ
ャーについて説明され，②次いでそれぞれの根拠と効果について論じられ，③
選別主義に基づく公的扶助の今後の在り方をめぐって，その問題点を克服し得
る様々な方法が模索されている．以上は，生活保護に限らず，貧困や公的扶助
一般を考える際の，基本的な視座を提供してくれているといえよう．

　第10章〜第12章までは，貧困対策において重要な教育，住宅，医療・介
護をテーマに議論が進められている．第10章「貧困対策に必要な教育費の支
援とは？」では，貧困が教育に与える影響や教育費の家計負担，就学援助や生
活福祉資金等をはじめとする教育費の支援について解説されている．第11章
「貧困対策に必要な住宅と居住の支援とは？」では，持家社会という特徴をも
つ日本における住宅政策と，住宅扶助等の住宅に関する各種の貧困対策につい
て説明されている．第12章「貧困対策に必要な医療と介護の支援とは？」で
は，医療保険と介護保険，生活保護における医療扶助や介護扶助，無料低額診
療事業等の仕組みについて説明されている．いずれの章も，単なる制度説明に
終わらず，制度の限界を捉えたうえで，今後の政策課題についても検討してい
ることが特徴である．

　第13章「生活保護の権利は私たちと無関係なのか？」では，裁判事例を紹
介しながら生活保護における保護請求権と不服申立制度の概要や成立過程，生
存権の展開等について解説され，アメリカの不服申立制度を参照しつつ，生存
権保障の重要性が説かれる．第14章「生活困窮者自立支援制度は貧困対策を
どう変えるか？」では，2015年に施行された生活困窮者自立支援制度の概要
や成立過程，生活保護との関係性，具体的な困窮者支援の取り組み等について

解説されている.

3. 若干のコメント

　以上，駆け足で本書の全ての章を辿ってみた．教科書というテキストの性質上，書かれている内容の多くは，貧困や生活保護に関する議論に通じている者にとっては「お馴染みの」ものであり，そこに新規性や先駆をなすようなものを見出すことはあまりできないかもしれない．また，論争的な内容や挑戦的な議論もほとんど含まれていない（むしろ，慎重に避けられている）といえる．しかし，これまで（仕事柄やむを得ず）この領域のほとんど全ての教科書に目を通してきた評者にとっても，本書には，これまでの教科書とは少し異なる新鮮さがあった．その新鮮さがどこに由来しているかというと，本書に固有の「切り口」である．当たり前のことだが，同じ問題や内容を取り扱っていても，切り口が異なれば，異なる物語がそこに生まれる．

　歴史や，英米を中心とする諸外国の政策に通じた三人の手になる本書は，時間的広がり（歴史）および空間的広がり（地理）を含んだ視点から，貧困や生活保護にアプローチしていく．実は，そうした広がりをもって書かれた教科書は，この領域ではそれほど多くない．日本の公的扶助の在り方についての同じ解説であっても，アメリカやイギリス，スウェーデン等の仕組を参照し，空間的広がりを背景にその特徴を際立たせることで，高度な内容ながら，初学者にも分かりやすい記述になっている．本書の最大の魅力といってよいだろう．

　また，貧困や生活保護をめぐるお馴染みの「都市伝説」（p. i）すなわち「誤解」にアプローチし，これを解きほぐしていく，というスタイルで議論が進められているため，貧困や生活保護についての「正しい」知識がほとんどない人にとっても，その目を開かせてくれるような一冊になっている．随所に挿入されている「エピソード」もまた，初学者も含め，その「思考を深める」ための仕掛けとして機能している．さらに，より学びを深めたい人のために各章末に示されているブックガイドも必見である．貧困や生活保護について学んでいる人だけではなく，多くの市民にも手に取ってみてほしい良書である．

　　　　（A 5 判・232 頁・本体 1800 円・有斐閣ストゥディア・2018 年）

土屋葉・岩永理恵・井口高志・田宮遊子著

『被災経験の聴きとりから考える
——東日本大震災後の日常生活と公的支援』

樽川　典子

　東日本大震災は，日本社会のさまざまな領域に多大な衝撃をおよぼした．戦後の民主化，経済成長期をつうじて発展してきた諸制度がゆらぎ，大災害は生存を維持する社会システムの動揺もひきおこす．被災した「社会的な弱者」が日常生活を再建するさい遭遇した困難とはいかなる状況か，公的支援は有効性をもちえていたか．本書は，事例を重ね合わせ生活再建と公的支援の有効性を分析し，その間の解明をこころみた成果である．語り手は，岩手県沿岸部と福島県いわき市での調査に応じた障害者，要介護の高齢者と介護者，母子世帯の母親，生活保護世帯，壮年ひとり暮らし男性，単身生活をする高齢女性たちである．

　障害者・児世帯は，地域の福祉事業所のサービスを利用し，被災直後は通所施設が被災した障害者の一時的な避難所として機能している。家族の死傷・家屋の損壊で，在宅での生活が困難な障害者が在宅から入所施設に移行する例もあった．いずれも緊急時の受け皿として有効に働いた．施設への入所は，子どもの成人後や親の加齢にともなってケアの限界がおとずれることをみすえた選択を示唆し，その背景にある「親なき後」の問題が浮上する（第1章）．障害者世帯の生活の立て直しでは，鍼灸院を営んでいた二人の視覚障害者は自営業ゆえに「住まいとしごと」の結びつきはつよいが，親族・近隣ネットワークに助けられて仕事を再開ができ，生活の立て直しは比較的はやかった．いっぽう精神障害がある男性は，津波によって魚屋の手伝いとワカメ加工のアルバイト職を失い，自身の障害年金と母の老齢年金が所得保障として機能していた．岩手県沿岸部において精神障害者の就労支援策が不十分であった恐れもある（第

たるかわ のりこ│筑波大学・非常勤講師│ntarukawa@gmail.com

4章).

　震災は，介護を要する高齢者と介護担当者のそれぞれの基盤を覆して，さまざまな生活困難をもたらした．安定していた住環境を失い，高齢者の状況が悪化し，介護担当者にも体調の変化があらわれる．医療や介護サービスを利用する時間を調整する問題もある．震災直後，フォーマルなサービスは利用者の変化により新たな手続きが必要になる場合には，柔軟に運用する課題が示される．生活再建においては，資源へのアクセスを重視して住まいの選択をするが，認知症の高齢者の場合には住み慣れた地元は，本人が安定した気持で暮らせる場でもあり，選択の難しさが伴う（第2章）．

　母子世帯は，より大きな影響を受け，震災前の生活を回復するには長い時間を要するだろうという筆者たちの事前の予想と異なり，量的調査でシングルマザーの7割は震災前とおなじ仕事についていることが確認された．ただし住居の移転によって，通勤時間や子どものケアの負担が増加し，仕事と育児の両立がより厳しくはなった．不安定雇用，低所得であるが，負担軽減のため戦略的な仕事の選択をおこなっていた．厳しい生活状況は，被災と母子家庭に起因するものとが，混在している（第3章）．

　生活保護を受給している場合，震災後も保護が世帯の生活を支える．ただし，保護の受給は不自由さがともなう経験でもある．震災後に生活保護受給を開始した例では，自動車の保有が認められず通勤・通院に支障があり，新盆には「顔だしはやるが，人並みにはできない」肩身のせまさもある．興味ふかい事実は，制度上，保有を認められない東京電力の賠償金や義援金をもらった場合のあつかいである．使用計画に基づいた物品の購入は認められたが，受給世帯のなかには「電化製品も化粧品も買う気になれなかった」事例や，賠償金を収入とみなし保護廃止になったケースもある（第7章）．

　65歳未満の壮年ひとり暮らし男性は不安定雇用，低収入，家族関係の弱さが認められる．事例では，彼らの生活困難さがみえにくく，それによって行政サービスとのつながりを遠ざけられていた．仮設住宅や災害公営住宅での近隣関係が希薄で，仕事を失うと仕事仲間との交流も途絶えてしまう．近所つきあいにはジェンダー差が大きい（5章）．単身生活をする高齢女性は，単身・高齢・女性という3つの属性ゆえに，困難が集中すると想定された．高齢者の貧困

率は性差がより大きいからである．しかしインタビューイは，ひとり暮らしに
たけた「おひとりさま」であった．彼女たちは，家族関係やきょうだい関係に
依存せず，適度な距離を保ちたいという思いをもつ．震災は，この適度な距離
を維持する時間を短縮し，老後も維持したかった距離についての意識が変わっ
た可能性がある（第7章）．

　総じていえば公的支援における脆弱性への配慮は，被災直後と復興段階とで
は異なり，生命の危機さえある被災直後は最大限の配慮がもとめられる．また，
脆弱性の高い被災者に対しては，被災者支援と平時の社会保障制度の接続や，
両者の機能の分化が必要である．支援のニーズは震災前の生活水準とも関連し，
以前の生活水準が相対的に高く災害で低下した水準との差が小さいときには，
回復のための資源投入が少なくてすみ支援を求めない．以前の生活水準が低い
ため災害後との差異が小さい場合も，支援を求めない傾向にある．これらの問
題は，社会保障制度がになうべき役割である（第8章）．

　東日本大震災によって，多くの人びとは重要な他者，暮らしの基盤，社会関
係など多くを失った．その意味は個々人によって異なり，被災者一般，遺族，
社会的弱者を対象とした研究が蓄積されている．本書は，「社会的弱者」とい
うマイノリティの生活再建を中長期にわたって観察し，震災体験の総合的な把
握を進展する貢献をした．本書で述べるように，脆弱性の高い「社会的弱者」
は，社会保障・福祉サービスの基盤があって生存が確実になる．大震災後これ
らの制度がいかに機能したかは重要な課題であるが，年金，児童扶養手当，生
活保護などの所得保障の意義は大きかった．「社会的弱者」の生活再建という
独自な視点にたつ検討は，日本における社会保障・福祉サービスの制度設計が
妥当なものであったことを解明した．周知のように行政も被害をうけたが，年
金・手当・福祉サービスの給付が相対的に早く復旧した事実に驚きをおぼえる．

　各章では，2〜6例の事例が紹介されており，読み物として興味ふかく，社
会学的な想像力が喚起される．その意味において本書は，福祉社会学がとり組
むべき課題や可能性を示唆する．

　なによりもまず「社会的弱者」と脆弱性が想像力を刺激する．これらの概念
の精緻化は，重要な課題の一つである．著者らの他の著作をてがかりにすれば，
障害者・傷病者，要介護の高齢者は，脆弱性の基本型であり，壮年単身男性・

高齢単身女性，母子世帯はそれに準じる派生型とみなすことができる．生活保護世帯は，底通する貧困問題をあきらかにする分析類型といえる．こうしたカテゴリーごとの脆弱性の差異を解明する方法を開発することで，いっそう重層的な分析をする道が拓ける．

　脆弱性については，被害や損害を受けるその受けやすさの程度をさし，災害に対する社会のありかたが脆弱性と関連するという認識がある．それによれば脆弱性は，ジェンダー，文化的多様性，生活保障や年齢，ライフサイクル段階や，ケア提供者または稼ぎ手としての役割に左右もされる．本書のように個人や世帯を検討するばあいジェンダー，地域文化，役割，ライフステージなどの視点も有効であろう．

　壮年単身男性と高齢単身女性を例にみていこう．前者のばあい，指摘された近隣つきあいの希薄さ，敷衍すれば孤立・孤独の問題は，仕事志向ゆえに仕事仲間とのつきあいに限られていた生活が，大震災によって崩壊した．そのように読んでいくと，壮年単身男性の問題は，男性性につよく規定されてきたライフコースが中断され，その統合が老年期にむけての課題になっている．壮年単身男性は，障害者・傷病者，要介護の高齢者などの基本型とは性格が異なる．高齢単身女性のばあい，ひとり暮らしにたけた「おひとりさま」は，妻・母としてのライフコースを離死別によって中断した，あるいは選択しなかった・できなかった人生のなかで育んだライフスタイルであろう．困窮の差異は，男女間ではなく女性の間に存在する可能性がある．複数の男性性・女性性を設定するジェンダーの視点の導入は，解釈の幅を広げるようにおもわれる．

　なお，著者たちは単身・高齢・女性という3つの属性は困難の条件とみなしたが，結婚状況，性別と年齢は脆弱性をつよく規定するという前提は，女性を依存的な存在とみなす人間像にむすびついてしまう．社会学的な排除をさけるには，母子世帯もふくめた派生型は，基本的な属性以外にどのような要因を追加すると脆弱性は大きくなるかが明示されると，女性の「しなやかな強さ」や「母はつよし」という言説による拘束から解放される．

　震災後，生活再建をしていく「社会的弱者」には，親族・近隣・友人ネットワークは重要な資源である．農村・漁村では，それらが一部で重複するかたちで社会関係をむすび相互支援を可能にする．大震災と原発事故は社会関係の解

体をまねきうる出来事であったが，三陸沿岸ではコミュニティの絆がつよく，区長と婦人部代表をリーダーに，性別役割分業にもとづいて地域活動を組織してきた伝統をもつ．地域社会やNPOによる活動を準公的支援とみなす本書では，複数の資源の活用にもめくばりをするが，それらの一部には伝統的な絆が反映した側面があったかもしれない．さらにその伝統にはコミュニティごとに特徴があり，漁業従事者が多い「ハマ」のコミュニティと他のコミュニティのあいだには価値観・慣行の違いも存在する．それはライフスタイルの差異や軋轢の一因にもなりうるもので，避難した「社会的弱者」のなかには，葛藤や生きづらさを回避するため地元に戻った者もいるのではないか．コミュニティ文化の視点によって異なる側面から浮かびあがる解釈も可能である．

（A 5 判・264 頁・本体 2500 円・生活書院・2018 年）

| 書　評 |

板倉有紀著

『災害・支援・ケアの社会学
——地域保健とジェンダーの視点から』

坂田　勝彦

1.　はじめに

　自然災害の被害とケアを巡ってはこれまで様々な問題が議論され，多様な支援が模索されている．そうした研究や実践で近年注目されているのが，「災害時要援護者」や「災害弱者」など，特定の社会的属性に照準を当て，支援を構想するという方向性である．特に東日本大震災の後，そうした方向性は一般的になり，様々な取り組みが制度化されている．

　だが，ある特定の社会的属性において人々を把握し対応するそうした方向性は，自然災害による被害やニーズを「予測」できる一方で，実際に個々の被災者にどのような困難がいかに生じるかを「示す」ことはできないこと，そして，様々な健康ニーズや生活上のリスクを抱える人々の問題を見落としてしまう可能性があることを，著者は指摘する (p. 3)．

　これまでの災害研究の視座を尊重しつつも，その盲点を指摘し，自然災害の被害と支援に関する新たな社会学的視点を提示すること．ジェンダーと地域保健に注目し，理論的・経験的に自然災害の被害と支援を再検討する本書は，災害と支援に関わる社会学の新たな方向性を模索する試みである．

2.　本書の内容と特徴

　本書は，自然災害の被害とケアを捉えるための分析視角を理論的に検討する第一部，自然災害の被害とケアを考える際，見落とされがちである「女性の視点」について整理する第二部，そして，東日本大震災の津波被災地における保健活動から自然災害の被害とケアについて具体的に叙述・分析を行った第三部によって構成されている．

さかた かつひこ｜東日本国際大学健康福祉学部・教授｜joying24@hotmail.com

　まず第一部「自然災害の被害とニーズの理論的考察──リスク論・ヴァルネラビリティ概念」（第一章・第二章）では，災害と支援に関する諸研究を整理した上で，分析視角として「ヴァルネラビリティ」という概念が検討されている．

　日本の災害研究はこれまで，阪神淡路大震災など様々な自然災害の経験から，生活再建，コミュニティ，ボランティア支援等のテーマを中心に議論が蓄積された．また海外の研究動向，特にアメリカの災害研究ではこの20年余り，自然災害とその被害について，自然環境の問題である以上に，その有様を規定する社会の構造的問題に注目する研究が蓄積されている．そして現在，自然災害の被害とケアについて，被災者のおかれる社会的状況によって被災の程度やリスクが大きく異なる点に着目した「ヴァルネラビリティ」（個々人が社会的に規定される災害やリスクへの脆弱性）という概念が注目されるようになった．

　東日本大震災に代表される広域型・複合型の自然災害では，災害からの復興過程が長期化し，心身のニーズや問題は複雑な形で継続的に現れる．そして，それらの問題は具体的な生活が営まれる地域社会において，被災者それぞれに経験される．自然災害の被害とケアについて，その背景にある社会の構造的問題とともに，それらが個別具体的な人間の身体で経験されるものであることを捉えようとするとき，ヴァルネラビリティという概念が非常に有効であることを，本書は先行研究の丹念な整理から明らかにしている．

　続く第二部「被災者支援における被害・ニーズの考察──災害と女性とケア」（第三章・第四章）では，自然災害の被害とケアを考える際，従来見落とされがちであった「女性の視点」について検討している．

　国内外を問わず，昨今，自然災害の被害とケアについて，ジェンダーの非対称性の問題が指摘されている．それらは性暴力被害のように女性の身体を直接襲うものから，災害時の雇用の打ち切りといった社会的処遇の不平等まで多岐に渡る．そして本書で注目すべきが，これまでにも少なからず議論されてきたそうした問題に加えて，「女性の視点」から近年の災害支援に関する議論の盲点を指摘する点である．具体的には，自然災害の被害とケアを巡って「災害時要援護者」などの特定のハイリスク・グループが注目されるようになった一方で，そのケアが女性に担われていること，またそのことによって災害時に多くの女性が様々な不利やリスクに晒されている状況が見過ごされてきた問題であ

る.

　自然災害の被害とケアを巡って，ある社会的属性に照準を当て，重点的に資源を投入することは，マクロな政策論の水準において一定の意義を持つ．だが，被災者の日々の暮らしに寄り添う細やかで生活に定位したまなざしも不可欠ではないか．「女性の視点」とは，自然災害の被害とケアを考えるときに蔑ろにしてはならないそうした視点を示している.

　そして第三部「被災者ニーズ対応における保健師の専門性の考察——東日本大震災と地域保健」（第五章・六章・七章・八章）では，東日本大震災の津波被災地における保健師の活動から，地域社会で看護専門職が行ってきた実践を取り上げている.

　東日本大震災の発生以来，被災地における保健師の活動に注目が集まるようになった．長期化する復興への道程において，健康ニーズの把握とケアは，ボランティアや非専門職だけでなく，まずもって専門職が担わなければならなかった．そして，看護の専門知識を持ち，地域を熟知する彼らは，被災者それぞれの苦悩と向き合い，そのケアを模索した.

　こうした保健師の活動を踏まえた上で著者は，岩手県大槌町で長年保健師として働き，震災後も大槌町とそこを離れた人々の支援に携わる鈴木るり子氏の活動に注目する．大槌町の元保健師として住民と関わる彼女の活動は，「生の固有性」を尊重するというケアの実践が，ニーズを抱える人々それぞれの，「過去から現在に至る人生・生活」（p. 234）の連続性を理解してはじめて成り立つことを示している.

3．本書の意義と本書に触発された論点

　このように，本書は災害と支援について理論的・経験的に問う重要な研究成果である．以下では本書の意義と本書から評者が触発された論点を検討したい.

　まず本書で特筆すべきが，今後構想されるべきケアの社会学について，理論的に整理・検討を行っている点である．2011 年 3 月の東日本大震災と原発事故により，東北三県をはじめ，日本各地は大きな被害を受けた．そうした被害に対し，これまで多くの実践がなされ，学術研究も，支援の実践例の紹介から各種の量的調査まで様々なものが蓄積された．だが，社会学がこの問題を扱う意義について理論的に検討し，体系的に整理する作業が十分になされてきたわ

けではない．災害と支援に関する国内外の研究群を精査し，特にヴァルネラビリティという概念を具体的な実証研究へ応用できる分析視角として精査した本書は，災害と支援について考える際，今後必読の研究の一つとなるだろう．

　次に，本書を通して実感するのが，研究という営みが何を問い，何を見落としているかをそれぞれ丁寧に検討する作業の意義である．本書は東北で学び，被災地の現実を目の当たりにした著者の体験的直観から，災害と支援に関する既存の議論が見落としてきたものを拾い上げる．それは「ケアの責任の分配の不平等性」（p.143）という社会構造の問題から，ハイリスク層を想定し，それらに資源を重点的に投入するという昨今の政策動向の盲点まで，様々である．自然災害の被害とケアについて社会学が何かを考える際，制度や政策，それらを規定する社会の構造といったマクロレベルの問題とともに，私たちの生活や身体といったミクロレベルの問題を視野に入れなければならないこと，その両者の関連性を常に問い続けること．災害と支援について考えるときに不可欠であるそうした主張が，机上の空論でなく，理論的精査と経験的調査から裏付けられている点も本書の魅力である．

　そして，本書から評者が想起したのが，ケアの社会学における，支援者のリアリティと被災者のリアリティとの対話の必要性という論点である．例えば，東日本大震災と原発事故の発生以降，『3.11　慟哭の記録』（2012 年，新曜社）をはじめとした金菱清の一連の研究や，原発避難の問題を丁寧に叙述・分析した関礼子（編）『鳥栖のつむぎ』（2014 年，新泉社）など，震災体験の社会学は質量ともに分厚い蓄積がある．それらが照準を当てるいわば被災者のリアリティと，本書を含むケアの社会学が検討する支援者のリアリティとの間には，様々な緊張や葛藤が存在する．支援やケアを巡る複雑な状況を丁寧に叙述・分析することは，復興への道程が長期化している東日本大震災の問題を考える上で，また今後発生する様々な災害に社会学が向き合う上で，不可欠な課題であるはずだ．

　もう一つ，本書から考えさせられたのが，地域社会をどのように捉えるかという論点である．例えば，東日本大震災の被災地では現在，程度の差はあるが，その中心部と周辺部とで復興の進捗具合に大きな違いがあり，その背景には，復興資源の投入の偏差など，地域社会内の問題がある．本書の第三部でも，災

害と支援について考えるとき，地域社会の現実を理解する必要性が指摘されているが，自然災害の被災地の復興について検討する際には，そこに現に存在する亀裂や格差について敏感であることもまた重要であるだろう．

　以上のように，本書は自然災害の被害とケアについて示唆に富む重要な研究成果であり，ここまで取り上げた点以外にも豊かな内容を有している．様々な災害が発生する中で，私たちは何を考え，行うことができるか．本書は，災害と支援に関わる社会学のみならず，社会政策やソーシャルワークの問題に関心を持つ読者にも広く読まれるべき一冊である．

　　　　　　（A 5 判・282 頁・本体 3800 円・生活書院・2018 年）

田多英範編著

『「厚生（労働）白書」を読む
——社会問題の変遷をどう捉えたか』

武川　正吾

　学生時代の図書館学の講義で，年鑑や年報の類いは欠本なしに揃いで配架して初めて意味をもつと習ったことがある．一冊だけでも抜けていると意味がないということだ．その伝でいくと厚生白書 59 冊は並べて置くだけでも意味があることだが，それらを全巻通して精読するとなると，その意味はさらに大きくなる．本書はそうした企ての書である．

　本書の内容は一言でいうと「政府公認による厚生行政の歴史」ということになる．研究者でもなかなか厚生白書を全巻通読するひとはいないだろうから，付表を別にして 2 万 5000 ページを超えるテクストを約 300 頁の一書に圧縮する作業は並大抵のことではない．厚生行政に関心のある研究者にとって裨益するところが大きい．

　本書のタイトルは，編者らが意識してか否かはわからないが，二つの意味で挑戦的である．

　日本の白書はそれほど重視される資料ではない．ある論文が「まるで白書のようだ」との批評を受けたとしたら，それで大喜びする著者はいないだろう．しかしそのような資料としての白書でも，良質の読み手＝書き手＝料理人の腕にかかると一変する．それまで不可視だったものが可視化されるのである．岩田正美の『社会福祉のトポス』はその（私の知る限りでは）唯一の例である．本書は期せずして，同書に対する「挑戦」という意味を持っている．これが一つ．

　社会科学者が「読む」ということを強調するときに思い出すのは，佐藤健二や内田義彦もさることながら，アルチュセールたちの『資本論を読む』ではな

たけがわ しょうご｜明治学院大学・教授｜takegawa@soc.meijigakuin.ac.jp

いだろうか．あえて「読む」というからには，無邪気な読み方を排し，彼らが
いうところの「徴候的な読み」などに挑戦していると感じる．白書がそれに耐
えうるようなテクストであるか否かは別として，あえて「読む」というからに
は取扱説明書を読むのとは違う「読み」をそこに期待する．もうひとつの挑戦
である．

　本書はⅡ部構成となっていて，第Ⅰ部が 1956 年から 2016 年までの白書の
各年版（ただし 2 年分が欠番）をとりあげて，1950 年代から 2010 年代までの
各 10 年（ディケイド）の厚生行政の特徴を記述する．単純化すると

　　　　　50 年代が「失業と貧困」，
　　　　　60 年代が「先進国へのキャッチアップ」，
　　　　　70 年代が「高齢化」

であり，この 30 年間は「制度の形成と展開」と要約される．これに対し，

　　　　　80 年代は「制度改革の始まり」，
　　　　　90 年代は「少子化」，
　　　　　00 年代は「介護保険」，
　　　　　10 年代は「社会保障と税の一体改革」

となる．80 年代 90 年代の 20 年間が「社会保障制度改革」であるのに対し，
00 年代 10 年代の 20 年間が「従属人口問題対策の多様化と制度改革の継続」
と要約される．

　以上の第Ⅰ部が横の糸だとすると，第Ⅱ部は縦の糸である．前半が各年版を
とりあげるのに対し，後半は，社会保障の各制度が時系列で扱われる．扱われ
るのは社会保険，年金，生活保護，高齢者福祉，児童福祉，障害者福祉，社会
手当，住宅である．

　橋本行革の省庁再編により旧厚生省と旧労働省が合併して，2001 年版から
は白書も『厚生労働白書』と名称を変えることになるのだが，それ以前の『労
働白書』（労働経済の分析）と『厚生白書』が内容的に統合されたわけではなか
った．名前は『厚生労働白書』だが，実態は『厚生白書』だ．労働行政につい
てはほとんどふれられていない．このため本書の題名も『「厚生（労働）白書」
を読む』と苦心している．

　しかしそこから新たな疑問が生まれる．なぜそのようなこととなったのか．

なぜ『厚生白書』は真の意味での『厚生労働白書』にならなかったのか．官僚制のセクショナリズムのせいか．それとも他に別に理由があったのか．

　さて本書を読んで得た最初の感想は，勉強になったということである．自分がよく知っている事実であっても復習になる．とくに本書が描く大きな文脈のなかで捉え返すことによって，記憶が強化される．また忘れかけていた制度変更を思い出させてくれるのも本書の利点であろう．現行制度の動きにだけ気をとられていると次第に記憶の底に沈澱してしまうような事実も多いからだ．さらに不勉強のために知らなかった事実を初めて学ぶこともできた．

　第二の印象は 60 年という時間の長さである．

　社会保障の各制度に対する厚生省の見方が大きく変化しているというのが一つ．一例をあげると年金である．1975 年の白書が「年金制度は後代負担の基盤の上に成り立つもの」と宣言し，いわゆる「百年安心」の年金も積立金をゼロになるまで取り崩すことを前提に設計され，現在の年金が賦課方式になったと認識されてから久しい．しかし年金積立金について 1959 年の白書は「政府の長期資金の有力な供給源であり，その利子収入は将来の給付の重要な財源であると説明した」（白書の言葉ではなく解説者の言葉）（本書の 146 頁，以下同じ）．また 1960 年代の白書でも，年金の賦課方式について，「このような意見はきわめて危険である」（白書の言葉）とまで断じているという（20 頁）．どこかの時点で変わっているのだが，それが何年かは白書からはわからない．

　もう一つは，政府の責任というより，社会通念の変化によるところが大きいと思われるが，いまでは口にするのも憚るような差別的表現が 20 世紀の第 3 四半期の白書ではまかり通っていたことである．障害のあるひとに関する記述でとくにそれが顕著である（226–8 頁）．1970 年代になってなお優生学が見え隠れする（36 頁）．また児童福祉の分野でも 1960 年の白書では「婦人労働の進出」が「児童の健全育成にとって好ましくない環境」（解説者の言葉）とまで書かれていたという（25 頁）．

　本書は，第Ⅰ部と第Ⅱ部で読みやすさの違いがある．第Ⅰ部は論理を追うのに苦労したが，第Ⅱ部は頭にスッと入ってきた．章による違いはあるものの総

じて第Ⅱ部の方が読みやすい．この違いは何に由来するのだろうか．おそらく各章執筆者の力量による違いというより，白書の書かれ方によるところが大きいと思う．

　白書に描かれた日本の社会保障の歴史は，第Ⅰ部で上述のように「失業と貧困」から始まって「社会保障と税の一体改革」で終わるような流れになっている，そう言われればそのような気もするし，私には，いや少し違うのではないかという気もする．隔靴掻痒の感が拭えない．一つの理由は，毎年毎年，白書のサブタイトルが異なっており，したがって白書のテーマが揺れ動いているためであろう．一年の特徴を一冊の白書から掴み取るのは難しい．それでは10冊まとめれば10年間の時代的特徴が出てくるかというと，それも後述するような理由から難しいのではないか．

　これに対して，第Ⅱ部の方は，厚生行政の各分野に対して，厚生労働省がどのようなロジックとレトリックを用いてきたか，またそれが成功しているのか失敗しているのかをクリアにあぶり出している．扱う分野が限定されるが故になせるわざであろう．

　例えば，保育をとりあげた章では，1990年代前半に，白書の内容が一変することを明らかにされる．少子化が耳目を集めるようになったからである．1980年代までは，保育の対象が「要保護児童」から「一般家庭の児童」へと拡大されることはあるものの「家庭保育責任論」「家庭保育優先論」「母親神話」「人格影響論」が白書のなかに繰り返し登場し，保育行政は母性神話を前提として「保育に欠ける」児童に対するものであった．これに対して1990年代以降の保育行政は少子化対策や女性の就労促進策との関連で強調されるようになる．その背後には出生率の低下とともに，「国連婦人の十年」や1995年の北京会議などがあったからである．

　しかし著者は記していないが，「ポストの数ほど保育所を」といった社会運動の結果，80年代半ばには「地域によって保育園があまりはじめるようになった」（松下圭一『市民文化は可能か』）という供給側の要因の存在にも注意する必要があるだろう．保育行政が新しい正当化の根拠を探していたとも考えられるからである．

　それはともかく白書が日本社会の現実に影響を及ぼすことは少なかった．女

性の社会進出はともかく，少子化対策に関しては財政的裏付けが不十分であった（出生率があがらないのは少子化対策が失敗したからではなく，そもそも少子化対策が日本には存在しなかったからではないかと思われるほどである）．遅くはあるものの進展した女性の社会進出の方も，著者は「女性の『社会進出』と同じペースで男性の『家庭進出』」は進まなかったと耳の痛い言葉を語っている（222頁）

　第Ⅰ部と第Ⅱ部の読みやすさの違いは何を意味しているのだろうか．それは端的に言って，社会保障制度も不均等に，あるいは跛行的に発展するということであろう．これは評者が本書全体から学んだ最大の点である．

　最後に少しだけ不親切だと感じた点を述べておくと，本書は白書のなかに何が書かれているかだけでなく，何が書かれていないかといった視点があったらよかったと思う．生活保護を扱った章では「保護率についてふれることを避けている」（174頁）といった記述や，高齢者福祉に関する需要と必要の区別が曖昧であると分析した章や，「『人格影響論』も1987年を最後に白書から消えた」と指摘は存在する．住宅についてはそもそも白書にほとんど書かれていないため，白書から離れた記述になっている．しかし厚生省の政策変化に影響を与えた裁判や社会運動などについて白書は沈黙を守っている．『現代日本社会保障論』の著者にとっては自明のことなので省略したのかもしれないが，省略しなかった方が読者にとっては親切だったと思う．いまのような書き方だと，読者は，厚生省がふれたくない事実や考えについては行間を読むことによってしか知ることができない．

　ともあれ厚生行政に関する必読文献が一冊増えたことについては間違いないだろう．

（Ａ5判・320頁・本体3500円・ミネルヴァ書房・2018年）

■福祉社会学会会員からの書籍情報（刊行順）

著者名	書　名	刊行年月	出版社
麦倉　泰子	施設とは何か——ライフストーリーから読み解く障害とケア	2019.2	生活書院
榊原賢二郎編著	障害社会学という視座——社会モデルから社会学的反省へ	2019.9	新曜社
山田　陽子	働く人のための感情資本論——パワハラ・メンタルヘルス・ライフハックの社会学	2019.10	青土社
下夷　美幸	日本の家族と戸籍——なぜ「夫婦と未婚の子」単位なのか	2019.11	東京大学出版会
エリザベス・ブレイク著, 久保田裕之監訳, 羽生有希・藤間公太・本田真隆・佐藤美和・松田和樹・阪井裕一郎訳	最小の結婚——結婚をめぐる法と道徳	2019.11	白澤社
髙橋　康史	ダブル・ライフを生きる〈私〉——家族に犯罪者をもつということ	2020.2	晃洋書房

『福祉社会学研究』編集規程

2003 年 6 月 28 日制定

第 1 条　本規程は，福祉社会学会の学会誌『福祉社会学研究』（以下，本誌と略す）
　　　　の編集，刊行に関する事項を定めるものとする．

第 2 条　本誌は，原則として本会会員による福祉社会学研究の成果発表にあてる．

第 3 条　本誌は，年 1 回，刊行するものとする．

第 4 条　本誌の編集，および刊行のために編集委員会を設置する．

　　(1)　編集委員会は，理事会の議を経て会長が委嘱した編集委員長 1 名，編集
　　　　副委員長 1 名，編集委員 8 名以内の計 10 名以内によって構成する．

　　(2)　編集委員長は，理事会幹事会において，幹事の中から選任される．編集委
　　　　員長の任期は 2 年とする．連続する 2 期にわたって，その任につくことは
　　　　できない．

　　(3)　編集副委員長は，編集委員長の推薦により理事の中から選任される．編集
　　　　副委員長の任期は 2 年とする．連続する 2 期にわたって，その任につくこ
　　　　とはできない．

　　(4)　編集委員は，任期は 2 年とし，再任を妨げない．

第 5 条　編集委員会の構成員の役割は，以下の通りとする．

　　(1)　編集委員長は，編集委員会を主宰し，学会誌の編集を総括する．

　　(2)　編集副委員長は，編集委員長を補佐し，編集委員会の円滑な運営を図る．

　　(3)　編集委員は，学会誌編集の実務を担当する．

第 6 条　編集上の重要な事項は，理事会と協力の上で決定する．

第 7 条　本誌は，以下の論文等を掲載する．

　　(1)　特集論文

　　(2)　自由投稿論文

　　(3)　書評

　　(4)　その他，編集委員会が必要と認めたもの

第 8 条　第 7 条(1)に関わる特集は，編集委員会からの依頼論文によって構成される．
　　　　編集委員会は，提出された特集論文の修正に関する参考意見を執筆者に伝え
　　　　ることができる．

第 9 条　第 7 条(2)の自由投稿論文は，未公刊のものに限る．レフェリーによる査読
　　　　の結果に基づき，編集委員会が修正の指示および採否の決定を行う．

第 10 条　第 7 条(2)のレフェリーは，編集委員会が選定することとする．

第 11 条　第 7 条(3)の書評の対象となる著書，および評者は，編集委員会が選定する
　　　　こととする．

第 12 条　編集委員長は，少なくとも年 2 回，編集委員会を招集しなければならない．

第 13 条　編集委員会の事務局は，理事会の定めるところに置く．

附則　(1)　本規程は，2003 年 6 月 28 日から施行する．

　　　(2)　本規程に関わる投稿規程，執筆要項等は，編集委員会が別途定め，理事会
　　　　　の承認を得るものとする．

　　　(3)　本規程の変更は，福祉社会学会総会の議を経ることを要する．

執筆要領

2003 年 6 月 28 日制定
2006 年 6 月 24 日改正
2017 年 5 月 1 日改正
2019 年 3 月 20 日改正

1. 特集論文, 自由投稿論文, 書評の分量は, それぞれ, 16,000 字, 20,000 字, 4,000 字以内とする (図表・注・参考文献を含む). 図表は, A4 判で, 例えば, 1/4 ページの場合, 400 字, 1/2 ページの場合, 800 字として換算する. なお, 特集論文, 書評の執筆要領は, 別途, 依頼時に執筆者に送付することとし, 本要領では, 自由投稿論文について規定する.

2. 原稿は, Microsoft Word にて読み取り可能な形式 (A4 判, 横書き), 1 ページ全角 40 字 ×40 行とする (空白部分は, 上記分量に含まない). ただし, 英数字は原則として半角とする.

3. 自由投稿論文には, その他に, 邦文要約 (600 字), キーワード (日本語 5 語以内) を A4 判の用紙 1 枚にまとめ, 添付する. さらに, 英文題目, 所属の英語表記, 執筆者名の英語表記 (例, YAMADA, Taro), 英文要約 (300 語以内), Keywords (英語 5 語以内) を同じく A4 判の用紙 1 枚にまとめ, 添付する. なお, 英文題目, 英文要約, Keywords は, ネイティブチェックを受けることとする.

4. 文体等は, 次の通りとする. (1)「である調」の文体とし, (2)現代仮名遣い, 常用漢字を使用し, 句読点は「, 」と「. 」を採用する. (3)文中の敬称は一切, 省略する. (4)送り仮名, 漢字等の統一は, ワープロ・ソフトの校正ツールにより, 各自, 行うこととする.

5. 自由投稿論文は, 以下の構成とする.
  1 行目 和文題目 (副題がある場合は, 2 行にわたることも可)
  2 行目 空白行
  3 行目 所属, 執筆者名
  4 行目 空白行
  5 行目 本文をはじめる.

6. 注は, 本文中の該当箇所に, 右肩上付きで, 1), 2), 3) …と順に示し, 注自体は本文の後に一括して記載する.

7. 参考文献は, 注の後に一括して記載する (著者名のアルファベット順). 書籍は, 著者名・編者名, 発行年 (西暦), 書名, 出版地 (和書の場合は省略), 出版社の順

に，論文は，著者名，発行年，論文名，掲載誌名，巻，号（または，編者名，収録書名，出版社），該当ページの順に記載する．欧文の書名，掲載誌名は，イタリック体（ないしは，アンダーラインを引く）とする．なお，WEB からの引用の際には，URL とともに引用日を掲載することとする．文献挙示の例は，以下の通りである．

副田義也，2003，『あしなが運動と玉井義臣――歴史社会学的考察』岩波書店．

Hicks, Alexander, 1999, *Social Democracy and Welfare Capitalism: A Century of Income Security Politics*, New York: Cornell University Press.

Spicker, Paul, 1995, *Social Policy: Themes and Approaches*, London: Prentice Hall/Harvester Weatsheaf.（武川正吾ほか訳，2001，『社会政策講義――福祉のテーマとアプローチ』有斐閣．）

富永健一，2003，「福祉国家の分解と日本の国際的位置」『海外社会保障研究』142: 4-16.

藤村正之，2001，「高齢期における社会的不平等と社会的公正」平岡公一編『高齢期と社会的不平等』東京大学出版会，175-89.

Cohen, Erik H., 2000, "A Facet Theory Approach to Examining Overall and Life Facet Satisfaction Relationships," *Social Indicators Research*, 51(2): 223-37.

文献挙示の方法については，日本社会学会編集委員会『社会学評論スタイルガイド』第 3 版（ホームページ http://www.gakkai.ne.jp/jss/bulletin/guide.php）に準じること（2019 年 3 月 20 日現在）．

8. 参考文献の本文，注等における表示は，著者の姓（発行年（西暦）：該当ページ），ないしは，（著者の姓　発行年：該当ページ）とする．なお，本文や注で初出時でも姓のみを記載する．

9. 図表は Microsoft Word にて読み取れるファイルへ貼り付け可能な形式で作成し，通し番号（図 1，図 2…，表 1，表 2…）でタイトルをつける．その場合，1 図，1 表ごとに別紙（別ファイル）に白黒印刷で作成し，本文中に挿入箇所を指定する．図表が，出版物からの引用の場合は，出典を明記し，必要に応じて，著作権者の許可を得なくてはならない．

投稿規程

2003 年 6 月 28 日制定
2004 年 12 月 23 日改正
2006 年 6 月 24 日改正
2009 年 3 月 31 日改正
2010 年 12 月 12 日改正
2017 年 5 月 1 日改正
2019 年 3 月 20 日改正

1. 本誌の自由投稿論文は，福祉社会学会会員による社会保障，社会福祉，医療・保健，社会計画，社会問題などの分野における福祉社会学的な研究論文（日本語）とする．共同執筆論文の場合，執筆者全員が，本会の会員であることを要する．なお，本会の会員とは，福祉社会学会会則第 4 条の要件を充足したものとする．

2. 自由投稿論文は，他に未発表のものに限る．投稿者は，投稿論文と内容が重複・類似した論文等がある時は，必ず当該論文等を電子ファイルにて提出することとする．投稿された論文は，編集委員会において，執筆要領の遵守の確認および必要な点検をおこない，協議の上，受理の諾否が決定される．

3. 投稿者は，別途定める執筆要領（形式，字数など厳守）に従い，自由投稿論文をMicrosoft Word にて読み取り可能な形式で作成し，電子ファイルにて提出する．

4. 投稿者は，原稿の電子ファイルと，別途定める投稿申込書を，編集委員会に締切日時までに電子メールで提出することとする．事務局に直接持参して提出することは受け取りの確認に疑義を生ずるため認められない．

5. 自由投稿論文の修正の指示，ならびに掲載の可否は，選定されたレフェリーの査読結果に基づき，編集委員会が決定する．

6. 査読終了後，掲載が決定した場合，投稿者は，必要な修正を行ったうえで，完成稿を電子ファイルにて提出することとする．

7. 著者校正は，初校のみとし，誤字，誤植，脱字の訂正以外は，原則として認めないこととする．

8. 本誌に発表された論文等の著作権は福祉社会学会に帰属する．

9. 本誌に発表された論文等を他の著作に転載する場合には，事前に文書等で福祉社会学会編集委員会の確認を得なくてはならない．

『福祉社会学研究 18』の原稿募集について

　下記要領で，自由投稿論文を募集します．

　投稿資格は，本会会員に限ります．2020 年度の加入者については，<u>6 月の大会時までに入会済みであること</u>が条件となります．

1．論文の種類，自由投稿論文

　　福祉社会学研究の学術論文とします．なお，投稿資格は，本会会員に限ります．

2．掲載の可否

　　レフェリーの査読結果に基づき，編集委員会が決定します．

3．締切

　　第 18 回福祉社会学会大会時の編集委員会で決定します．2020 年 9 月上旬を予定しています．詳細は大会終了後に，本学会公式ホームページに掲載します．

4．論文の分量

　　20,000 字以内（図表等含む）とします．スペースは字数に含めません．

5．投稿規程，執筆要領

　　投稿規程，執筆要領は必ず，学会公式ホームページで確認ください（投稿規程，執筆要領は 2019 年 3 月 20 日付で改正されています）．論文の分量が超過するなど，投稿規程や執筆要領が守られていない場合，投稿論文は受理されません．福祉社会学会ウェブサイトの「投稿申込書」の「(5) 論文の字数」で明記するように，Microsoft Word の［文字カウント］機能の「文字数（スペースを含めない）」に表示される字数にて本文をカウントし，図表は執筆要領ならびに投稿申込書のとおり換算する．この方式にて数えた総字数（本文の字数＋図表の換算字数）が 20,000 字を超えた投稿論文については受理しないので，くれぐれもご注意ください．

　　書式等形式については，投稿規程・執筆要領の遵守を第一とし，投稿規程・執筆要領に記載されていない点については，日本社会学会編集委員会『社会学評論スタイルガイド』第 3 版（http://www.gakkai.ne.jp/jss/bulletin/guide.php）への準拠をお願いします．

　　投稿は紙媒体ではなく電子ファイルで行います．投稿の際は，ワードの文書ファイルの形式で，メールにて編集委員会事務局までお送りください（パスワードを付けた場合には別のメールにてパスワードをお知らせください）．紙媒体

の提出は一切必要ありません．なお，原則として，編集委員会事務局に届いた
ファイルの差し替えはできませんので，十分に確認のうえ，お送りください．
投稿論文を添付するメールの件名は「自由投稿論文送付の件」としてください．

6. 提出先・問い合わせ先

編集委員会事務局とします．詳細は，大会終了後に，本学会公式ホームページ
に掲載します．

7. 受領通知

投稿は受領後に受領通知をお知らせします．受領通知の発行をもって，論文の
投稿が成立します．投稿後 1 週間以上経過しても受領通知が到着しない場合に
は，編集委員会事務局までお問い合わせください．

——…——…——…——…——…——…——……——…——…——…

書評対象の著作を募集します

　『福祉社会学研究』18 号で取り上げる書評対象の著作を募集します．会員の著作であること，<u>単著であること</u>を原則とします．編集委員会事務局<u>書評担当</u>まで，1 冊の献本をお願いします．なお，ページ数に限りがあるために，すべての著作を取り上げることはできません．この点はお含みおきください．募集の詳細は，大会終了後に，本学会公式ホームページに掲載します．

福祉社会学会編集委員会 （2019 年 6 月〜 2021 年 5 月）

＊視覚障がいその他の理由で，本書のご利用が困難な方へ

　ご希望の方には，本書掲載論文のテキストデータをお送りしますので，下記のテキストデータ引換券を切り取り，お送り先住所を明記の上，学文社宛にお送りください。

　　福祉社会学研究
　　17 号（2020 年）
　テキストデータ引換券

｜編集後記｜

『福祉社会学研究』17 号をお届けいたします。

今号は，2019 年 6 月 16 日に明治学院大学白金キャンパスで開催された第 17 回福祉社会学会大会シンポジウム「「多様な親子関係」への支援を再考する」をもとに特集を組み，4 名の報告者の方々に当日の報告を踏まえてさらにバージョンアップした原稿をご寄稿いただきました。加えて，シンポジウムの設計思想や運営や成果等について記した解題も掲載しています。これらをお読みいただけると，当日参加いかんにかかわらず，シンポジウムの設計とその成果を広く会員の皆さまに共有していただけるものになるかと思っています。以上に加えて，特別寄稿 1 本，自由論文 7 本，書評 8 本が掲載されており，大変充実した内容になっています。

今号には 15 本の投稿論文があり，最終的には 7 本が掲載となりました。半分近い論文が掲載されたことは編集委員会としては大変嬉しいことでしたが，その一方，今回投稿された論文のうち 3 本の論文が，文字数超過など執筆要項等が遵守されていないため，受理することができませんでした。執筆要領や原稿募集で明記しているように，論文の分量が超過するなど，投稿規程や執筆要領が守られていない場合，投稿論文は受理されません。文字数については「投稿申込書」の「(5) 論文の字数」で明記するように，Microsoft Word の［文字カウント］機能の「文字数（スペースを含めない）」に表示される字数にて本文をカウントし，図表は執筆要領ならびに投稿申込書のとおり換算してください。この方式にて数えた総字数（本文の字数＋図表の換算字数）が 20,000 字を超えた投稿論文については受理しませんので，くれぐれもご注意ください。会員の皆さまにおかれましては投稿規程，執筆要項，『福祉社会学研究 18』の原稿募集について，「投稿申込書」等を十分にご確認のうえ，積極的に投稿していただければと思っております。どうぞ宜しくお願いいたします。

最後になりますが，ともに編集作業を担ってくださった編集委員の方々，査読の労をおとりくださった会員の皆さまに心より感謝申し上げます。また，前期編集委員会の先生方から多大なるサポートを得ることができ，また多くの会員の皆さまのご理解・ご協力・ご尽力によって今号を発行することができました。この場をお借りして，厚くお礼申し上げます。また，次号も引き続きご理解・ご協力のほどどうぞ宜しくお願いいたします。

（編集委員長・天田城介）

福祉社会学研究 17

2020 年 5 月 31 日　発行　　　　　　　　　　　　　　ISSN 1349-3337

編集者　福祉社会学研究編集委員会
発行者　福 祉 社 会 学 会
発行所　株式会社 学 文 社

福祉社会学会事務局　〒 464-8601　名古屋市千種区不老町 780
名古屋大学環境学研究科　上村泰裕研究室気付

株式会社 学 文 社　〒 153-0064　東京都目黒区下目黒 3-6-1
電話 03-3715-1501（代）fax 03-3715-2012
E-Mail hensyu@gakubunsha.com